满學研究

主编 何晓芳

6

民族出版社

图书在版编目（CIP）数据

满学研究 . 6 / 何晓芳主编 . -- 北京：民族出版社，
2023.11

ISBN 978-7-105-17139-2

Ⅰ . ①满… Ⅱ . ①何… Ⅲ . ①满族—民族学—中国—
文集 Ⅳ . ① K282.1-53

中国国家版本馆 CIP 数据核字 (2023) 第 231498 号

满学研究 6

策划编辑：李志荣
责任编辑：贾俊杰
封面设计：刘福勤
出版发行：民族出版社
地　　址：北京市和平里北街 14 号
邮　　编：100013
电　　话：010-64271909（汉文编辑一室）
　　　　　010-64224782（发行部）
网　　址：http://www.mzpub.com
印　　刷：北京中石油彩色印刷有限责任公司
经　　销：各地新华书店
版　　次：2023 年 12 月第 1 版　2023 年 12 月北京第 1 次印刷
开　　本：787 毫米 ×1092 毫米　1/16
字　　数：254 千字
印　　张：13
定　　价：56.00 元
书　　号：ISBN 978-7-105-17139-2/K・2944（汉 1690）

该书若有印装质量问题，请与本社发行部联系退换

目 录

满族家谱与满族姓氏研究

清代满族契约研究

满族传统古村落调查

满文文献翻译研究

满族家谱与满族姓氏研究

家谱与老物件：满族社会生活变迁的历史叙事 *

何晓芳 **

摘　要： 满族家谱是一部民族史，而老物件正是这部民族史的物质载体。本文以满族家谱为中心，配之以老物件，两者互构描绘出满族社会生活历史变迁。主要体现在满族从养马渔猎捕获为生计到回拨东北驻防屯垦农耕，生计方式变迁产生劳动生产器具、居住形式、土地的财产价值观念、生活用品等向农耕文明变化，妇女家庭角色也由扬鞭策马无异于男性转变为遵守儒家伦理的贞节妇德形象。满族从"执枪军门，不事笔墨"到"耕读"传家，崇尚"读书"在满族社会中蔚然成风，形成集诗人、科举、将军于一身的文武兼资群体。满族家谱与老物件书写了满族社会生活变迁的历史叙事。

关键词： 满族家谱；老物件；社会生活；文化变迁；历史叙事

一、引言

从世系记载的意义上看，最早有文字记载的家谱可以追溯到商周时期的甲骨文、金文家谱，但真正意义上的家谱还是指文本家谱，书写的材质先为竹简，以后为纸张，纸张是家谱的主要书写载体，也就是我们所指的文本家谱。从撰修者来看，家谱有两种，即官修家谱和私修家谱。一定意义上，中国的二十四史就是典型的官修帝王家谱，魏晋南北朝时期官府收藏的家谱是官修，唐、宋、明、清官府氏族档案也是官修。相对于官修而言，由私家撰修收藏的家谱就是私修。从官修家谱与私修家谱的界定即可以看出，在封建王朝统治下，官修家谱主要以皇室、官僚政治集团为对象，除此之外

* 基金项目：2019 年度国家社科基金冷门"绝学"和国别史等研究专项"国内外满族民间家谱总目与数据库建设"（项目批准号：19VJX026）阶段性成果。

** 何晓芳，女，东北大学民族学学院、中国满学研究院教授、名誉院长，主要从事民族学、满族历史与文化研究。

则是庶民的私修家谱。唐宋以后,农商庶民力量发展,随之私修家谱兴起,到明清之际私修家谱已经成为普遍社会之风气。一部家谱,基本的内容包括序言、世系、家规(训)、人物传、庄宅、坟茔图、官宦录等。但也因各家谱的谱主不同,各有增添或减易。清末民初的著名历史学家梁启超从近代史学发展的视角,看到家谱对于研究中国历史的重要资料价值,他指出:"族姓之谱,六朝、唐极盛,宋后浸微,然此实重要史料之一。""我国乡乡家家皆有谱,实谓史界瑰宝。"① 梁启超批判以帝王为中心的历史观,将中国史研究用向下的眼光开发民间资料,这些私修家谱可以细腻书写官修典籍所不书地方上的"族""氏族"或"族类",是不可多得的地方资料。所以,清代晚期姓氏家族已经纳入本县县志记载,至民国时期,形成县志撰写体例。② 而这些县志中的氏族源流,即是根据私家编修家谱。③

家谱虽然为方志编写提供资料,但家谱编写的目的,还是要记载家族自身的历史,也正是因为于此,一部完整的家谱就是一部完整的家族史,往往贯穿一个朝代。家谱可以从家族史的视角折射朝代兴衰更替的大历史,反映历史进程中的重大历史事件,也可用百姓的柴米油盐记录底层民众的艰辛与追求。由此言之,家谱就是一部由家族撰写的文化史。《清实录》是国家官修大事记,满族家谱就是民众社会生活史,是一种民间文化认知的体现,它充分展现了满族从长白山发源,进入中原,经历清王朝近三百年再到民国时期社会大变革的风浪记叙。以人为中心,展现八旗人的家族史,既有国家荣耀也有家族征程的苦辣辛酸。以文化冲击碰撞为背景,反映满族由长白山女真人的养马弋猎为生,到进入中原诗书耕读的生产方式转换,再到清末晚期开始的西学东渐对传统生活方式的渐进影响。总之,大变革时代,满族家谱以自己小家的记事,细微而鲜活地书写了满族文化发展变迁的历史叙事。

与满族家谱共存的是满族在生产生活中留下来的老物件。老物件在本文里的作用,首先是对满族家谱社会历史生活叙事的物化展现,是一种载体,它利用外形、颜色、材质等组合而成的功能存在,表达、诉说着物主的思想观念与文化取向。一部历史,往往就是"写"与"说"构建的倾诉。

基于文化人类学的研究视角,本文将满族家谱与老物件结合起来,作为满族社会生活变迁的历史叙事。一个民族的文化应当包括四个层次的内容,即物质构成(生境与生计方式),组织构成(社会组织、语言、习俗),指导构成(社会传统、知识、技

---

① 梁启超:《中国近三百年学术史(新校本)》,8页,北京,商务印书馆,2020。
② 参见宣统元年《岫岩县志》,民国版《凤城县志》《庄河县志》《珲春县志》《铁岭县志》。
③ 民国县志中记载的氏族源流,清代官职身份等信息,因官府档案已经遗失,皆根据家谱撰写。珲春《郎氏族谱》上盖有曾被修写县志所借用的证明印章。

能），精神构成（信仰、伦理、道德、意识、文艺）。根据马克思主义经济基础决定上层建筑理论，四者之间的层次关系可以看作：物质构成是民族文化生成的经济基础，组织构成是作为人类活动对物质构成的原生适应形态，指导构成是作为人类活动的主观改造客观的有意识行为，而精神构成则是前三者的总结与创新发展，是人类物质构成的高级形态。[1] 从变迁速度的关联上看，物质构成呈现线形速度，随机性比较强，以谋食为中心，伴随主体活动的场域移动而变化，古代北方民族游牧业经济"逐水草而生"，东北通古斯民族渔猎经济"衣渔皮""半穴居"谋食方式的原始性所决定了组织构成。指导构成对于前两者的变迁速度起到推动作用。而精神构成则是远离物质构成的存在，其变迁速度是渐进式的、久远的。作为文化人类学变迁研究，老物件是一种曾经存在的物质载体，精神构成具有主观能动性价值和意义，使一个民族在文化变迁中寻求创新发展。

在上述文化人类学研究视角下，本文以满族家谱和老物件为切入点，深入探讨满族从女真人到清代满族的文化变迁过程。这一变迁过程证实了各民族对中华文化的认同在不断增强。

二、生计方式变迁：从渔猎捕获到屯垦农耕

民族文化的物质构成主要指向民族的生计方式（Means of Sub-sistence），是民族社会赖以生存的基础，也是民族文化构建的物质基础，对整个民族的文化具有奠基作用。因此，在多层级文化构成中，物质构成处于最底层，是最先发生的文化现象。历史上不同生计方式的民族遗留下来具有特色的生产生活工具与用品，就是这种底层文化的体现。因此，探讨民族文化变迁首先要从生计方式开始，探讨民族文化的差异也要首先从生计方式开始。从辽金到明代女真人再到清代的满族，即经历了从渔猎捕获到农耕之家的生计方式的变迁过程。

（一）明代女真人"养马弋猎为生"的传统生计方式

明代女真人"其地东濒海，西接兀良哈，南邻朝鲜，北至奴尔干北海"[2]，大致在外兴安岭和长白山脉沿线，山脉纵横，森林茂密，明朝时期有历史文献资料记载这时

---

① 参见何晓芳：《论民族意识与民族自我意识辨析》，载《黑龙江民族丛刊》，1986（3）；杨庭硕、罗康隆、潘盛之：《民族文化与生境》，42页，贵阳，贵州人民出版社，1992；江帆：《满族生态与民俗文化》，9页，北京，中国社会科学出版社，2006。
② （明）李东阳等：《大明会典》卷107，1606页。

期的女真人"边镇会宁迤北,系是野人窟穴,山溪阻隔,树木茂密,诸种野人四散占据"①。在女真人居住的周围,"大木如栉,郁密蔽空,小路仅通,木枝翳路","芟夷其大木,则虽硕之,必附他木,不能落地,竟不见天日"。②长白山地域的森林生态环境决定了明代女真人仍然传承辽金时期女真人生计方式,以向自然直接索取的原始经济占主要地位,明代史籍记载女真人以"养马弋猎为生"③准确概括了当时女真人生计方式的特点。

养马,仅是女真人畜牧和渔猎业结构中的主要部分,实际上女真人的畜牧业种类齐全,兼有渔业。出使明朝的朝鲜使臣写的《建州闻见录》中记载女真人"家家皆畜,鸡、猪、鹅、鸭、羔羊之属"满庭院,"禽、兽、鱼、鳖之类,蔬菜、瓜、茄之属皆有"④。考察当时女真人婚、丧、饮食、祭祀风俗,都有大量的马、牛、羊、猪等牲畜作牺牲就是证明。⑤但女真人以养马为畜牧之重,出使明朝的朝鲜使臣亲眼所见建州女真人"六畜唯马最盛,将胡之家,千百成群,卒胡家亦不下十数匹"⑥。马成为最珍贵的家产,努尔哈赤曾分给长子褚英、次子代善各八百牧群。由于女真马有良好的特性,成为女真人与明朝贸易换取粮食、布匹、铁器等生活物质的重要商品。为笼络和控制女真人,明朝沿辽东长城设立关口进行贸易,其中部分关口陆续设立马市,⑦分为官市和私市两种:明廷收购马匹等"攻战之具",称为"官市";女真和各族民众之间换取"食用之物",称为"私市"。明永乐三年(1405),马市设立之初,贸易形式以物易物,永乐十五年(1417)改为货币交易,并且征收商业税,叫做"马市抽分",并且对于女真前来马市贸易的各部首领还给予抚赏,以资奖励。⑧

表1 明代辽东都司设关一览表

关	
名称	所在地
镇北关	开原城东北七十里
山头关	开原城南六十里

① 《朝鲜李朝实录·文宗》卷13,275页。
② 王钟翰辑录:《李朝实录中的女真史料选编》,见辽宁大学历史系:《清初史料丛刊第七种》,1979。
③ (明)严从检:《殊域周谘录》卷24,8页,故宫博物院图书馆印,民国十九年。
④ [朝鲜]李民寏:《建州闻见录》,43页,见辽宁大学历史系:《清初史料丛刊第八、九种》,1979。
⑤ 参见《清太宗实录稿本》,3—13页,见辽宁大学历史系:《清初史料丛刊第三种》,1978。
⑥ [朝鲜]李民寏:《建州闻见录》,43页,见辽宁大学历史系:《清初史料丛刊第八、九种》,1979。
⑦ 针对明廷与女真开设马市贸易一事,明宣宗直接说出目的:"朝廷非无马、牛而与之市,盖以其服用之物皆赖中国;若绝之,彼必有怨心,皇祖许其互市,亦是怀远之意。"参见《明宣宗实录》卷84,10页。
⑧ 参见(明)毕恭:《辽东志》卷3《边略·马市》。

关	
清河关	开原城西南六里
广顺关	开原城东六十里
靖安堡新安关	开原城西六十里庆云堡
抚顺关	抚顺城东三十里
白土厂关	北镇城北七十里
连山关	辽阳城东南一百八十里
梁房口关	海城西南七十里
鸦鹘关	辽阳城东三百三十里
旅顺口关	金州城南一百二十里
刺榆关	辽阳城南一百一十里
大片岭关	海城东一百
石门关	盖州城东七十里
连云岛关	盖州城西五十里
栾石关	复州城南六十五里
哈思关	金州城南十八里
萧家岛关	金州城南十八里
分水岭关	北镇城北八里
魏家岭关	北镇城西北六十里
镇朔关	凤城北三里

表2 明代辽东都司马市一览表

马市		
名称	设立时间	所在地
广宁马市	永乐三年（1405）	义州团山堡
女真马市	永乐四年（1406）	开原城东屈换屯成化年间改于城南门外西侧
达达马市	成化年间（1465—1487）	开原古城堡南嘉靖三年改于庆云堡南
抚顺马市	天顺八年（1464）	抚顺城东三十里
宽甸马市	万历初年	宽甸县
叆阳马市	万历初年	凤城县
清河马市	万历初年	开原后施家堡

注：以上二表来源于辽宁省档案馆、辽宁省社会科学院历史研究所编《明代辽东档案汇编》，沈阳，辽沈书社，1985。

从以上明代辽东马市可以看出，马在满族经济中占有重要地位。清代编修的满族家谱追溯祖先事迹时对女真人的马好，让人羡慕，有所流露。《佛满洲佟佳氏全谱》对二世六祖延图木图的谱注有这样一段记载：

> 开原官距延图木图三里，有奋鞍花马一匹，开原官欲要，诓骗未给，惹得内穿暗甲。兄达尔汗图木图恐其牵连，在通事前出首通告，后上官将延图木图诓去灌醉，偷看穿甲是实。官议，并不打仗为何穿甲？寻隙要马。延图木图怀恨而走，去求扶助。随路经遇村屯，在街上人说，人俊马强。有一人从众中惊异而出，向延图木图言讲："看你好似远行，若不弃嫌，到我家中用饭再行。"因而留住，即将女子给予结亲，在彼处过夏。因无故白要花马之故，与妻并骑而逃……从此又至高丽边界伐尔卡屯居住，高丽官请去商议要马，始终未给。自计因马之故何日是了，反致误事，闭口气闷而亡。

正因为马在满族生活中的重要性，所以满族将马作为陪伴祖先的神加以祭祀，成为满族一种流传悠久的民风民俗。乾隆《钦定满洲祭神祭天典礼》中就有祭马神，满族民间则制作马神影像及神偶，或制作祖先骑马神影及神偶，一同供奉。虽多经磨难损毁，但仍然有老物件保存至今，使我们得以窥探马神实物。

图 1   辽宁本溪关氏族人供奉瓜尔佳（关）氏祖先骑马神影

图2　乌雅氏供奉祖先骑马征战神影

图3　辽宁新宾扈什哈哩氏木质大青马神偶

图 4　辽宁新宾那拉氏祖先七人八马神偶

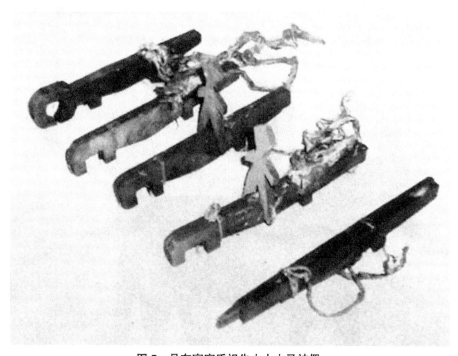

图 5　丹东富察氏祖先木人木马神偶

　　弋猎，即射猎，是女真人维持生存的最基本技能。女真人练就一身高超水平的射猎所需骑术和射术，形成一种以骑射为娱乐的民风民俗，"少有暇日，则至率妻妾亩猎为事，盖其习俗然也"①。满族射猎习俗，在满族家谱上仍然可以窥探一斑。《乌喇纳拉氏谱书》"先祖事迹"真切反映了那个时代女真人依靠弋猎为生场景：

————————
① ［朝鲜］李民寏：《建州闻见录》，44 页，见辽宁大学历史系：《清初史料丛刊第八、九种》，1978。

乌拉地方纳喇姓，先世居住于长白山，赋国十二世。老祖讳纳齐布禄，移混同江西、扈尔奇山以东克尔萨河源处，独自居焉。

而纳齐布禄善猎，贤声不泯。虎密雅拉库河沿居人前往探访，恰遇贤士纳齐布禄，问曰："予汝知贤士纳齐布禄否？"老祖纳齐布禄问曰："汝访贤士纳齐布禄何为？"其人答曰："欲食贤士所捕之禽肉，欲衣贤士所猎之兽皮，甘为契友。"老祖答曰："我即是也。我无妻子、房舍，处于旷野，与修隐无异。汝则焉能经受？"其人答曰："是知无房舍而来者。"老祖纳齐布禄曰："汝既至此，可为兄长。"其人未许，老祖纳齐布禄居为兄长。以来访贤名曰德耶库，欢欣得一手足，食以甘美禽兽肉，服以猞猁狲、虎皮，常为生业。①

再如《佛满洲佟佳氏全谱》二世祖之一的噶尔汉图木图（大约与纳齐布禄同时期人）的谱注上记载，他因饥饿：

欲将三岁之子杀害（食之），妻说不可，令其乳哺。自持弓箭往山谷上行，隐一萤火丛杂处，适来一狍，即发一矢，将狍子喉下软处戳透，于是得食救饥。由此即在彼处存住度日，将欲杀之子名为木图裴达鲁喀莫尔根，所使之弓箭开如车轮，鼬头犹如兔头，射械在地上，人不能空举。②

以上满族家谱记载明代未入关之时女真人射猎习俗，清入关后，很长时期仍然保留这一习俗，随着八旗制度的建立，这种传统民俗演变为八旗将士军事训练。入关后，康熙皇帝建立第二政治中心承德避暑山庄，每年召见蒙古各部进行围猎军演，"肄武绥藩"即由女真人的骑射传统发展而来。康熙朝开始，清帝出山海关东巡祭祖，沿途皆以行围打猎为行军内容。清高士奇所撰《扈从东巡日录》，详细记载了康熙皇帝每天行程，皆是一路行围打猎前行。另一位随行的传教士南怀仁记述，从山海关到沈阳，"一天也不停地狩猎"。祭祖后，从沈阳去往吉林长白山的路上，同样"一日也不休息地追逐着野兽"③。

除八旗兵军事训练外，清廷还利用满族在山林生态环境下养育形成的射猎民族习俗，在守卫东北边疆中发挥作用。由于清初八旗兵几乎倾尽全力入关，造成辽东地区

① 何晓芳、张德玉：《清代满族家谱选辑》，378 页，沈阳，辽宁民族出版社，2016。
② 何晓芳、张德玉：《清代满族家谱选辑》，308 页，沈阳，辽宁民族出版社，2016。
③ （清）高士奇撰，陈见微点校：《扈从东巡日录》，见李澍田主编：《长白丛书》，长春，吉林文史出版社，1986。

山林密布，因此，康熙朝派遣大量在京八旗返回辽东驻防，这些被派回的八旗兵皆为佛满洲[①]，仅康熙二十六年（1687）一次分派盛京（辽宁）八旗兵 6000 名。清朝向以"满洲为国家根本"，给予将士优厚待遇，但这些佛满洲八旗被安排于山林密布的辽东地区"跑马占山""报领荒地"，而不是集聚到城镇。如果从满族传统射猎习俗视角就可理解，东北长白山是满族发源地，至康熙年间时，满族入关仅五六十年，仍然保留浓郁的骑射传统和生活习俗，再返回东北，也能很快地适应东北生态环境。所以，清廷将满族驻防八旗安排于山林密布的辽东，既符合满族传统习俗，也可以保持八旗武力。[②] 满族家族中仍然保存祖先活跃于山林之中的射猎、骑马、砍伐等器具。

图 6　辽宁桓仁镶蓝旗满洲吴氏人家的老弓箭

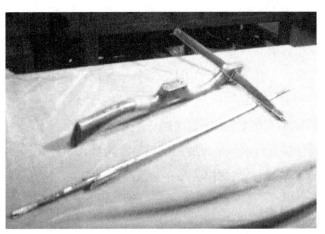

图 7　辽宁桓仁满族富察（富）氏家族收藏的弩箭

---

① "佛"（Fe），汉语陈或旧之意。清入关以后，将凡是入关前无论努尔哈赤还是皇太极时期归服清的都称为佛满洲。

② 这种观点可参见鲍明：《满族文化模式·满族社会组织和观念体系研究》，沈阳，辽宁民族出版社，2005。

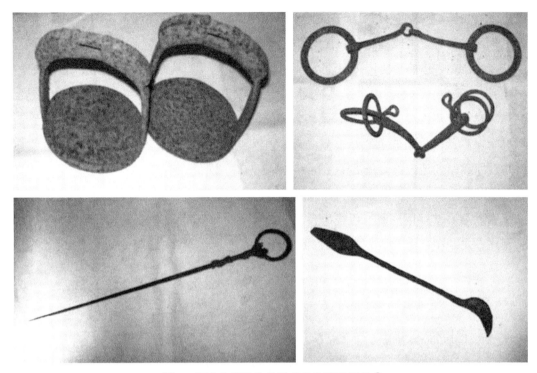

图 8 辽宁东港满族沈氏家族收藏的马具①

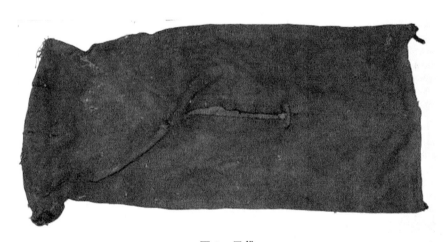

图 9 马袋

　　关于渔猎，这是满族森林经济生产的一种补充。满族人直接向江河索取生活物质的生计工具大致分为两类，一类是驯养海东青作为捕猎的帮手。辽金元时期直到清代，满族一直盛行驯养海东青，只是清代晚期逐渐萎缩，仅限于吉林打牲乌拉与黑龙江诸地仍有存留。另一种是手工制作工具，主要以船、网、鱼叉、鱼篓为常见。其中"威

呼"最有特点。"威呼"满语 weihu,汉译为"独木船"。《满洲源流考》中记载:"威呼,刳巨木为舟,平舷圆底,唇锐尾修。大者容五六人,小者二三人。剡木两头为桨,一人持之,左右运棹,捷若飞行。"①清高士奇曾在其《扈从东巡日录》中介绍"威呼"写道:"小船也。独木虚中,锐其首尾。大者容人五六,小者二三人。一人持两头桨,左右棹之,乱流而渡。"②威呼是满族常用的捕鱼工具,这种小船轻巧灵活,适合于江水捕鱼。春秋两季是捕鱼的好季节,满族人家常常划上威呼,在江中撒开渔网,或在江水浅而靠岸的地方设置鱼篓子(也称"鱼泅子")网鱼。吃不完的鱼都制成"奥尔克奇"(满语意为"鱼干")备用。冬天冰雪封江之后,满族人就在江上用铁质尖头的冰镩子凿冰眼,然后用操网捞鱼或用鱼叉捕鱼,有时一网可捕鱼几百斤乃至几千斤。这种劳作方式,在吉林、黑龙江地区部分满族中一直持续到民国时期。

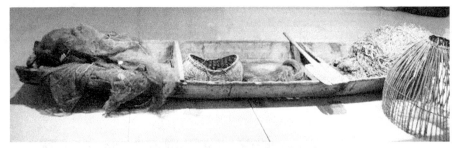

图 10　长白山地区满族捕鱼威呼(木船)、渔网

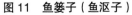

图 11　鱼篓子(鱼泅子)

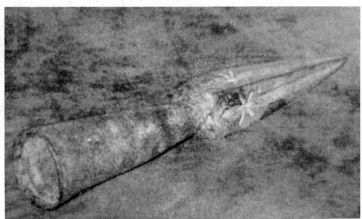

图 12　凿冰钎子

---

① (清)阿桂等纂修:《满洲源流考》,375 页,沈阳,辽宁民族出版社,1988。
② (清)高士奇撰,陈见微点校:《扈从东巡日录》,见李澍田主编:《长白丛书》,128 页,长春,吉林文史出版社,1986。

（二）驻防八旗回归长白故里，从此开始农耕劳作的生产生活

女真人明朝中期即已发展农业生产，明正统二年（1437）朝鲜派人窥探建州女真人情况，在兀喇山北隅吾弥府（今辽宁省桓仁满族自治县境内）①，"见水两岸大野，率皆耕垦，农人与牛，布散于野"。海西女真"分寨驻牧"，置立田庄，"颇有室居耕田之业"，"颇同中国"。②农业生产在女真人经济结构中所占比重伴随努尔哈赤攻占农耕经济的辽沈地区而迅速增高，天命六年（1621），努尔哈赤下令后金对满汉人丁实行"计丁授田"，每一丁领地6垧，其中5垧种谷，1垧种棉，有清史研究学者计算，足以供给5万八旗兵军需之用。③而且，后金八旗王、贝勒等设立大量拖克索（满语，汉语为庄园、田庄、农庄之意）。

但需要注意的是，女真人农业经济发展，包括满八旗人丁在内实行"计丁授田"，并不意味着满族八旗将士躬身农耕，而是使用汉人等奴仆耕种，清入关前历史资料中多有这方面记载"奴婢耕作，以输其主"，而八旗兵丁"但砺刀剑，无事于农亩"④，实行"计丁授田"地区，前来后金的朝鲜使臣看到"南北四百里，东西二百里，汉人内耕，夷人外卫"⑤。即是说，女真人的农业经济直接从汉人处"拿来"。因此，后金时期的女真人盛行向汉族居住区抢掠人口、财物，受到一心进行女真旧俗改革的皇太极严厉痛斥：不应当"恃俘获为生计"，而是"厚生之道，全在勤治农桑"。⑥皇太极的痛斥实则强调各个牛录将官提高对农业生产重视，勤加督促管内而已。他在位十几年内，曾组织5次大规模进入关内军事抢掠，主要目的是壮大经济实力，为入主中原奠定基础，仍可以看作是女真人传统生计方式在军事活动中的延续。

女真人传统生计方式向真正的农耕生产方式转变，是从清入关后由京师大量向关外回流派遣八旗驻防屯垦戍边开始。清入关前到入关后的顺治朝初年，东北已有15处八旗驻防点，人数仅千余人，主要集中于盛京统辖地区，留守后方，以把守盛京通向关内通道为主要军事目标。康熙朝以后，因东北是"龙兴"之地，加强防御沙俄军事力量，充实根本，由军事留守转为防御抗击沙俄兵侵略，不断从京师回迁满族八旗兵丁，增加盛京八旗驻防兵力，向吉林再向黑龙江拓展。至乾隆朝基本完善东北八旗驻防体系，达到驻防点44处。与关内八旗驻防完全依靠吃粮饷不同，清廷向驻防满族旗

---

① 参见《朝鲜李朝实录·世宗》卷82，563页。
② （明）瞿九思：《万历武功录》卷11，1页，北京，中华书局影印本，1962。
③ 参见周远廉：《清朝开国史研究》，187页，沈阳，辽宁人民出版社，1981。
④ ［朝鲜］李民寏：《建州闻见录》，42页，见辽宁大学历史系：《清初史料丛刊第八、九种》，1979。
⑤ 《朝鲜李朝实录·仁祖》，卷7，164页。
⑥ 《清太宗文皇帝实录》，卷65，第7页。

人分拨旗地，旗兵一边种地，一边戍边，从此开始满族生计向农耕转变，而这一转变从辽东八旗驻防拉开序幕。

康熙三年（1664），将盛京昂邦章京改为镇守辽东等处将军，以后改称奉天将军，着手恢复和建立八旗在辽东地区的驻防体系。以盛京为中心，驻扎在辽西通向山海关，辽东通向吉林沿线的军事战略要地上。其中辽东驻防：凤城、岫岩，向东扼守通往朝鲜半岛通道，铁岭、开原向西防蒙古，向南保卫盛京，向北直达吉林、乌拉及珲春。辽南：辽阳曾为清之东京，金州、复州、熊岳防控辽东半岛出海口。康熙二十六年（1687），清朝平定三藩叛乱后仅几年的修整，即向这些八旗驻防点派驻八旗官兵6000余名，[①] 全面覆盖辽东（含辽南）[②] 各驻防点，这是辽东地区增派八旗驻防兵力数额最大的一次，按当时清朝八旗驻防兵力看，数量确实是不少，而且都是从京师派回的"佛满洲"。这是终整个清朝从京师派遣返回东北的"佛满洲"数量最大的一次。本文讨论的满族八旗生计向农耕生产的变迁，主要就是以金代女真人后裔佛满洲为案例。

表3　康熙朝派遣八旗驻防辽东、辽南情况表 [③]

年份	开原	凤凰城	复州	辽阳	岫岩	金州	熊岳
康熙十八年（1679）	180						
康熙二十一年（1682）	298 新满洲						
康熙二十六年（1687）	801	650	1000	808	1000	800	1000
康熙三十一年（1692）	55 巴尔虎	55 巴尔虎		55 巴尔虎	55 巴尔虎		55 巴尔虎
康熙三十八年（1699）	285 席北	205 席北 -35	178 席北	247 席北 -126	82 席北	159 席北	131 席北
康熙五十年（1711）						200	
康熙六十一年（1722）	16 福州汉军	16 福州汉军	56 福州汉军		16 福州汉军	16 福州汉军	16 福州汉军

吉林八旗驻防最初以吉林将军所在地宁古塔 [④] 为中心，为加强抵御沙俄入侵，清建立吉林乌拉船厂，康熙十五年（1676）吉林将军移驻吉林乌拉 [⑤]，陆续设立伯都讷、三姓、珲春等八旗驻防。黑龙江八旗驻防设置于康熙二十二年（1683），其中，主要驻防地为齐齐哈尔、墨尔根（今嫩江）、瑷珲。

---

① 因盛京驻防各点兵额多种文献记载差距较大，定宜庄采用《八旗通志初集》转引的《驻防来册》数字，本文以此为准。参见定宜庄：《清代八旗驻防研究》，64 页，沈阳，辽宁人民出版社，2003。
② 按清代八旗驻防，现今辽南地区包括在辽东体系内。
③ 此表择录于定宜庄：《清代八旗驻防研究》，64—65 页，沈阳，辽宁人民出版社，2003。表中带有"–"的，是减少兵员数。
④ 满语地名，"六"之意，现今黑龙江省宁安市。
⑤ 满语地名，"乌拉"江之意，现今吉林市。

清初八旗大军"从龙入关"，农业开发停滞，土地荒芜，千里无人烟，重新恢复原始森林密布生态。现有仅存的历史资料证实了这一事实。清初顺治年间有官员描述清入关之后奉天广大地区："合河东、河西之边海以观之，黄沙满目，一望荒凉。""合河东、河西之腹里以观之，荒城废保、败瓦颓垣，沃野千里，有土无人，此内忧之甚者。"① 康熙二十一年（1682）随从康熙皇帝东巡的文臣高士奇，描述经过辽东到达吉林的景象，进一步印证顺治年间那位官员描述的情况，而且更细微具体："辽阳北抵开原路，形胜依然紫气深。大漠惊沙来滚滚，重关怒马去骎骎。十三山外凌丹障，甘四屯边望黑林。"② "过抚顺旧堡，败垒丛莽中，居人十余家，与鬼伐为邻。"抚顺铁背山处，"崇山巨阜，岝崿横云。磊磊石崖，连续不断"③。柳条边沿线，"关口砦堡，居人十余家，名耿家庄。出此为宁古塔将军所辖，荒山古碛，道弗不行"。庚格"白草黄云，弥漫一状，牧人遗火，野烧横烟，顷刻异观矣"④。同行的传教士南怀仁则描述他眼中的辽东状况："在辽东，村镇全已荒废。残垣断壁、瓦砾狼藉，连续不断。废墟上所建的房屋，毫无次序，有的是泥土夯筑，有的是石块堆砌，大多是草苫的，瓦顶的、木板圈房缘的极罕见到。""战争前的许多村镇，其遗迹早已消失。"⑤

从京师返回东北驻防的满族家谱也反映东北的荒芜情况，康熙二十六年（1687），一次从京城分拨 1650 名佛满洲来丹东地区驻防，岫岩驻防的《洪氏谱书》记载："彼时田尚未辟，山林翁翳，禽兽尤繁。"⑥ 凤城驻防的《瓜尔佳氏宗谱书》记载："我八世祖于康熙二十六年由京师拨回奉天府，遂卜居于东边凤凰城镶红旗界旧有之红旗堡，古名乐善屯。其地祥云霭霭，卡巴岭高耸东北；秀水洋洋，蝲蛄沟横斜西南。"⑦《正白旗满洲沙哈达哈拉罗氏宗谱》记载，顺治年二世祖二达色来到复州⑧ 罗家沟的景象，"行至距城东南三十里许，见荒山秃岭，蜿蜒起伏"⑨。纬度比辽东地区更高的吉林、黑

① 定宜庄：《清代八旗驻防研究》，62—63 页，沈阳，辽宁人民出版社，2003。
② （清）高士奇撰，陈见微点校：《扈从东巡日录》，见李澍田主编：《长白丛书》，87 页，长春，吉林文史出版社，1986。
③ （清）高士奇撰，陈见微点校：《扈从东巡日录》，见李澍田主编：《长白丛书》，103 页，长春，吉林文史出版社，1986。
④ （清）高士奇撰，陈见微点校：《扈从东巡日录》，见李澍田主编：《长白丛书》，107 页，长春，吉林文史出版社，1986。
⑤ （清）高士奇撰，陈见微点校：《扈从东巡日录》，见李澍田主编：《长白丛书》，138 页，长春，吉林文史出版社，1986。
⑥ 何晓芳、张德玉：《清代满族家谱选辑》，826 页，沈阳，辽宁民族出版社，2016。
⑦ 何晓芳、张德玉：《清代满族家谱选辑》，52 页，沈阳，辽宁民族出版社，2016。
⑧ 今辽宁复县。
⑨ 同⑦，717 页。

龙江，更是气候严寒，宁古塔历来被称为"苦寒"之地，[1]吉林乌拉被称"为满洲虞猎之地"[2]。从京师返回东北驻防的满族八旗不畏艰难，开垦山林，将清初进入山海关建立全国统一大业称之为"从龙入关"，将出京来东北屯垦戍边称为"随龙安家"，体现在满族家谱中描述为："奉令驻岫（岩），斩荆棘，辟草莱，创业立绪。"[3]从此开始女真人"养马弋猎为生"的传统生计方式向满族八旗农耕生计方式的转变。

以往习惯性思维，只要提到清朝八旗就想到铁杆庄稼，"伸手也来钱粮"，"用度不知节制，纵有子辈，亦属肩不能担、手不能提之辈，娇生惯养，不知艰辛为何物"。[4]"故八旗将佐居家皆弹筝击筑，衣文绣策肥，日从宾客饮，虽一卒之享，皆兼人之奉。"[5]实际上，这些描述仅为京师八旗的个别现象，而广大屯垦戍边的东北驻防八旗亦农亦兵，终年辛苦农耕劳作，与普通穷苦百姓无异，甚至超过普通百姓艰苦程度。

（三）满族驻防八旗转型为农耕之家

满族驻防八旗转型为农耕之家有三个方面标志性特点。

1. "原兵"报领土地，成为清廷的农业纳税人

返回东北的驻防八旗，以八旗身份开始务农。就是说，这些满族驻防八旗以军籍的身份从京城派来，仍然"在旗"，向清廷报领荒地开发耕种，亦兵亦农，满族家谱世系上全部对拨来驻防祖先的军籍身份进行记载，其中大多数为领催、护军校、兵。例如，康熙二十六年（1687）来岫岩驻防的八旗，《白氏源流族谱》记载，始迁祖崇厄力为护军校；《汪氏族谱》始迁祖身份为领催；《常氏族谱》始祖及第二代皆为领催；《汪氏族谱》第三世雅力泰来岫岩，护军校。领催、护军校都是八旗军队中的基层军官，名称是固定的。但满族家谱上对"兵"的写法，不同的家谱有不同的写法。第一种直接写"兵"，例如，《汪氏族谱》第三世雅力泰，护军校，第四世常保，兵，第五世保成，兵；《赫舍里氏宗谱书》，康熙二十六年（1687）来凤城驻防的始迁祖为罕都洼尔达，第四代身份直接记载为"兵"："四世，依桑阿行一，兵；雅图行二，兵；长寿行四，兵。"第二种写为"原兵"，以《常氏族谱》为例，"一辈领催牙哈、二辈领催常四……五辈原兵特生额、原兵买住，六辈原兵三音保、原兵阿勒锦、原兵阿明

---

① 参见（清）吴振臣撰：《宁古塔纪略》，见李兴盛主编：《述本堂诗集·宁古塔纪略》，564页，哈尔滨，黑龙江大学出版社，2014。

② （清）萨英额：《吉林外纪·叙》，长春，吉林文史出版社，1986。

③ 何晓芳、张德玉：《清代满族家谱选辑》，525页，沈阳，辽宁民族出版社，2016。

④ 习书仁：《清代东北旗地研究》，195页，长春，吉林文史出版社，1993。

⑤ （清）金德纯：《旗军志》，2页，沈阳，辽沈书社，1985。

阿……"。常氏从始迁祖直至第六代都有八旗军籍，而第五、六代人开始为"原兵"。还有从始迁祖开始连续几代人的身份都为"原兵"，再如《沈氏族谱》，始迁祖那力突为"原兵"，儿子三他哈、二格、四格也都同样记载为"原兵"。又如，参加同治朝科考的岫岩旗人恒春的试卷记载的家谱上的履历为"瓜尔佳恒春，始祖讳岳力贺吉原兵、太高祖讳多尼原兵、高祖讳阿哈布原兵……"。第三种写法"原系兵"，如《康族世谱》记载，第五世老格，原系兵；第六世奇明厄，原系兵。这三种对兵的记载写法，实际上是同一个意思，即来到东北驻防的八旗与关内北京、广州、荆州、青州等地驻防旗人有不同，关内各地驻防旗人吃国家粮饷，没有自己的旗地。而返回东北屯垦的旗人，虽然是兵，依然在八旗组织内，没有"出旗"，但已经以务农为业，依靠土地生活，后代子弟没有被挑丁（当兵）、任职的，继续以父祖留下的土地务农为生。家谱是后人对前辈的记载，这些以八旗驻防返回到东北的满族，在他们后代的眼中，这些先祖原来是兵，后来务农，产生身份转变。而且他们的后代压根儿就没有进入八旗组织内当兵，生来就是农民出身。

正是这些康熙年间大批返回东北驻防的满族八旗，报领旗地，加速驻防地开发。同时，由原吃粮饷的职业军人，转变成为务农人。有研究者根据清朝文献分别对辽、吉、黑三处将军统辖旗地进行统计[①]：雍正四年（1726）盛京所属 15 个八旗驻防地合计旗地 1367804 日[②]，是顺治朝旗地的 5.36 倍；雍正朝吉林旗地 125879 日[③]，乾隆朝黑龙江旗地 172719 日。清廷对旗地征收赋税设定的形式有：红册地（雍正四年设定），官产，不得买卖；旗余地，旗人红册地以外私自开垦的土地，乾隆四十五年（1780）查丈奉天旗余地，有 223557 日 3 亩，约占全省地亩之大半；旗升科地（乾隆朝以后设定），将旗人"隐余地"报官后同民人地一样征收赋税。

2. 农耕生产成为满族八旗生计主业

清入关之初，无论关内还是关外，满族八旗皆为正身旗人。但清入关以后，战事减少，康熙年间以后拨派来东北屯垦戍边屯垦的满族八旗人，经过若干代以后，至乾隆朝，人口暴增，"一户而分为千门"。由于满族驻防八旗人口繁衍，兵额有限，没有差职或披甲的闲散满族旗人越来越多，占有土地以农耕为生计，成为主流。由于各支脉不断分析家产，对土地的需求量随之越来越大，耕田不足问题开始凸显，包括功勋家族也如此。以《章佳氏族谱》为例：

① 参见（清）金德纯：《旗军志》，116—119 页，沈阳，辽沈书社，1985。
② 清代东北土地度量单位，"日"为满语，汉文音译，一日约为 6 亩。
③ 清代现今黑龙江所属阿城等地区归吉林统辖，而且为乾隆朝后期开始京旗移驻，因此，根据本文论述，仅统计雍正朝驻防八旗开垦旗地。

表4 《章佳氏族谱》人丁差职统计表

世系	年代/差职	兵数	非披甲人数	兵丁比例
1—8	—			—
9	康熙十六年—康熙四十一年（1677—1702）	1		1∶0
10	康熙四十二年—雍正六年（1703—1728）	1	1	1∶1
11	雍正七年—乾隆十九年（1729—1754）		6	0∶6
12	乾隆二十年—乾隆四十五年（1755—1780）	5	17	1∶3.4
13	乾隆四十六年—嘉庆十一年（1781—1806）	15	33	1∶2.2
14	嘉庆十二年—道光十二年（1807—1832）	4	74	1∶18.5
15	道光十三年—咸丰八年（1833—1858）	2	103	1∶55.2
16	咸丰九年—光绪十年（1859—1884）	2	178	1∶89
17	光绪十一年—宣统二年（1885—1910）	1	231	1∶231
18	宣统三年—民国二十五年（1911—1936）		65	
19	民国二十六年—1962年（1937—1962）		8	

注：世系1—8家谱上没有记载。

从以上《章佳氏族谱》人丁差职统计表[1]可以看出，到乾隆朝以后人丁数成倍增长，而能够吃皇粮的兵丁数却急骤下降。章佳氏为满族巨族，在北京支系有多人位居大学士，诸如阿佳、伊继善等，居住于本溪（当时划分到凤城）凤城的是乾隆年间的奉政大夫观彻一支，该家族应该享有余荫，所以在乾隆到嘉庆年间，该家族有15人披甲当兵，占非披甲当兵人数的一半。但观彻身后的章佳氏逐渐衰落，以至于光绪年间232人丁中仅有1人披甲当兵。除这1人之外，其他231人及其家庭的生计来源无疑依靠务农。

《章佳氏族谱》并不是个例，而是带有普遍性。再例如《正白旗满洲沙哈达哈拉罗氏宗谱》，据其家谱记载，二世祖顺治初年辞官从京师回到复州"垦田植树"后，这个家族再没有人披甲当兵，官宦者也鲜有，"埋首务农，直传至第八代，始有跨入仕途者，但亦只有一人而已"[2]。屯垦戍边的满族驻防八旗，当不上兵就要务农生存，这是舍此无二的选择。因为，清朝规定，八旗人除当兵外不能从事其他任何职业，而开垦农耕是驻防戍边的职责。

满族驻防八旗生计成功的转型成农耕生产，土地成为重要的生产资料，给清朝解决京八旗满族的八旗生计问题提供了经验。所以，清嘉庆年间开始在黑龙江拉林等地

---

[1] 参见李林、候锦帮、朴明范、高作鹏：《本溪县满族家谱研究》，106页，沈阳，辽宁民族出版社，1988。

[2] 何晓芳、张德玉：《清代满族家谱选辑》，718页，沈阳，辽宁民族出版社，2016。

设置旗地，迁徙安排京师八旗来此地。为了给京师八旗创造好的农耕条件，清廷调盛京、吉林满族驻防八旗先期前往开垦耕田，建造房屋，这成为盛京、吉林等满族获得土地的大好机遇，因此争相报名前往，现掌握的满族家谱都有某某支系前往黑龙江某处的记载，所涉及州县几乎遍布黑龙江松嫩平原，出现地名频率最高的是双城堡，次之为绥化等地。光绪版本《关氏家族世系谱》记载比较典型，该家谱"出京所历迁居之时址"如下：

> 清康熙二十四年初，由北京迁到岫岩南教场沟，咸丰四年迁居吉林省双城县东镶白旗头屯，光绪五年迁居卜奎省绥化县西正白旗二屯东地界关家窝堡，光绪三十一年迁居望奎县北正蓝旗前头佐屯。

从上述关氏家谱记载可以看出，该家族聚居村落命名皆与八旗驻防相关，"教场"练兵场地，"窝堡"前冠有关家，关家即为该家谱的满族关氏家族，另外其他所定居的村落名称皆以八旗的旗分命名。从该关氏经历的这些村落命名可以看出，满族完全告别清入关前渔猎经济，形成耕田而居的农耕生计方式。

3. 土地作为生产资料成为家庭重要财产

女真人时期"养马弋猎为生"，是一种完全依赖向自然索取的初级状态的生计方式，而满族八旗从国家得到土地，上缴农业税，这时土地有了生产资料价值和意义，随之引发家庭财产观念和内涵发生变化。清入关前女真人时期，家庭财产以畜牧为主，不包括土地，从清代满文对"家产"二字的记载可以略窥大概。满文"家产"二字写为 aha ulha。aha，汉语音译为"阿哈"，"奴仆"之意。ulha，意为"牲畜"。从满文"家产"二字的内容看，清入关前女真社会中，土地并不包括在家产中，那时的土地是公有的，而牲畜、奴仆却是私有财产。因此，分家产，就是要分牲畜、奴仆之类，奖赏有功之臣也要奖赏牲畜、奴仆之类。

而清入关以后，八旗将士获得大量土地，虽然红册地为国有，但旗人拥有的使用权继承性仍然让其具有私产的性质。旗人红册地以外私自开垦的旗余地丈量后向国家纳税，等于承认私有化，而且数量占旗地半数之多。土地私有，自然使土地成为重要的家庭财产，"治家产"与"分家产"皆以土地为中心，形成与中原汉族相同的土地财产观念。与土地成为财产同时，土地为中心的法律文书也大量出现。满族八旗中以土地为中心的法律文书主要有两种，一种为分家单，将"祖遗地"在兄弟之间划分。大多数情况下"祖遗地"都是始迁祖返回东北报领的旗地，经过世代相传，成为兄弟分家财产，文书形式为立分契单。另一种文书即为旗地买卖契约单。生活出现困境，需要资金时，将旗地转手。最初清廷不允许旗人进行旗地买卖，但逐渐放开，允许在旗人之间买卖，再后来到光绪年间时，"旗民不交产"被打破。东北地区照比京畿、河北等旗地放开交易时间稍晚，但在民间实际已经突破政策规定，而到民国时期，已经普遍。土地文书，现今仍有满族家庭作为祖先遗物纪念意义而保存下来，成为满族向农耕生计方式转变的历史见证。

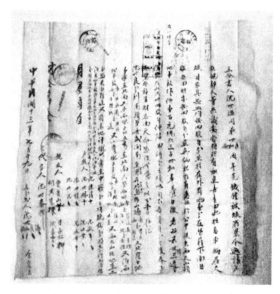

图 13　丹东东港三道林子满族沈氏分家单①

图 14　岫岩满族佟氏分家单②

---

① 分家标的为祖遗田地、房产、牲畜、车辆，在 4 个兄弟之间均分。
② 分家标的为祖遗田地、房产、牲畜、家中器物，在 3 个兄弟之间均分。

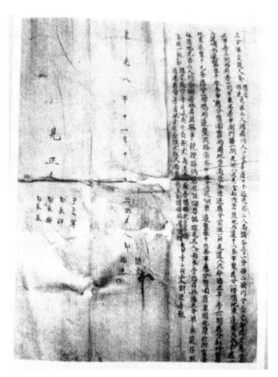

图 15　锦州满族邹氏兄弟分家单①

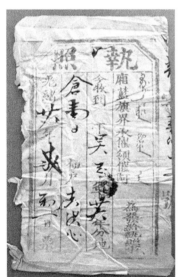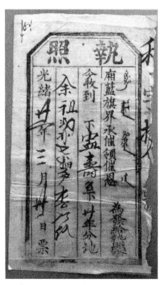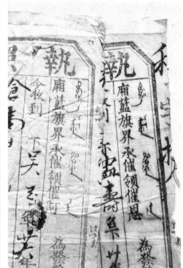

图 16　八旗官府对旗人开发土地进行丈量，发给执照。与民地由县衙署负责不同的是，
由八旗佐领负责，领催操作

---

① 分家标的为红册营盘地、草房、场院，在两个兄弟之间均分。

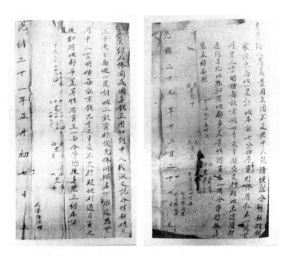

图 17　立卖地文契。凤城满族佟氏佟开成因无钱正用，立卖地文契。
凤城满族高义贵将地 2 亩卖与族兄佟开端

　　由于分家和买卖土地，是满族家庭中的大事，因此，这些地契文书被收录于满族家谱之中，或者与家谱共同收藏放置一起。而且，有些家谱明确记载关于土地的买卖情况，甚至土地争讼情况。这是满族家谱的一个特点。典型者为岫岩《白氏源流族谱》①，详细记载始迁祖护军校崇厄力康熙二十六年（1687）来岫岩驻防，一直到民国时期，其家族通过典、买、开垦等方法获得的土地数量达良田万亩之巨，这些田产在白氏族人三次分家中的分配情况也记载得清清楚楚。而且该家谱写入与同为满族旗人的邻居争夺田产经过，足以说明满族以农耕为生计。

三、生活方式变迁：居住与生活器具向农耕人家转变

　　生计方式转变必然影响居住与生活器具转变，大批佛满洲由京师返回东北驻防屯垦，农耕生计方式使满族居住方式与生活器具从渔猎、游牧向农耕人家变迁。

（一）祭祀供品变迁

　　满族有古老的祭祀传统，女真人祭祀习惯铺张，宰杀牛、马、骡、驴等大牲畜，皇太极定国号大清，建元崇德。登基后制定《崇德会典》，而《崇德会典》的第一件事就是对和硕亲王、多罗郡王以下共十三等级制定吊唁殡葬祭祀物品规定。和硕亲王的规定为第一等级，以下等级递减。以和硕亲王为例：

---

① 何晓芳、张德玉：《清代满族家谱选辑》，601—628 页，沈阳，辽宁民族出版社，2016。

合硕亲王卒，辍朝三日，差礼部官办祭，合硕亲王以至辅国章京俱临丧。初祭用牛犊一只、羊八只、烧酒九瓶、纸二万张；七日祭羊九只、纸三万张、酒九瓶。凡办丧匠人上与之。亲王妃及与未分家子，亦差该部官办祭，合硕亲王以至辅国章京俱临丧，纸二万张、羊五只、烧酒二瓶。[①]

以上《崇德会典》是针对当时女真社会中的民俗礼仪流行货卖宰杀牲畜而制定，从亲王等皇亲贵族的限制做起，让皇亲贵族带头。同时也颁布禁令：

凡人祭神、还愿、娶亲、死人、上坟，杀死货卖，宰杀牛、马、骡、驴，永革不许。马、骡生与人骑乘者，牛、驴生与人役使者，绵羊、山羊、猪、鸡、鸭生与人吃者。今后许绵羊、山羊、猪、鸡、鸭还愿、祭神、娶亲、死人、上坟宰杀买卖。母猪不许杀，若杀卖者问应得之罪，仍赔猪入官。若违令将马、牛、骡、驴还愿、娶亲、死人、上坟杀死货卖者，或家下人、或部下人首举，将人断出，赔杀的牲畜与原告，或傍人举首，赔牲畜与举首者。牛录章京、拨什库因失于稽查，问应得之罪。设大宴时许杀，有群牛的贝子、大人，亦不可侈费。[②]

《崇德会典》制定此禁令，进行民俗礼仪改革，目的防止过度滥用大牲畜，因大牲畜为军队骑乘、驮物运输、耕种农田所使用，转而以替代为羊、猪、鸡、鸭等家畜、家禽。应当注意到，无论是大牲畜还是家禽，祭品名目种类中见不到农作物供品，说明当时的女真人经济生产中，农业尚未占主要地位，因而，在隆重的祭祀中仍然保留传统习俗礼仪习惯，使用肉类当祭品。

清入关后，祭祀所用供品发生很大变化，家畜类只有黑毛猪，其他皆为农作物制作的面点供品，而且种类丰富，如都轧面、元豆面、桲椤面、大黄米面、面团、小饼、黏糕、打糕、小米粥、小豆糜。满族重祭祖，因此，许多满族家谱将祭祀规矩记载于家谱之中，作为该家族共同遵守规定。上述供品的面点，以记载祭祀内容较为丰富的《关氏家族世系谱》《交罗哈拉佟赵氏全书》《索绰罗氏谱书》《瓜尔佳纳音关氏谱书》为典型提取举例。[③]盛装供品的器具有碗、碟、盘等，盛装酒的器具称为"盏"或"盅"，是

---

① 《清太宗实录稿本》，见辽宁大学历史系：《清初史料丛刊第三种》，3 页，1978。
② 《清太宗实录稿本》，见辽宁大学历史系：《清初史料丛刊第三种》，13 页，1978。
③ 参见何晓芳、张德玉：《清代满族家谱选辑》，87、319、667、796 页，沈阳，辽宁民族出版社，2016。

与供品和盛装器具相联系出现"饭菜"之概括性词汇。① 而清入关前女真人时期，盛装供品的器具不曾见于记载，但盛装酒则明确记载为"瓶"。酒的盛具是"瓶"，作为度量单位远大于清入关后使用的"盏"或"盅"。这反映出清入关前女真人时期与清入关后满族人不同的精神形象，前者豪放粗犷，后者颇有中原农耕民族的儒雅。例如，《索绰罗氏谱书》中有"祭祀应用的器具"一节，规定所用祭祀器具，抄录如下：

> 单高桌一张，一张炕桌一张方盘一个，圆盘四块，大锅一口，酒壶两把，大酒盅六个，小酒盅六个，筷子六双，大碗八个，五寸碟子十个，小碟子四个，元米一斗，元米酒一罐，烧酒一瓶，祭猪三口，鹅一只（猪羊也可）。

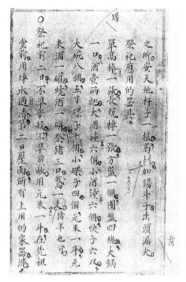

图 18 《祭祀应用的器具》　　图 19 《交罗哈拉佟赵氏全书》中《祭神树规矩》用鹅说明

从上述可以看出，使用的祭祀器具体现了祭祀的温和。其中关于为什么以"鹅"作为祭品，该家谱中没有解释，但在《交罗哈拉佟赵氏全书》中《祭神树规矩》有解释："经先人传说，祭神树例定牡牛一条（头）。后世以鹅代牛，俗谓鹅系大牲口，即此意也。"该说法正与皇太极下令禁止祭礼宰杀马牛大牲畜相吻合。马、牛大牲畜在农业中使用极为重要，满族农业生计方式变迁推动祭祀祭品改革变迁。

（二）"祭田"出现

清入关前的女真人时期，以"养马弋猎为生"，因而反映在祭祀风俗上皆使用牲

---

① 参见何晓芳、张德玉：《清代满族家谱选辑》，91 页，沈阳，辽宁民族出版社，2016。

畜、纸、酒，而且以大牲畜为大宗。丧葬习俗也比较简单，送殡后当日即结束。[1] 皇太极去世时丧葬仪式复杂了许多，[2] 所以，清入关前的各种历史档案中没有关于祭田记载。即使努尔哈赤与皇太极时期八旗士兵按计丁授田分得的土地，按规定种粮、种棉作为军需之用。入关以后，屯垦戍边的驻防八旗士兵从事农耕过上定居生活，人口增长，去世者也多，加之受中原风气影响，清朝中期以后，满族人家将原安葬先人的祖茔，辟田土，设置坟丁，修建墓园，或出租，或招收佃户，收入以供祭祀之用，满族的社会生活中产生祭田。[3] 祭田为宗族公有，各支、户不得私自占用其土地或收入。祭田本为中原祭祀文化中的重要内容，清朝传承这一制度，《清史稿·食货志一》有："祭田公地，一切免征。建国初，赐圣贤裔祭田。"[4] 而普通满族驻防八旗的祭田，非为朝廷所赐，而是在自家拥有的红册地或科地范围内划出一块作为宗族公产，但其性质仍然是私家所有，作为家庭财产的一种，无疑是满族八旗转型为农耕生计方式的体现。既然祭田是私有财产，因而就可以进入买卖、出租，这从满族家谱记载中得以体现。

祭田成为满族收族、睦族、接济扶贫、行使儒家祭祀之礼的资金来源和重要场所，因而围绕祭田，满族家谱中做出相应规定。如《吉林他塔拉氏家谱》中的《家训·祭祀》规定如下：

> 祭田现在所捐无多，此后凡吾族富而有力者，可量力或捐助或绝产尽数拨归，庶几集腋成裘，堪资修祠设塾，祭礼及族中一切公益之事。始迁祖原住厂北大唐家屯北八里雅通河，宜修祠堂于大唐家屯，庶祠祭墓祭和以同时并举。祠祭以冬至日为期，始迁祖之墓及同域各墓即以祠祭之为祭期，其余同高曾祖祢各墓，以清明七月望十月朔岁腊四日拜扫。祠祭始迁祖墓祭，各费均由祭田租粮项下供备，不准迟误潦草。祭田款项捡族中公正一人司之，各穆坤轮流稽察之。每年祭田租粮项下，除办祭及杂项公用外，所余钱项即添买祭田，不许多存，若有应办之事需用甚多，始准预存。祭田如有余资，即作为族中婚嫁丧葬恤贫、存寡、奖善、旌贤等费，以资补助。

祭田，是家族公有财产，维系着家族情感。迁徙到辽宁海城一支的他塔拉氏以祭田祭祀，形成了"吃坟会"习俗。"吃坟会"，于每年秋收后的农历十月初一，由本族

---

① 根据《满文老档》记载，努尔哈赤为费英东、亲妹妹祭奠，都是当日而返，没有复杂仪式。
② 参见习书仁：《清代东北旗地研究》，115 页，长春，吉林文史出版社，1993。
③ 《马佳氏族谱》《汪氏族谱》《白氏源流族谱》《宁古塔正黄旗梅和勒氏宗谱》，见何晓芳、张德玉：《清代满族家谱选辑》，157、472、619、665 页，沈阳，辽宁民族出版社，2016。
④ （清）赵尔巽：《清史稿》，3497 页，北京，中华书局，1979。

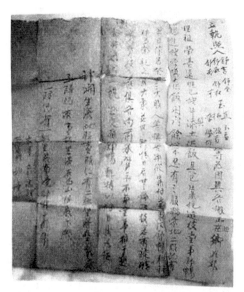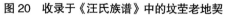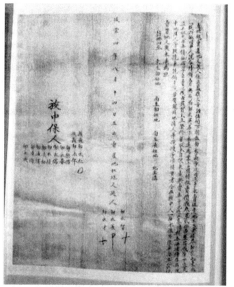

图 20　收录于《汪氏族谱》中的坟茔老地契　　图 21　锦州满族邹氏族中兄弟转卖墓地文契

的坟田耕种人利用坟田收入购买猪、羊、鱼、酒、果、蔬菜等祭品，由族长主持召集族人到他塔拉氏墓地进行祭祀活动，无论在外路途远近，都要前来参加。活动结束后回到村里搭建席棚，按尊长老幼顺序先后入座，开始享用祭品。这个习俗从乾隆朝后期开始到民国时期，盛行两百余年。该支他塔拉氏已经将"吃坟会"作为追忆祖先英灵，尊长爱幼，团结族人的一种纪念活动。

（三）民居建筑变迁

满族发源于白山黑水之间，东北的生态环境和气候塑造了满族民居建筑特点。早在辽金时期的女真人，其民居即因与中原不同而被注意，并记载于历史文献资料中："依山谷而居，联木为栅，屋高数尺，无瓦覆以木板或以桦皮或以草绸缪之，墙垣篱壁率皆以木，门皆东向，环屋为土床，炽火其下，与寝食起居其上，谓之炕，以取其暖。"① 到明代晚期女真人民居仍然没有多大变化，努尔哈赤时期被囚禁于赫图阿拉的朝鲜官员描述女真人的民居称为"窝舍"："窝舍之制，覆以女瓦，柱皆插地，门必向南，四壁筑东西南面，皆辟大窗户。四壁之下皆设长炕，绝无遮隔，主仆男女混处其中。卒胡之家，盖草覆土，而制则一样，无官府郡邑之制。"② 后金进入辽沈地区以后，努尔哈赤建立盛京都城，皇太极将沈阳故宫继续完善扩建，但普通满族八旗人家并没

---

① （宋）徐梦莘：《三朝北盟会编》。
② ［朝鲜］李民寏：《建州闻见录》，42 页，见辽宁大学历史系：《清初史料丛刊第八、九种》，1979。

有多大改善。康熙二十一年（1682）随同康熙帝一同东巡的传教士南怀仁记述了他眼中的辽东民居"在小河畔的低地上有几间矮小的草苫着的土房"。与努尔哈赤时期朝鲜官员眼中的满族民居"盖草覆土"一致。南怀仁描述辽东村镇民居的整体情况是："废墟上所建的房屋，毫无次序，有的是泥土夯筑，有的是石块堆砌，大多是草苫的，瓦顶的、木板圈房缘的极罕见到。"造成废墟的原因是，清军入关时"为了使士兵失去回到家乡的一切希望，把这些村镇完全破坏了事"①。概述以上对女真人民居的特点：选址在山谷之下，建材以泥土、草木为主，向东开门，居室内有转圈火炕（即万字炕），炕为通长，没有遮隔，全家老幼男女全部居住于同一室内。

随着清入关后满族生计方式向农耕转变，加之接受儒家伦理道德影响，满族民居形制发生变迁。根据多种清时期文献记载，②满族民居在保留女真人房屋建造传统习惯时，吸收中国传统文化建筑格式，形成本民族的民居特点，通常所说"口袋房，万字炕，烟囱出在地面上"，极为生动、形象、准确地概括出了满族房屋形制。满族房屋这种稳定的形制，表明满族入关后随着生计方式向农耕转变，有了农耕文明对居住房屋的设计理念。但由于地理环境制约，仍然保留一定女真人时期房屋建筑的传统习惯。

选址上，沿袭女真人时期居住观念，不选平地，而是选择山根下，后靠山，前有河，两侧为山冈。定居以后，住房的条件不断改善。房屋建构上，满族的房屋一般是三间或五间，坐北朝南，大多东边开门，形如口袋，故称"口袋房"。但受地理环境和汉文化四合院影响，也有的在三间或五间的中间开门，又称"对面屋"，开门这间称"外屋"，两侧的房间称为"里屋"。建筑材料上，房顶多为苫草，墙基础为石材，墙为泥砌，木栅栏院墙也有改用石砌。

满族认为，"四世同堂"或"三世同堂"是件大喜事，同堂的辈行越多越荣耀。清朝中期以后，满族生活较富裕人家建起砖瓦四合院，大部分满族人家的四合院以一进深为普遍。正中为正房，三间或五间，东、西设厢房，每一厢房有五间或也有三间。无论砖瓦房或是泥草房，都尽可能建成"四合院"。四合院院内的布局分为三个部分，大门入口部分、正屋和厢房部分和院落部分。布局的要素有正门、院落、正房、厢房、牲口棚、苞米楼、障子、索罗杆等。从图22中可以看出，满族民居整体上采用中心对称的布局，大门位于整个建筑的中轴线上，满族民居之所以将大门建在中轴线上，主要是考虑到马车出入的方便，同时也体现出了北方满族人民那种豁达和开阔的胸襟。大门内设有影壁（京津冀一带"壁"发"背"音）墙，外观与汉族民居基本同样。

---

① （清）南怀仁：《鞑靼旅行记》，138 页，见李澍田主编：《长白丛书》，长春，吉林文史出版社，1986。

② 对清代中期以后的满族民居记载文献主要有（清）吴桭臣《宁古塔纪略》、［朝鲜］李应海《蓟山纪程》、［朝鲜］李永德《燕行录》。但对于满族较富裕人家民居何时改成砖瓦房的四合院，多种清代文献没有记载。但在满族家谱中有所流露，可参见《白氏源流族谱》中的"凌云堂白氏事宜录"，从乾隆五十五年（1790）开始至光绪八年（1882），共92年，记载典房与自家修建房情况。

图 22　黑龙江齐齐哈尔草苫老房

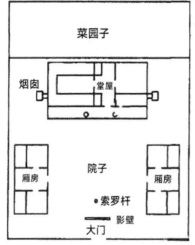

图 23　普通满族房屋格局平面图

图 24　院中立有索罗杆子的泥草房

图 25　辽宁新宾腰站村满族 200 余年历史的四合老宅院

图 26　坐落于辽宁本溪高官镇泥塔村满族温氏老宅（原为四合院，现已不存）

图 27　辽宁丹东岫岩赫舍哩（何）氏老宅（原为四合院，现仅剩正房）

图 28　辽宁丹东凤城清代副都统瓜尔佳氏（关）大老爷四合院旧宅（正房部分）

图 29　满族"百年老宅"山墙上精美的脊花

图 30　老宅兽脸瓦当

　　居室结构是最凸显满族民俗特点的居室结构，筑有南、北、西三面构成的"匚"型火炕，称"万字炕"。满族人家皆为万字炕，也称为"蔓"字炕，无论房屋宽窄、人家富或贫，都是如此。这是满族入关后接受儒家伦理思想融入满族民居的体现。关外时期，满族（女真人）居室"四壁之下皆设长炕，绝无遮隔，主仆男女混处其中"。而满族入关后的万字炕则充满儒家伦理思想。西炕不睡人，也不许坐，山墙上钉有祖宗板，用于放置祭祖器具，体现了满族采取汉族屋舍形制的同时，融入了本民族的精神信仰，保留了自己民族特色。

图 31　满族普通民居"万字炕"以及西炕山墙上的祖宗板

南、北炕使用也有比较严格的规矩，年长老人（一般是公婆）住在正房的东室南炕，家中来客人都让到南炕上落座，表示对客人的尊敬，晚辈不经允许不能随便坐卧到南炕上，这是对老人不敬的行为。如果正房是五间，东室则设置连二炕，即两间房子的炕连在一起，仅在两室内中间的炕沿上立有一柱子，用于放置挡板或幔布，起到间隔作用。这时，老年的长辈睡在第一间隔的炕头位置，晚辈睡在第二间隔。儿子儿媳住在正房的西室，孩子或未婚家人等住在东、西室的北炕。满族人喜欢聚族而居，祖孙四世同堂，很少分家。一个四合院内居住 30 人左右，这种情况很常见。

满族民居的烟囱仍然保留清关外时期浓郁的满族传统文化特点。满族传统民居，无论青砖瓦房还是土坯草房，都有一个显著的特征，即烟囱不是建在山墙上方的屋顶，也不是从房顶中间伸出来，而是像一座小塔一样立在房山之侧或南窗之前，民间称之为"跨海烟囱""落地烟囱"，满语谓之"呼兰"。这种烟囱高过屋檐数尺，通过孔道与炕相通。清入关后的烟囱大多用土坯或砖砌制，置于房外东侧或西侧三尺远的距离，不易失火，而且便于取暖。乾隆皇帝在《盛京土风杂咏》中高度赞扬："疏风避雨安而稳，直外通中朴且坚。"满族传统民居仅在东北保留，而关内驻防八旗满族则由于气候环境等原因"入乡随俗"。

图 32　齐齐哈尔满族老房耸立的烟囱

图 33　满族的院子里设置木质苞米仓子，满语称之为"哈什"

　　满族民居的变化，反映了满族开启农耕生计方式之后由渔猎、游牧到农耕文化上的变迁，其中一个重要特点，这时的房屋院落，甚至园基地中的道路，都可成为家中固定财产，具有商品交换价值，成为买卖、分家或典租的标的。将房屋及其附带院落等作为不动产出现了交易文本契约，这是农耕文化与渔猎或游牧文化的一个重要区别。

图 34　义州正黄旗恒升佐领下杨兆钟立卖房基契

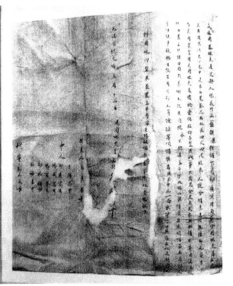
图 35　义州正蓝旗景佐领下邹广洪立退园
基地走道契

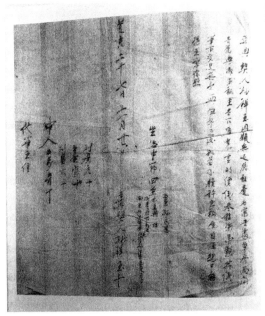
图 36　本溪满族孙祥玉立典草房契

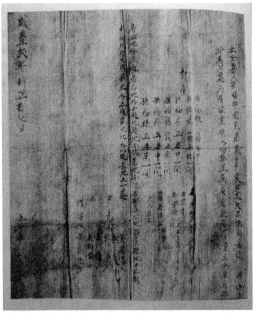
图 37　本溪满族孙福栋兄弟立分家产（房屋）契

　　满族房屋买卖、典租情况在满族家谱记载中有所表现。岫岩满族《白氏源流族谱》中保存了一份《凌云堂白氏事宜录》，也就是相当于白氏日常收支账本收录于家谱中，其中有大量以房屋为标的的分家产、买卖、典租记载，交易对方有白氏族人、岫岩旗人，以及少量民人。择录于下：

乾隆五十五年正月二十日，群住公、文秀公分居。群住公凭阄分得老房东头两间仓房一间，西沟地一分，西山底下地一处，房前房后之地两股均分。文秀公凭阄分得老房西头三间、门楼一间，李家坎头地一处，上沟庙西山地一处。

道光二年十月二十一日，典大岭后（红）册地九段，草房三间、园地一块，价一千七百吊。

（道光）九年冬月初六日，典黄旗沟刘美（红）册地二十九日、草房二处，价三千三百吊。

（道光）十三年正月二十四日，典尹天喜、尹天奎房后园地一块，价六十五吊，又典园地五段，价六十五吊。

…………

咸丰元年正月初六日，又买草房八间、园地二块，房银三十两。

…………

（咸丰）三年二月十五日，买夸色同弟庆安草房八间、园地两块、前房身一处、正沟里草房五间、园地一块、红余科地九段一百二十五亩、山岚五处，价九千六百五十吊。

以上为节选，从《白氏源流族谱》记载看，房屋园地的买卖、典租流转十分频繁。一直到 20 世纪 80 年代，东北农村的满族古村落仍然保留不少满族老屋，与清代多种历史文献记载基本相同。21 世纪初仍然有一定数量遗存，但大部分伴随城镇化发展被拆掉。[①]

（四）农业生产工具变迁

伴随满族实行农业耕作生计方式，必然出现农耕特点的生产生活物件，分为生产和日常生活用品两类。生产工具主要为耕地、播种、铲地、收割使用的犁杖、点葫芦、锄头、铲刀、扇车之类；大马车是满族人家常用的生产资料，与之相配套的有马槽子、马鞍、马鞭、马笼头等用具。这些劳动工具中，满族吸收学习中原农耕技术而采用的代表性农业生产工具包括犁杖、扇车等。

1.犁杖

犁杖，主要用于农田或旱地的耕作，用畜力或人力牵引。以前农村都是靠这种犁来耕田的，犁架是木质的，因此也称之为"木犁杖"，又由于犁头是铁的，又称之为"铧犁"。早在明代女真人时期，犁杖完全依靠辽东马市与汉人交易获得。明代档案关

---

① 参见张晓琼、何晓芳：《满族：辽宁新宾腰站村调查》，昆明，云南大学出版社，2004。

于向建州卫女真交易铁铧犁头的档案文书证明了这一点。根据辽东马市《抽分清册》107号记录统计，运进海西女真的铧子有4292件，[1]数量很大。女真人之所以需要从明朝马市运进这样大量的铁铧犁头，有两方面原因：一个是当时女真人境内缺铁，境内的铁主要用于制造战争急需的武器，基本上不用于农耕；另一个原因是，当时的满族八旗兵都由"奴婢耕作，以输其主"。这就意味着，满族八旗兵不直接从事农耕，即使拥有铁铧犁头，也不是本人从事农耕的劳动工具。

2. 扇车

公元前1世纪，西汉时我国已出现扬去谷物中的秕糠用的扇车，一直在黄河流域、中原和江淮地区使用。清入关后，向长城以北东北大量增派兵员屯垦戍边，谷物种植面积增加，扇车得到广泛使用。

犁杖、扇车这些中国传统农业生产工具，只有满族八旗将农耕生产作为一种生计方式时，才成为其所使用的劳动工具。

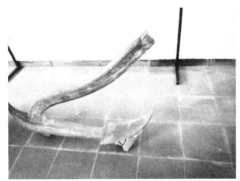

图38　辽宁辽阳木犁杖

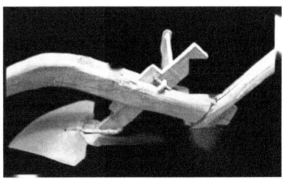

图39　长白山木犁杖

图40　青龙满族人家使用的点葫芦

图41　青龙满族人家使用的扇车

---

① 辽宁省档案馆藏：明档乙107号万历十二年，《广顺、镇北、新安等关易换货物抽分银两表册》。

由于满族生活在山区，农耕之外，仍然从事适应森林生态环境的森林渔猎活动，作为农耕经济的补充。因此，每个家庭中仍然有与打猎相关的工具，如砍刀、火枪、弓箭、兽夹子等，透射出浓郁的森林渔猎生计方式气息。

（五）满族妇女的生活方式变迁

满族八旗返回东北屯垦驻防，由渔猎经济向农耕经济转变，引发生计方式变迁，变迁主体的另一半是满族妇女。妇女作为经济生产中必不可少的一部分，更是日常生活的主角。农耕文明社会里，形成了"男耕女织""男主外女主内"的生活模式，因此，这也成为满族妇女生活方式变迁的历史价值取向。

1. 农耕文明与山林传统相融合的日常生活器具

农耕经济自给自足，纺线织布也成为家庭生活的重要内容，因而出现中原汉族农耕文化中常见的纺线车、纺锤、针线板、袜板等针线器具。家具主要有炕桌、大地柜、条凳，放在炕上的被阁（也称"炕琴"）。日常生活用品还有泥火盆、烟笸箩、浆洗衣服的捶被石等。这些生活器具，都是由中原汉族地区传入的。伴随满族农耕生计方式的形成，自然也为满族妇女所常用。

但东北是满族故里，为适应东北生态环境而形成的传统民俗仍然被满族妇女在日常生活中保留，极具地域特点。最显著的是，民间俗语有东北三大怪之说："窗户纸糊在外，大姑娘叼着大烟袋，养个孩子吊起来"。"窗户纸糊在外"指窗户纸糊在窗棂格的外面，而不是糊在向着屋里的一面。原因是只有将纸糊在外面，才方便在屋内开掀窗户，窗户是上下开掀，而不是对开。由于房顶起脊，房檐纵深大，雨不能淋打到窗户纸上。这是满族妇女的一种生活智慧。"大姑娘叼着大烟袋"，是指东北满族妇女无论出嫁媳妇还是未出嫁的姑娘，都有抽烟的习惯，而且被世俗所允许，这与传统礼教森严的中原文化有很大区别。抽烟使用长长的木质烟杆，可以反复使用，而且便于伸向火盆取火而不伤脸。由此逐渐形成一种孝敬长辈、热情待客的传统礼节——"装烟"。满族人家的儿媳妇，每天都在饭前或饭后给公婆装烟，双手捧上送给公婆。来了客人，首先装烟招待。"养个孩子吊起来"，指将孩子放在悠车里。悠车，又称"摇车""吊车"，用桦木皮制成长方形或椭圆形，这是满族长期森林生活形成的育儿工具。将悠车吊在房梁上悬空，既可防止家中动物上炕伤害小儿，又可借助惯性轻松摇动悠车，哄婴儿睡觉。满族妇女则坐在炕上做针线活儿，顺手悠小儿。满族家家有悠车，满族人都是在悠车中长大。这又是满族妇女的一种生活智慧。

图 42　沈阳市于洪区靖安村满族悠车

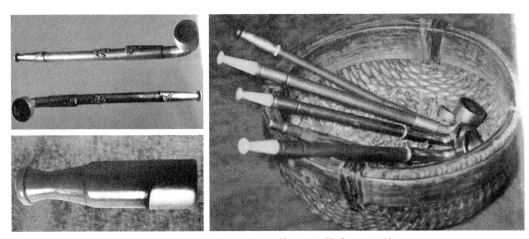

图 43　辽宁铁岭尚阳堡烟袋锅、烟袋嘴、烟笸箩

图 44　河北青龙满族人家浆洗棒槌和捶被石

图 45　吉林长白山地区火盆和纺线车

图 46　河北北部地区袜板、线笸箩、鞋样夹子、针线板、纺线锤

2. 满绣

满族民居里必不可少的生活用品是满族刺绣品。刺绣是一种流传千年之久的民间手工艺，形成苏绣、蜀绣、广绣等江南名绣流派。早在清入关前的后金时期，刺绣品即已经流入满族社会，皇太极赏赐下嫁科尔沁各部蒙古公主即有刺绣工艺的女衣、袍等物品。① 但作为满族妇女，则深受渔猎文化熏陶，"女人之执鞭驰马，不异于男"。与男人骑马并辔，"少有暇日，则至率妻妾畜猎为事，盖其习俗然也"②。明代朝鲜使臣描述女真人："女工所织，只有麻布，织锦刺绣则唐人所为也。"③ 因此，满族妇女这时期并不以刺绣为专工。清入关后有了稳定的生活居所，效仿中原农耕文明，刺绣在满族妇女中普遍流行。吸收中原等地刺绣四大流派的技艺和文化艺术营养，将之与本民族的审美观念和生活习俗巧妙地融合在一起，不断对自身加以完善，形成自身的品格和

① 参见《清太宗实录稿本》，29页，见辽宁大学历史系：《清初史料丛刊第三种》，沈阳，辽宁大学出版社，1978。
② ［朝鲜］李民寏：《建州闻见录》，44页，见辽宁大学历史系：《清初史料丛刊第八、九种》，1978。
③ ［朝鲜］李民寏：《建州闻见录》，43页，见辽宁大学历史系：《清初史料丛刊第八、九种》，1978。

风韵，逐渐成为我国刺绣的一支流派，称之为"满绣"①。讲究的满族家庭，从穿戴到房间内各种布料用品，皆有刺绣，不仅装点美化生活，而且成为一种女性的人生礼仪，作为一种闺门品德评价。大约十岁的满族女孩就要开始学习刺绣，刺绣家中的帘具等装饰品，家人衣服、鞋袜、挂件等，还有自己的嫁妆。刺绣与满族妇女人生相始终，表达满族妇女人生礼仪与人生价值，与关外时期策马扬鞭的女真人妇女形象迥然有别。满绣绣品最有代表性的是枕头顶、旗袍、旗鞋。

枕头顶。枕头顶是满族绣品中数量最多、内容与构图极为丰富的一种。中国传统文化中，枕头历来有各种形制，由各种材料制作。而满族人为适应东北寒冷的气候，创造设计一种使用棉布缝制的口袋状长枕头，有利于睡觉时双肩保暖。枕头的两个顶端称之为"枕头顶"，有方形、长方形、菱形、圆形等，方形最为普遍，成年人使用。为了装饰枕头，满族人就在枕头顶上进行刺绣，代代相传，形成满族绣品的独特风格。枕头顶刺绣的色彩格调，跟年画差不多，很具民间特色。色调明快，对比强烈，艳丽、喜庆。枕头顶刺绣的题材广泛，涵盖了绘画题材的各个领域。有花卉瓜果、禽兽鱼虫、山水风景、楼台亭阁、诗意书法等。绣人物的，多为群众喜爱的神话传说、故事和戏曲人物等，这些人物的造型朴实生动，栩栩如生。

枕头顶布局上讲究左右对称或对等呼应，主要针法有纳纱、缎绣、编纱、补绣、包绣。刺绣枕头顶成为东北满族聚居区一种民间风俗，满族姑娘为自己精心准备的嫁妆，至结婚前要刺绣十几对，甚至几十对枕头顶绣，要绷到一个苫布上，称之"枕头帘子"。由两人挑着从娘家抬到婆家的路上沿街展示，并挂在洞房最明显的地方，任参加婚礼的亲朋品评。每户满族人家，炕琴之上整齐的被阁两侧，将枕头摞起来，枕头顶向外。枕头顶绣品也作为赠送亲朋好友的高贵礼物。

图47　放在老被阁上的枕头顶

---

① "满绣"分为皇家与民间两类，本文仅指满族民间刺绣。

图 48　长白山满族聚居地区刺绣枕头顶

图 49　长方形满族刺绣枕头顶

旗袍。满族服装突出特点是窄袖、袍服、束腰，方便骑马射箭，不同于中原汉族的宽袍大袖。这种"衣皆连裳"的满族服装成为保持"国语骑射"传统的象征。为增强服装的美感，心灵手巧的满族妇女借鉴其他民族的服装和刺绣工艺，在旗袍上刺绣成为普遍形式，刺绣图案多为吉祥意义的花卉、芳草等。有的将旗袍面上绣成一组图案，更多在衣襟、袖口、领口、下摆处镶上多层精细的花边。满族对刺绣服装有特殊的爱好和欣赏，不分男女老少，无论家中贫富，都要有一套或多套刺绣服装。姑娘出嫁时，刺绣服装、枕头顶、荷包三种刺绣品是必备的嫁妆。

图 50　至今保存在岫岩满族博物馆中一百多年前的满族妇女刺绣旗袍

　　旗鞋。满族绣花鞋主要指满族妇女穿着的鞋面上带有刺绣的鞋，由于满族妇女也被编入八旗户口，因之也称为"旗鞋"。旗鞋与旗装相配，构成满族服装的组成部分。随着妇女旗装在面料上刺绣，旗鞋相应也一定要刺绣，穿绣花旗鞋，成为满族妇女着装的一大特点。满族刺绣旗鞋根据不同地区、不同阶层的实际生活需求，分不同款式。马蹄底旗鞋，因位于鞋底中间加上一截木质高底，上宽下圆，形如马蹄而得名，也称之为"寸子鞋"。元宝底旗鞋，木跟形状类似元宝状而得名。这种旗鞋的木底较之马蹄底旗鞋稍矮，走起路来更稳当。平底旗鞋，与上述两款旗鞋的最大区别是没有木质鞋跟，走路更加稳定。

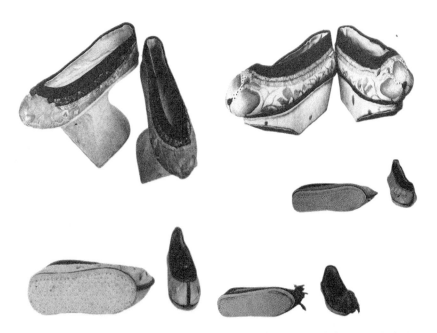

图 51　保存在伊通满族自治县博物馆的马蹄底旗鞋、元宝底旗鞋、平底旗鞋

3. 家谱中的满族贞节烈女

贞节烈女是中原儒家传统文化中的一种忠孝文化，是传统农耕文明的一种，男人讲勇武忠诚（忠君），女性讲忠贞，从一（夫）而终。明代程朱理学倡行天下，贞节烈女成为一种国家倡导的民风民俗。而明代时期的关外女真人，由于渔猎和游牧的生计方式，缺少农耕生计方式稳定，为了部落族群在恶劣生态环境下得以生存延续，女真人同其他北方古代民族一样，盛行收继婚制度，父死妻其庶母，兄死继娶其嫂，即"嫁娶不择族类，父死而子妻其母"①。妇女没有忠贞观念。素有进入中原大志的皇太极，进行一系列学习中原文化的改革，其中一项，就是明令禁止女真人的收继婚行为。入关之后，随着满族向农耕生计方式的转变，以及儒家文化在满族社会中的流行，满族妇女逐渐确立了忠贞观念，成为满族社会生活变迁的一个标志性变化。满族家谱以记载男性为中心，但也对贞节烈女有记述。以下列举两个比较典型的家谱记述。

图 52 《吴俄尔格氏家乘》中收录的满文"旌表贞节碑文"

《吴俄尔格氏家乘》，该谱书修写于康熙四十二年（1703），修写人吴宗阿为康熙丙戌（1706）科进士。该家谱用汉文撰写，其中收录一个全满文撰写的"旌表贞节碑文"。碑文讲述两代妇女在丈夫亡故后的贞节态度及所作所为。曾祖父吴云珠亡故，曾

---

① ［朝鲜］李民寏：《建州闻见录》，43 页，见辽宁大学历史系：《清初史料丛刊第八、九种》，1979。

祖母陈氏欲从死，但因二儿幼小，放弃此念，含辛茹苦三十年抚养二儿成材，90 余岁而终，也算对曾祖尽节义。曾孙辈有一族兄名张奇者，妻李氏，婚后不久，没有子嗣，张奇①突然病故，李氏欲从死，但因家人看管严密，无从下手。家人认为，随着时间推移，李氏将会改变从死的想法。果然，李氏改悲为喜，安详言笑，并设宴与家人举杯敬酒，歌以侑曲。但令人没想到的是，这只是"李氏以九泉相送之礼作别也"，最终还是殉夫而去，年仅 21 岁。将此事奏报礼部，奉旨旌表，赏给立牌坊银两。

"旌表贞节碑文"以传统儒家理念描写两代亡夫妇女"恪尽妇道"的楷模形象。曾祖母陈氏夫亡之后"纺线织布，取荻草以教字，自幼自长，辛苦呵护三十余年"。曾孙辈儿媳李氏："入门后，除琴瑟之和不言外，助其夫，侍公婆，睦兄嫂弟媳，愉悦亲戚，恪尽妇道，堪谓内室之楷模。"从对这两代亡夫妇女的行为描述看，第一，满族妇女已经讲求贞节殉夫，女真人时期妇女改嫁的收继婚习俗已经消失；第二，满族妇女活动的空间完全在家庭里面，相夫教子，侍奉公婆，与女真人时期与男人一样扬鞭策马畋猎的妇女形象迥然有别。

再例如《汪氏宗族谱书》，该谱书修写于嘉庆七年（1802），修谱人为汪氏六世庠生永升额，1942 年续修。该谱记录一位汪贞女事迹，全文如下：

> 汪贞女，镶蓝旗满洲福在之女，贡生色楞额、文生永升额之姊，文生岱龄、淳龄、梦九，武生淑龄、峻龄之姑，文生希克伦、宝三、图克忠、图克志之祖姑，文生庆贵之曾祖姑也。幼时许字某氏，稍长，膂足疾微跛，某有退婚意，属（嘱）媒风示。父母皆难之而窃窃然，唯恐女知，女察其情，遽返其聘，父母交口诤责。女曰：儿欲效北宫之女，婴儿子者，事父母最乐，奚嫁为某。奇女之志节！复属（嘱）媒谢过，苦相要，父母将允之，开谕万端，终不从。由是依父母以居，温清定省，为诸男最。父母偶不豫，辄亲调药饵，甘旨以进，持斋虔祷，往往有效。持父母之丧，动止悉遵古礼。佐两弟持家政，积年无废事。性嗜读经史……尤喜吟诗，针黹之余，吟诵不辍。族中之秀者，读书成名，经传多其口授。女童子则教以《论语》《内则》诸书。喜读孝经，每以不亏不辱，全受全归，为守身要着。旁通内典，慕钩翼之为人。朝夕诵经，必如藏数。衣粗食淡，至老神明不衰。年七十九无疾而逝，空中有音乐声，邻里仿佛闻之。

---

① 满族有称名不举姓之习俗，所以，文中的张奇既然是吴俄尔格氏的同族之人，就必然与吴俄尔格氏同姓，"张奇"应是人名而不是姓张。

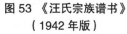

图 53 《汪氏宗族谱书》　　　图 54 续修的《汪氏宗族谱书》　　图 55 立于哨子河村汪贞女碑
　　　（1942 年版）　　　　　　　　（2020 年版）　　　　　（现已失窃，幸有家谱收录照片）

《汪氏宗族谱书》颂扬的是一位叫汪贞女的终身未婚的女性。根据家谱记载，汪氏原"系大金之苗裔，原在盛京北范河南居焉"。可以说，汪氏具有历史上曾建立金国完颜氏的血统。铁岭处于明代辽东督指挥使司管辖之下，明朝在此设立辽东马市，这里与女真叶赫部、科尔沁蒙古毗邻，是沈阳通往吉林的交通要道。明曾派军队进行军屯，明代马市贸易的广顺关即设置于此地，这里是各民族杂居之地。明代称之为"辽左"，女真人风俗深厚。该汪氏后来"从龙入关"，康熙二十六年（1687）返回岫岩驻防。汪贞女出生于乾隆二十年（1755），道光十三年（1833）离世，历乾隆、嘉庆、道光三个朝代，而这三个朝代正是满族民风民俗向中原文化转向的重要时期。

四、精神文化变迁：从"执枪军门，不事笔墨"到"耕读"传家

清入关前女真人时期即十分重视文化建设，创制满文，并开启以学习汉语言为主的中国传统文化教育。入关以后，将这一重视教育传统发扬光大，针对不同阶级和人群，设立各种类学校，宗室子弟有宗学，八旗子弟有官学和义学等。学习中原文化已经成为满族社会风尚，涌现文武兼资的满族群体，活跃在中国政坛与文坛。例如，清初鄂貌图、图尔宸、费扬武，乾隆时期的阿克敦、阿桂以及清代文学成就斐然的纳兰性德、顾太清。即使是驻防八旗的普通旗人，也不甘落后，崇尚文化，教子弟读书，完成了从"执枪军门，不事笔墨"到"耕读"传家的民族风尚。

（一）从"识字""翻书"到文武兼资的"巴克什"群体形成

早在努尔哈赤时期即十分重视文化学习，当时流落后金的汉人龚正陆因初通文墨[①]，努尔哈赤聘其为诸子当师傅[②]，教授识读汉字。除此之外，他讲授给努尔哈赤的兄弟、诸子侄及满洲近臣《三国演义》《水浒传》等书，龚正陆成为女真社会最早的汉文及典籍文献的传播者。实际上，龚正陆的汉文字水平并不高，替努尔哈赤撰写公文，语句不通、错别字连篇，只因"虏中识字者，只有此人"[③]。

继龚正陆之后，努尔哈赤为"文移往来"摆脱蒙古文的束缚（1583年努尔哈赤起兵统一女真，1587年筑佛阿拉城，定国政，一直使用蒙古文字），1599年，命额尔德尼和噶盖二人创制满文。额尔德尼当时被封为"巴克什"称号。"巴克什"满语为Baksi，汉译为"学者""儒者"。清代的官方文献《八旗通志》称其为"文儒"。这是后金政权中出现的第一位"巴克什"。

清代乾隆时期完成的官修满族家谱《八旗满洲氏族通谱》，对这位女真人"巴克什"给予高度评价：

> "额尔德尼巴克什，正黄旗人，世居都英额地方，国初来归。原姓纳喇氏，后奉太宗文皇帝谕旨，入硕色巴克什族中，赐姓赫舍里氏。额尔德尼巴克什，生而聪敏，兼通满汉蒙古文字。当太祖高皇帝时，即以文学侍从。随大兵所至汉人及蒙古地方，俱能以其本地语言文字，传宣诏旨，招降纳款，着有劳绩，授副将世职。"[④]受命于努尔哈赤创制满文"遍行国中，一切制诏章疏文移等件，不复用蒙古文字。缘事革职。后世祖章皇帝追念旧劳，又以其编立国书功大，与大海巴克什一体赐谥文成"。[⑤]

与额尔德尼同时创制满文的是噶盖，他虽然没有被授予巴克什，但他是一位能征惯战屡立战功之人，被授予"扎尔固齐"之位，仅次于清初开国五大臣之一费英东。《清史稿》中对其生平有所记述：

---

① 详见张玉兴：《努尔哈赤的早期谋士龚正陆》，载《中国东北》，1994年创刊号。
② 师傅，满语汉音译，"老师"之意。
③ ［朝鲜］申忠一：《建州纪程图记》，见潘喆、李鸿彬：《清入关前史料选辑》，北京，中国人民大学出版社，1989。
④ （清）鄂尔泰等修：《八旗通志》，5324页，长春，东北师范大学出版社，1985。
⑤ （清）弘昼等：《八旗满洲氏族通谱》，147页，沈阳，辽海出版社，2002。

噶盖，伊尔根觉罗氏，世居呼纳赫，后隶满洲镶黄旗，太祖以为扎尔固齐，亚费英东。岁癸巳闰十一月，命与额亦都安费扬古将千人，攻纳殷佛多和山寨，斩其首，搜稳寨克。什岁戊戌正月，命与台吉褚英、巴雅喇及费英东洗千人，伐安褚拉库路，降屯寨二十余。岁己亥受命制国书。是年九月，命与费英东将二千人，戍哈达。哈达贝勒孟格布禄贰于明，将执二将，二将以告太祖，遂灭哈达，以孟格布禄归，孟格布禄有逆谋。噶盖坐，不觉察，并诛。[①]

从上述记述可以看出四点：第一，"识字"在当时的女真社会里受到重视，额尔德尼正是因为兼通满、汉、蒙古三种文字而受到重用。第二，额尔德尼的赫舍里氏姓氏系由皇太极赐姓所得。因为额尔德尼天命八年（1623）被告私藏东珠等物被努尔哈赤怒杀。既然是被太祖所杀的罪人，因此皇太极为其平反，采取了赐姓赫舍里氏，入于赫舍里氏硕色巴克什族中的折中办法，使其恢复名誉，充分体现皇太极爱惜文儒、肯定额尔德尼创制满文的历史功绩。顺治皇帝将其与皇太极时期改革满文的达（大）海巴克什一同追赐谥号"文成"，表明清代回顾祖宗创业历史时，仍然记得巴克什的功绩。第三，皇太极之所以将额尔德尼赐姓入于赫舍里氏硕色巴克什族中，根据《八旗满洲氏族通谱》记载，都英额地方赫舍里氏历经努尔哈赤和皇太极二朝形成巴克什世家，额尔德尼被赐该姓，体现巴克什在清初政权的重要地位以及后世对巴克什的推崇。第四，巴克什是文武兼资的文儒，参与军事行动才是其主要职责，甚或作为一员将领。从清代文献对二人的记载看，额尔德尼随从努尔哈赤征战汉人及蒙古各地，而噶盖被授予扎尔固齐，待遇仅亚于五大臣之一的费英东，二人在军事战争中的地位可见一斑。

由于努尔哈赤命额尔德尼、噶盖二人创制满文"遍行国中"，解决了满语同满文的统一问题，"识字"教育对满族学习借鉴传统汉文化起到至关重要作用，首先培养了具有文韬武略的努尔哈赤接班人——第四子皇太极。从现在所有关于那段历史的资料看，皇太极是努尔哈赤诸子中学习最有成绩者，一位到过建州女真的朝鲜人曾记载说："闻胡将中唯红歹是（皇太极）仅识字云。"[②]

皇太极有进入中原取明王朝而代之的远大抱负，因而他不止于"识字"，而且十分重视学习中华传统典籍，因为这些传统典籍核心是儒家学说、治国韬略。皇太极二哥代善的后裔昭梿，曾在专门记载王公及八旗轶事的《啸亭杂录》中有一段关于皇太极的描述：

① （清）赵尔巽：《清史稿·列传十五·噶盖》，2954页，北京，中华书局，1979。
② ［朝鲜］李民寏：《建州闻见录》，44页，见辽宁大学历史系：《清初史料丛刊第八、九种》，1979。

> 太宗天资敏捷，号于军旅之际，手不释卷。曾命儒臣翻译《三国志》及
> 辽、金、元史，性理诸书，以教国人。
>
> 崇德初，文皇帝患国人不识字，罔知治体，乃命达文成公海源翻译《国
> 语》《四书》及《三国志》各一部，颁赐耆旧，以为临政规范。①

从上述的记载中，可以看出皇太极不仅是弓马娴熟，而且热衷于中华传统古籍学习。皇太极较之努尔哈赤的"识字"政策前进的步子更大，采取两方面政策和措施。

一方面，由"识字"扩大到"读书"。皇太极将"读书"作为基本国策之一。天聪五年（1631）皇太极向后金颁布读书令："自今子弟十五岁以下，八岁以上者俱令读书。"②

另一方面，翻译汉文儒家经典书籍，即"翻书"。这样需要选拔满汉文兼通者。皇太极于天聪八年（1634），首次举行科举考试，取中 16 名举人，其中满旗人 4 名、蒙古旗人 3 名、汉军旗人 9 名。③ 当时皇太极尚未改女真名号为满洲，4 名满旗人准确地说应该是女真人，而汉军旗人与女真人共同选拔为举人。选拔的满、蒙古举人学习满文，兼习汉文，而汉军旗人则学习汉文兼习满文，主要目的让这些举人成为翻译汉文著作的翻译人才。此后，设立了"翻译科目"，"顺治八年定满洲、蒙古考试能通汉文者，翻汉文一篇，未能汉文者，作清字文一篇"④。

皇太极将这些满、蒙古、汉举人分配在内三院（国史院、秘书院、内弘文院），翻译汉文儒家经典及史书、律书、兵书，而且规模较大，在所见史料记载中至少有十几种书已经开始翻译或译完，主要有《万全宝书》《刑部会典》《素书》《三略》《通鉴》《六韬》《孟子》《三国志》《大乘经》《辽史》《金史》《元史》《宋史》《国语》《四书》。

"识字""读书""翻书"过程，即是培养造就文武兼资的满族巴克什群体的过程，而且是家族性群体。清入关前典型的巴克什家族是都英额地方赫舍里氏。根据《八旗满洲氏族通谱》有关记载如下：

> 硕色巴克什。正黄旗人，穆瑚禄督都第七子特赫纳之孙也，世居都英额
> 地方。国初比偕其弟希福巴克什来归。太祖高皇帝以硕色兼通满汉及蒙古文
> 字，赐名巴克什，命在文馆行走。其子索尼亦兼通满汉及蒙古文字，命在文馆
> 办事，赐名巴克什，由头等侍卫授吏部启心郎。三年考绩所任称职，授骑都

---

① （清）昭梿：《啸亭杂录》，1 页，北京，中华书局，1980。

② 《清太宗实录》卷 34，27 页。

③ 参见《清太宗实录》卷 18。

④ （清）鄂尔泰：《钦定八旗通志》，961 页。

尉。随大兵征讨，所向有功。哈达国来犯界凡城，先众克敌。从征董夔，俘获甚众。征锦州以二十余人破明兵千余，征北京击败明兵于城下。随大兵征，至榛子镇，暨沙河驿，俱招降之。攻永平府克其城后，太宗文皇帝亲征大凌河，锦州城中兵来犯，步战败之。从征察哈尔，于大同地方，率家丁败贼，独取阜台寨叙功优，授三等男。定鼎燕京，考核群臣功绩，授为二等子。[①]

《八旗满洲氏族通谱》除对上述硕色及其子记载外，还对硕色之弟希福巴克什作了专门传略记载：

> 希福巴克什，正黄旗人，硕色巴克什之弟也。太祖高皇帝以其兼通满汉蒙古文字，奉使诸蒙古国宣谕德音。审理讼狱，调集兵马，具承命不辱。自是专任文馆，赐名巴克什，绥抚招来，未尝一日安处，授佐领世职。兵征笃夔特，往来科尔沁国，卫围犯难，著有功绩。从征北京及取大凌河，击锦州等处，俱奋勇先战，屡败敌众，以功授三等轻车都尉。嗣改文馆为内三院，诏以希福巴克什为内弘文院大学士，疏请纂修辽金元三史，充大总裁。旋奉命往察哈尔、喀尔喀、科尔沁诸国，查户口、编佐领，会外藩，审罪犯，颁法律，禁盗贼，办理悉协。

从上述《八旗满洲氏族通谱》对都英额地方赫舍里氏的记载看，硕色与希福兄弟，以及硕色之子索尼，完全形成清入关前的巴克什世家。他们全都依靠精通满、汉、蒙古语言文字起家，又因为奋勇征战而获立军功，赢得世职封赏。《八旗满洲氏族通谱》传记虽然文字不多，但他们文武兼资的巴克什形象跃然纸上，栩栩如生。索尼曾被顺治皇帝遗诏为康熙皇帝的辅政大臣，也是岳父兼权臣索额图之父。都英额地方赫舍里氏顺应努尔哈赤、皇太极后金社会崇尚"识字""翻书""读书"风气，以三种民族语言为加持，打出一片政治天地。

由于"识字""翻书""读书"风行于女真人（满族）社会，擅长满、汉、蒙古语言文字的巴克什世家凸显，也培养了擅长汉语言诗文创作的军事将领群体，他们成长于顺治康熙时期，与先辈们的巴克什们同样可称为文武兼资。从满族对巴克什赋予文者、文儒之意的角度看，这些诗文将军也可以被称为巴克什，从此奠定顺康时期的满族文学发展基础。著名者有：

鄂貌图［也称鄂穆图、鄂莫（漠）克图］，叶赫地方章佳氏，隶满洲正黄旗，海西

---

① （清）弘昼等：《八旗满洲氏族通谱》，卷九，146 页，沈阳，辽海出版社，2002。

女真后裔。皇太极开科举，满洲科目解元。曾翻译汉文《大明会典》《纲鉴会纂》《诗经》《尚书》《礼记》为满文，为皇太极讲译书史，清入关之初刊刻的中国古典文学满译汉文的《诗经》可见其汉文学素养之高深。鄂貌图是满族文学之开先河者，也是第一位使用汉文创作格律诗的满族文学家，在满族文学史上占有重要地位，在清初文坛上也产生了较大影响，著有诗集《北海集》。

费扬古，董鄂氏（1645—1701），满洲正白旗人，内大臣、三等伯鄂硕之子，顺治帝的孝献皇后之弟，清初名将。康熙三十五年（1696）征讨噶尔丹时作为统帅西路军的抚远大将军，同噶尔丹展开激战，噶尔丹的主力全部被歼灭。在西征期间立下了赫赫战功。著有汉文格律诗《杂诗》。

顾八代（？—1708），字文起，伊尔根觉罗氏，满洲镶黄旗人，出生于军功世家。顾八代的祖父顾乔归附于努尔哈赤，立有军功。父亲顾纳禅先后随从努尔哈赤和皇太极两代国主，曾被赐号"巴图鲁"（意为"勇士"）。顺治初年，在参加清军平定陕西、湖南、浙江的军事行动中有功，晋升为三等轻车都尉。顾八代好读书，善射，同时又同父祖一样英勇善战，顺治朝从征云南有功，在康熙时期平定"三藩叛乱"中立有战功，官至副都统、礼部尚书。著有《敬一堂诗钞》《顾文端诗节钞》《清文小学集注》等，雍正曾经受教于顾八代。

图尔宸，字自中，满洲正白旗人。清顺治十二年（1655）满榜状元，中状元后，图尔宸入翰林院，任编修，掌修国史，累官仕至工部侍郎。虽然图尔宸非立有军功，但也参与军事，最后得官，也算得上是一位文学与军政兼资的清初满族诗人。汉文诗的代表作有《晚步》《晚钟》《月下酌》《孤雁》《秋雨》等格律诗。

以上满族诗人的代表性诗作，收录于清铁保[①]的《熙朝雅颂集》。该书收录了自清初至嘉庆初年满洲八旗、汉军八旗、蒙古八旗的534位诗人的诗作共6000余首，是这一历史阶段八旗诗作中最为完备的总集。满族诗人成就从中可以窥见一斑。

满族八旗人学习汉文诗词，得到了清朝皇帝充分肯定。嘉庆皇帝亲自为《熙朝雅颂集》作序，其中道破鼓励满人学习汉文学的目的：清朝从关外到关内"夫开创之时，武功赫奕，守成之世，文教振兴，虽吟咏词章，非本朝之所尚，而发抒心志，亦盛世之应存。此《熙朝雅颂集》之所由作也"[②]，体现了清代满族人运用汉文化歌颂建国功绩作用的重视。

---

① 铁保（1752—1824），字冶亭，号梅庵，满洲正黄旗人，清代书法家，与成亲王、刘墉、翁方纲，称为清四大书法家。

② （清）铁保辑，赵志辉等点补校：《熙朝雅颂集》，4页，沈阳，辽宁大学出版社，1992。

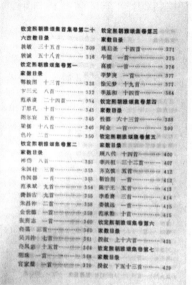

图 56 《熙朝雅颂集》

正是由于清朝皇帝的鼓励与支持，与顺康朝以前满族文武兼资的诗人群体产生于巴克什与立有军功的军事将领不同，雍正乾隆以后的诗人群体转向科举出身，再由科举出身成名于军功和政绩，典型代表为费雅郎阿地方章佳氏，该章佳氏出了清代著名的父子大学士阿克敦与阿桂。

据《章佳氏族谱》记载：

> 始祖。穆都巴延[①]昔日在长白山相近鄂磨和索洛处居住，生子五人，家业富盛，牲畜繁多，盈满山谷，因将此山名为穆都伙洛[②]，迄今遗迹尚存。后因子孙繁荣昌盛，率五子迁居瓦尔夏西[③]罗尔金处居住，后五子各移居五处。生子五：长子查克旦巴彦，次子章库，三子怀色，四子撒普西库，五子夸拉。

以上《章佳氏族谱》对进入北京的阿克敦支系，仅记载二世祖查克旦巴彦为止，但《八旗满洲氏族通谱》接续查克旦巴颜，虽然一直记载到阿克敦，却对世系有所取舍，仅记载其父阿思哈，寥寥数语。搞清楚阿克敦、阿佳父子家世，对研究清代满族文武兼资群体有所裨益。根据阿克敦撰《德荫堂集》，结合上述两种章佳氏家谱，将清其世系如下：

---

① 巴延即巴颜，满语"富翁"之意。
② 伙洛，满语"山谷"之意。
③ 瓦尔夏西，地名，即瓦尔喀什，今辽宁省桓仁县华来镇。

始祖　穆都巴颜

二世　查克旦巴颜（《八旗满洲氏族通谱》称扎克丹巴颜）

三世　胡尔扈常额尼（《八旗满洲氏族通谱》称瑚鲁瑚昌吉萧）

四世　查尔吉巴克什（长子）

五世　巴笃祜巴颜（《八旗满洲氏族通谱》称拔都护巴颜）

六世　雅尔泰（第二子）

七世　阿思哈（第三子）

八世　阿克敦

九世　阿桂

根据该章佳氏在《八旗满洲氏族通谱》上的记载，应当是第四世或第五世时从龙入关。[①] 从上述章佳氏家谱可以看出，阿克敦的祖先生活于长白山，一直比较富有，归附于努尔哈赤后，编入八旗（《章佳氏族谱》记载阿克敦的二世祖查克旦巴颜，在镶黄旗石图佐领下），并无特殊战功，但从龙入关后阿克敦的父祖却极其重视读书："自先高祖光禄公从龙定鼎，以武功起家，然深喜读书，每与当时名人文士相款洽。乃遍游浙西、嘉、杭胜处，倾产购书，故家藏极富，公乃刻励力学，读书于左安门外之杨坊村家塾。"[②] 父祖辈"深喜读书"，深深影响了阿克敦，并且给了少年时期阿克敦很好的学习教育，因此，从阿克敦开始，费雅郎阿地方章佳氏开始转向科举考试，以下五代人功名和入仕情况如下：

八世　阿克敦，康熙进士，官至协办大学士，雍正九年（1731），上命抚远大将军马尔赛率师讨准噶尔，授阿克敦内阁额外学士，协办军务。

九世　阿桂，乾隆举人，官至大学士兼领班军机大臣。建功立业起始于清朝在西北平定准噶尔和回部后在该地区的用兵和经营，开创清朝对伊犁屯田。继而平定大小金川，镇压陕甘回民起义，均立功。乾隆四十二年（1777），阿桂、于敏中、和珅等奉旨纂修，次年完成《满洲源流考》。

十世　阿思达，太常寺笔帖式。

十一世　那延成，乾隆进士，官至直隶总督兼军机大臣。

十二世　容安，荫生，官伊犁参赞大臣。

---

① 《八旗满洲氏族通谱》费雅郎阿地方章佳氏松琴，皇太极天聪年间来归。而松琴系查克旦巴颜之孙，应当排在第四辈，与阿克敦四辈祖查尔吉巴克什同辈，以此推断，阿克敦的第四辈到第五辈祖巴笃祜巴颜应当为从龙入关者。

② （清）阿克敦：《德荫堂集》，见《续四库全书·集部》，第 1423 册，412 页，上海，上海古籍出版社，2001。

十三世　庆廉，道光举人。①

家族的旁系亲属，有科举功名及入仕者还有 7 人，总计该家族到第十三代为止，3 人为进士，3 人为举人，均属"科甲出身"。

图 57　《章佳氏族谱》

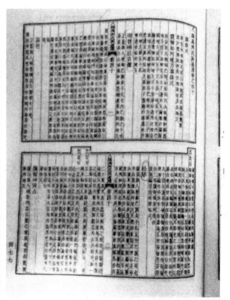

图 58　《八旗满洲氏族通谱》关于章佳氏的内容

（二）清入关后的满族从"执枪军门"到"耕读教子"

皇太极加强文化建设的举措，既说明了女真社会对中原传统文化的渴求，也反映出其与改革女真旧俗的密切联系，皇太极要用中原文化塑造一个全新的女真人即满族形象，崇尚文学的文化风习在崇尚武功的女真社会里潮流涌动。满族家谱反映了这一变化，例如，《那拉氏家谱》第二世祖宗神保，"因通清（满）汉文，派缮书房行走"②。根据该家谱记载，其后代多有因科举而任各部官职者，甚至第五世孙苏楞额官至户部、工部尚书。满族以其深厚的中华文化素养，在清入关之初即已经改写马背上夺天下赳赳武夫的形象，只是人们过多注重清代满族骑射武功，忽视了满

---

① 顾廷龙主编：《清代硃卷集成》，第 97 册，119—132 页，台北，成文出版社，1992。
② 该家谱中提及宗神保时说"我二世祖兄弟从龙入燕京定鼎，为大清顺治元年"。以此推断，宗神保满汉文兼通能力，早在清入关前即已经具备。所以，当他于顺治元年入关时腿摔伤，步履蹒跚，即安排他做满汉文翻译。

族的文学成就。①

通过《清代硃卷集成》一书发现，清代满族旗人从清入关前至入关伊始，科举风气逐日盛行，以至于出现科举世家，诸如嵩申家族、章佳氏家族等。满族家谱印证满族热衷科举，崇尚读书的事实。《吴俄尔格氏家乘》记载，吴宗阿康熙朝丙戌科（康熙四十五年）进士，他之所以能跻身进士，努力实现父祖的殷切期盼是其动力，"祖每执余手，抚余首呼余名，而训之曰：'汝父与汝伯父及今累受宠眷，历登仕籍，然仅以武功显，复蒙今上八旗开科取士，尔诸兄弟得入黉序者不一，其人将来昌大家声，正未有艾也。'"吴宗阿出生于世宦之家，先祖跟随努尔哈赤屡立战功，二世祖吴云朱被封为"义勇将军"，但其祖父只因靠武功得来这些名誉而有遗憾，希望孙子辈能通过读书"昌大家声"。

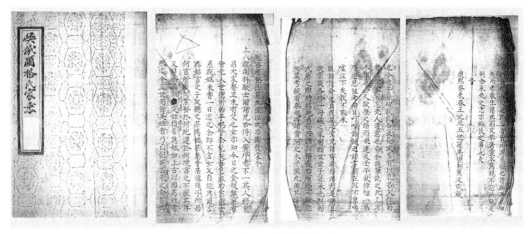

图 59 《吴俄尔格氏家乘》

以往谈到清代满族热衷科举，皆以为是巧取钻营而已，但从吴宗阿祖父的一席话看，实则不然，这里面还有满族崇尚读书即受教育的情结。例如，《郎氏宗谱》第八世孙吴申谈到一直未能修撰家谱的原因，除公务繁忙之外，就是因本人"执枪军门，不事笔墨"，流露出遗憾之情，实际上该《郎氏宗谱》的作者吴申为清朝五大臣之一额亦都之氏族，贵为副都统，有了这样高的武官职务却仍然对"不事笔墨"有遗憾。《满洲赫舍里康族世谱》罗列本族科甲仕宦时，也同样发出类似感慨："考吾族近代中不乏名士，而科第终不多见，其以武职起家者尚属不鲜。"与此相反，《讷音富察氏增修支谱》

① 对满族的文学成就，清史及满族史一直极少关注，从20世纪80年代以后，满族文学研究蔚然兴起，给予充分肯定。赵志辉、邓伟的《满族文学史》是开拓性代表作，关继新的《满族书面文学流变》是集大成之作。

记载："自始祖贻今，延传十有余世，其间显宦科甲代不乏人。"该家谱谈到家族取得如此成就时说，源于"顺治初，先祖图始携眷来京，创立家业，教子读书"。反映满族人将教子读书看作是创立家业行为之一，而且也证明满族人关后延续入关前皇太极时期的崇尚汉文化，读书教子的风气。

上述几例皆为满族世家大族重视教育，而驻防屯垦戍边的普通满族旗人同样有深厚的教子读书情结。驻防屯垦戍边的满族旗人鲜有家世背景，家谱上注明从京城下派来的始迁祖皆为执枪军门的"兵""领催""骁骑校""护军校"之类，奉令到驻防地开辟山林，面对荒山野岭与野兽相搏，没有设立学校送子弟读书的条件，与京城里的满族八旗差之甚远。所以，诸多家谱上一连几代人都没有读书的相关记载。① 但是到嘉庆朝以后，情况大有改变，经过近两百年农耕开垦，满族旗人渐至家有余资，开始大兴办学之风，仅岫岩一处至清末时已有私塾学馆近百处，可见满族旗人教子读书之风气流行。这时满族家谱上多有"耕读教子"的记载。"耕"与"读"联系在一起，体现了八旗驻防屯垦戍边的满族文化特点。女真人走出长白山，改变原有"养马弋猎为生"而为农耕生计方式，又改"执枪军门"变而为"教子读书"。"耕读"成为驻防屯垦戍边的满族旗人奋发向上，既吃苦耐劳又有文化修养的形象。满族家谱中一再强调"耕读"，立为家规，教育子孙。《康族世谱——满洲赫舍里康族世谱》记载，八世祖（约同治光绪时期人）荣春，读书二十载，虽然"屡试未售"，但仍心情坦然，"每惯吟咏，藉作消遣"，使"耕读传家"传于后代子孙。《汪氏宗族谱书》记载，该支完颜氏自康熙二十六年（1687）从京来岫岩驻防后经过几十年迁徙选址，最终于哨子河处安居，从此"勤俭持家，耕读教子"。尽管该家谱上没有读书或登科及第的记载，但却记载了汪贞女的事迹。事迹中介绍她的两位弟弟，一个是贡生，另一个是文生；她的三个亲侄儿是文生，三个亲侄儿孙也是文生。而她本人"性嗜读经史……尤喜吟诗，针指之余，吟诵不辍。族中之秀者，读书成名，经传多其口授"。短短记载，可以看出这是一个热爱读书的满族文化之家，不仅男子读书，而且女子也享有读书的权利。

《白氏源流族谱》记载巴雅拉氏，与上述汪氏同为康熙二十六年（1687）由京来岫岩驻防，也同样定居于哨子河，这部家谱记载该白氏族人求学读书的艰难历程。第六世祖明青阿时期（约嘉庆年间）"因无力读书"，"率子弟务农为业"，但自道光晚期后有了很大改变，《白氏源流族谱》记载：

　　　　我家人口日多，无力尽教子弟读书。遂公议章程，按老三股，每支令居

① 此种说法，可参见何晓芳、张德玉《清代满族家谱选辑》所收录的满族家谱。

长者读书，其余务农为业。至景亮执斋公以后，家道益富，嗣后有子弟均令读书，故景执斋公亦得读书；惟寿安公性好读书，因家未殷实，未能攻书，自趁农隙，学习文字……

一直到清末废除科举，《白氏源流族谱》记载，14 人为贡生或监生，同治三年（1864）族中兄弟二人同时考中举人，光绪十一年（1885）亲兄弟二人同时考中举人。综全清代，岫岩共计考中举人 16 名，白氏即占四分之一。

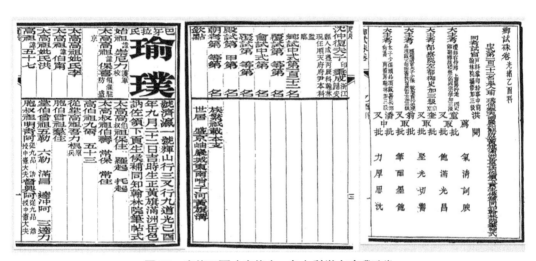

图 60 光绪乙酉（光绪十一年）科举人瑜璞硃卷

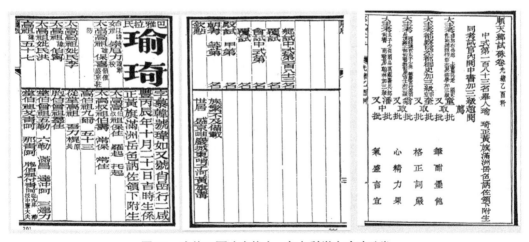

图 61 光绪乙酉（光绪十一年）科举人瑜琦硃卷

《白氏源流族谱》与《汪氏宗族谱书》集中于岫岩哨子河一地，由此可见读书受教育在满族中已经普及，所以，当清末废除科举（1905）以后至宣统三年（1911），仅仅几年时间，岫岩即创办新式学堂 54 所，说明岫岩满族读书风气传承已久，折射出驻防屯垦戍边满族的"耕读"气质。

（三）八旗学校与学习满族语言文字

1.八旗学校

学校教育是一个民族传承和创新文化的基本条件，学校教育在农耕定居的中原地区传承久远，而在偏居东北一隅的女真人社会里却很稀缺。天命六年（1621）努尔哈赤攻占辽河以东地区，后金统治区域扩大，对人才的需求增大。努尔哈赤下令在八旗中设立学校，选出八名师傅，告诫他们要努力教授八旗子弟读书，能够通文理，并指示"八师傅不参与各种事"[①]，作为专职老师。但日后八旗学校声势日减，并没有发展起来。一方面，努尔哈赤晚年推行的压制汉人政策，迫害汉人知识分子，令教学人才缺乏；另一方面，满族不断征战，崇尚武功，能安心教书的人少，八旗子弟能安心学习的人也少。这种状况从努尔哈赤离世到皇太极时期也没有多大改变。一位汉军旗官员对此有透彻分析，并提出设立官学的建议："金人家不曾读书，把读书极好的事，反看作极苦的事，多有不愿的。若要他们自己请师教子，益发不愿了，况不晓得尊礼师长之道理乎？以臣之见，当于八家各立官学，凡有子弟者，都要入学读书，使无退缩之辞。"[②]皇太极采纳这位官员建议，每旗分别设立官学。然而，八旗以征战为主，驰骋疆场、勇立战功是八旗子弟最荣耀的事情，何况当时后金政权统辖下的八旗军队主要集中于辽沈及辽东地区，吉林、黑龙江广大地区地旷人稀，因此，当时设立的八旗官学仅限于兴京[③]和盛京城内。虽有局限，但也使满族学校教育扩展到王公大臣子弟以外的八旗子弟，对提高普通满族人对文化教育的认知，变成自觉的文化学习，培养知识人才，发挥了重要作用。

清入关后，得益于努尔哈赤与皇太极在关外奠定的学校教育基础，继承关外时期对八旗子弟的学校教育，刚刚进入北京城即马不停蹄地开始着手八旗学校设置，一直到清末，由清廷设置的八旗学校主要有八旗官学、八旗义学、宗学与觉罗学三种体制。其中，宗学与觉罗学属于满族贵族学校，此处不赘述。

---

① 辽宁大学历史系：《重译〈满文老档〉》，卷 24，1979 年印本。
② 辽宁大学历史系：《天聪朝臣工奏议》卷上，胡贡明《陈言图报奏》，1980 年印本。
③ 现今新宾。

（1）八旗官学

顺治元年（1644）清兵大军刚刚进入北京，即开始着手设置官学，隶属国子监。不久，清廷在京师八旗驻防地，各觅空房一所，立为书院，派国学二厅六堂教官分教八旗子弟。由此，八旗官学建立。以后，清廷规定，八旗子弟每十日赴国子监考课一次，春秋演射五日一次。

东北的八旗官学建立时间比照北京要晚。清入关后，八旗入关，关外荒芜，只有少量八旗队伍于盛京留守。因此，康熙四年（1665），令留守的八旗子弟与汉人子弟同在府州县学学习。康熙皇帝平定"三藩叛乱"以后，为加强东北对沙俄侵略的防御，开始从北京大批征调八旗军，着手恢复和建立东北地区的八旗驻防体系，仅康熙二十六年（1687）一次即调入盛京管辖的辽东六千名。八旗学校设置随之提上日程，首先从于盛京及管辖的辽东开始。康熙三十年（1691），正式设立盛京八旗官学，八旗左右两翼各设一学。

吉林与黑龙江的八旗官学设立稍晚于盛京，根据两地将军管辖分散特点，按照八旗驻防城设置而逐步推进。

吉林八旗官学设立。康熙三十二年（1693），设立吉林左右翼官学（位于今吉林市）。雍正四年（1726），设立伯都讷左右翼官学（位于今吉林省松原市）。雍正五年（1727），设立三姓左右翼官学（位于今黑龙江省依兰县）和阿勒楚喀官学（位于今黑龙江省阿城市）、珲春官学（位于今吉林省珲春市）。雍正六年（1728），设立宁古塔左右翼官学（位于今黑龙江省宁安市）。雍正年七（1729），设立乌拉左右翼官学（位于今吉林省吉林市北龙潭区乌拉街）。乾隆二十一年（1756），设立拉林官学（位于今黑龙江省五常市拉林镇）。另有额穆赫索罗官学（位于今吉林省敦化市额穆镇）。[①]

黑龙江八旗官学设立。根据清阿桂等人纂修《盛京通志》记载，乾隆九年（1744）年设立墨尔根官学（位于今黑龙江省嫩江市），齐齐哈尔官学（位于今齐齐哈尔市），黑龙江官学（位于今黑河市爱辉区）。[②]

（2）八旗义学

清前期为普及一般旗人子弟教育，于八旗官学之外所增办的学堂，实质上是八旗自办学校，具有地方性质，与八旗官学隶属于清廷完全不同，原为照顾无力延师的及

---

① 因该地仅有八旗驻防官兵120人，所以该官学教师和学生人数皆没有定额，很可能后来名存实亡。

② 关于3所黑龙江官学设置的具体时间，康熙二十三年（1684），清廷即已经设立黑龙江城，驻扎黑龙江将军，如果根据八旗官学随城而设的原则，至少在康熙时期应该已经设立此3所官学。在此按《盛京通志》。

龄学童入学而设。北京地区雍正四年（1726），八旗分左右翼，每翼各设立学堂 2 所。八旗义学与各州县相继设立的义学，区别在于，州县的义学均为私人捐资助建，而八旗义学隶属于各旗参领，多为公助。

继北京设立八旗义学之后，各地驻防八旗也相继设立义学。这可从清代文献驻防八旗志的相关记载得到证实。例如盛京八旗义学，奉天将军那苏图于雍正十年（1732）时曾上奏："奉天八旗汉军，设立清文义学，业经二年有余，而读书子弟，不尽通晓书义，良由是非专设，兼未得善教之人所致。"于是他建议："每两旗合为一学，共立义学四处。"① 奏书中所说汉军义学"业经二年"，说明义学于雍正八年（1730）设立。义学设立，使学校教育更可能多地向普通八旗子弟普及，有利于提高八旗子弟的文化素质。

2.学习满族语言文字

满族有自己的语言，努尔哈赤、皇太极创制满文，使满语言可以通过满文表达，而且通过对汉文传统经典的翻译与学习，令满族八旗子弟开阔视野，学习更多的文化知识。因此，八旗学校设立，使满族八旗子弟能享受系统教育。

满文自清入关以后，被定为"国书"，称之为"清文"或"清书"，学习满文是八旗学校的主要内容。当时学习满文的主要目的是培养后金政权中的文职人才，从事对汉文经典翻译以及与明朝、蒙古等的文书往来。由于入关前八旗学校初创，满族文化人才数量比较少，因而教学人员多使用懂满语文的汉官。

清入关后重视文化教育，沿袭明制在全国各府、州、县设立官学，同时传承关外时期做法，在各地驻防八旗设立八旗学校，用以培养满族八旗人才，学习满汉文，但根据不同地区需求，有所侧重。

北京八旗官学，一个旗可有学生 100 个名额，其中满族八旗占 60 名额，30 名额学习满文，30 名额学习汉文，体现满汉文并重。这是因为满族刚刚入关，汉军旗及明朝投降汉官大多不懂满文，需要将中央各部的满文文书译成汉文后阅读。而大多数满族及八旗官员也不懂汉文，需要专职人员启心郎将满文翻译成汉文，才能通晓其意。为了适应刚刚入关的清政权接手明王朝对全国的统治，通过八旗学校培养满汉文翻译人才是当时所急需。

盛京八旗官学，"满学各二十名，教读满书，习马步箭；汉学各二十名，教读满汉书，习马步箭"②。盛京为清朝二朝国都，满族东北发祥地首府，清入关后成为大后方。

---

① （清）《世祖实录》卷 124，8 页。
② 《钦定八旗通志》卷 98《学校志五》，1582 页，长春，吉林文史出版社，2002。

清基本上完成全国统一后，即加强东北八旗驻防，建立盛京将军，统辖东北。清初为重建东北，实行移民招垦，大量关内汉民流入，形成满汉杂居。因此，盛京八旗既需要保留满族传统语言文字，也需要加强东北治理的汉文人才。教学上体现以满文为主，但也兼顾汉文，而且加强骑射武功训练。

吉林和黑龙江两将军（省）辖下的八旗学校，满族以满文学习为主。因之，吉林将军辖区内的八旗学校，《吉林外记》称之为"满学"[①]，而在黑龙江将军管辖内称之为"满官学"[②]。吉黑两地之所以以满文教学为主，与这里满族传统保留有密切关系。吉黑两省满族八旗多数未能入关，留守在吉林和黑龙江驻防，保留满族语言，是其"先天之学"[③]。因此，对这部分留守满族八旗来说进行满语文学习是文化传承的需要。[④]

（四）满族民间满文文本遗存

有清一代，产生了大量满族民间满文文本，流传至今天，成为重要的历史文化遗存，是中华传统文化宝库中的瑰宝。选挑以下民间常见者逐一说明。

1. 满文翻译的汉文经典

清入关前即开始大量翻译汉文经典，康熙朝达到高峰。翻译书目包括历史、哲学、文学、法律、军事、宗教、医学等多个方面。目前仍然存有书目的有 100 余种。[⑤] 还有已经散失无法统计的不包括在内，由此可见满文翻译的汉文书籍数量和内容之丰富。满文翻译的汉文书籍尽管数量很多，但在不同历史时期翻译的重点有所不同，清入关前注重于经史兼及军事、法律典章，主要有《万全宝书》《刑部会典》《素书》《六韬》《三国志》《三略》《通鉴》《辽史》《金史》《元史》《宋史》《论语》《孟子》《大学》《中庸》《国语》。清入关后顺治到康熙时期，由于清建立全国统一政权，全面学习和掌握中华传统文化的愿望和热情更加高涨，除继续翻译汉文儒家经典和军事

---

① （清）萨英额：《吉林外记》，见姜维公、刘立强主编：《中国边疆研究文库·东北边疆卷十》，85 页，哈尔滨，黑龙江教育出版社，2014。

② （清）西清：《黑龙江外记》，见姜维公、刘立强主编：《中国边疆研究文库·东北边疆卷十》，203 页，哈尔滨，黑龙江教育出版社，2014。

③ （清）西清：《黑龙江外记》，见姜维公、刘立强主编：《中国边疆研究文库·东北边疆卷十》，230 页，哈尔滨，黑龙江教育出版社，2014。

④ 详细记述吉林、黑龙江两地满族八旗学习满文以及民俗情况的《吉林外记》，作者萨英额，汉姓张氏，为正黄旗人。《黑龙江外记》作者西清，西林觉罗氏，镶蓝旗人，是清朝大学士鄂尔泰曾孙。二人都博学善文，兼通满、汉文，在吉黑两地生活多年，因而，对吉黑两地风俗人情描绘真实，对满文的传播与八旗官学设立情况可信度较高，是研究东北民族文化与地方史的重要参考资料。

⑤ 参见赵志忠：《清代满语文学史略》，98 页，沈阳，辽宁民族出版社，2002 年。本数据根据富丽编《世界满文书目》、屈六升与黄润华编《北京地区满文联合目录》、孙楷弟编《满文译本小说简目》以及相关文章统计得出。

著作外，翻译扩展到医学、数学、文学诸多领域。医学书有《王叔和脉诀》《药性赋》《西洋药书》，数学书籍有《几何原本》《御制三角形推算法论》，道德品德教育的儒家经典和普及读物有《大学》《中庸》《三字经》《千字文》《孝经》《菜根谭》，另外还有一些关于佛教方面经书翻译。值得注意的是，这时期满文汉译的文学著作、作品大量增加。诗词歌赋方面，包括杜甫、苏轼、陆游、黄庭坚等人作品，小说有《三国演义》《水浒传》《西游记》《隋唐演义》《封神演义》等。

上述用满文翻译的汉文典籍，其中的儒家经典和道德教育书籍则被作为八旗官学教材，以《吉林外记》记载的道光初年八旗学校藏书目录为例：

"道光五年，将军富俊以八旗世仆于国语、骑射而外，当教以清汉文义，奏请颁发书籍，存贮印库。"开列目录：《开国方略》《八旗满洲氏族通谱》《盛京通志》《清文户部则例》《清文大清律例》《清文工部则例》《清文礼部则例》《康济录》《耕织图》《渊鉴类函》《清字四书》《清字五经》。这个书目里面一部分为满文，一部分为汉文，汉文是康熙和乾隆时期编修的。但随着八旗子弟汉语水平不断提高，汉文图书在八旗学校中不断增加，从侧面看出，满文逐渐弱势。虽然直到清末，满文翻译书仍然在八旗学校里使用，大多仅作为满文教学的样书而已。

满汉文合璧《三字经》由正白旗佛满洲伊尔根觉罗（赵）氏十世双山撰写于阿勒楚喀正白旗老屯，全书共20页，光绪三十二年（1906），其后人将此《三字经》编入家谱之中，珍存至今。本书为节选。①

---

① 现收藏于辽宁本溪赵氏族人家中，黑龙江阿城也收藏此书。

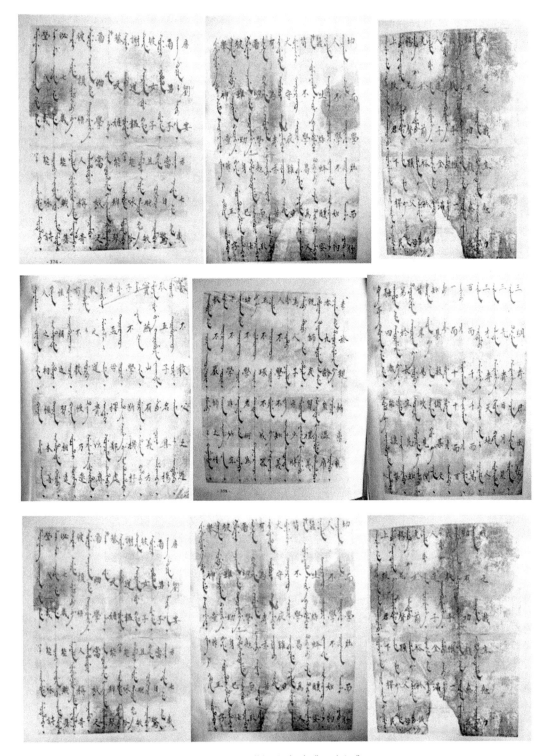

图 62　满汉文合璧《三字经》

青龙满族自治县收藏满汉文合璧《三字经》，该书乾隆六十年（1795）编辑刻印，是目前本书编写过程中看到的清代最早的满文教材。①

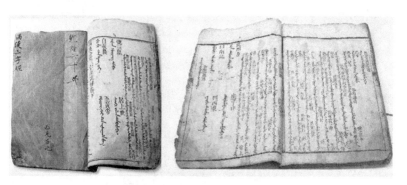

图 63　满汉文合璧《三字经》

《名贤集》为清代八旗学校满文教材，由汉文版《名贤集》翻译而成。手抄本，尺寸 18 厘米 ×23 厘米，共 40 页。成书年代时间推测为在乾隆至嘉庆时期，是目前河北地区不多见的清代全满文手抄本。②本书为节选。

图 64　满文《名贤集》

① 由杨贺春收集，引自《青龙满族》。
② 河北省宽城满族自治县张廷凯收藏。

光绪四年（1878）刊印满汉文合璧本《清文典要》，一函四卷，缺卷三首页，其他保存完好，以下为节选。①

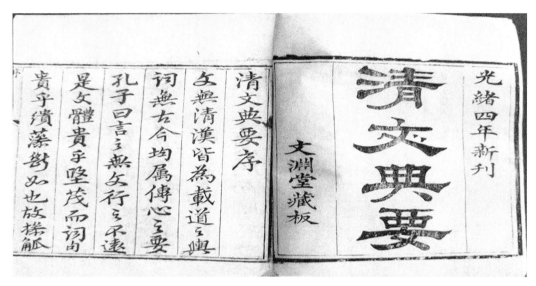

图 65 《清文典要》

2. 八旗学校的教材

八旗学校还有教师本人编写的教材，一般都是满汉文合璧的问答形式，反映某一地区普通旗人的生活状况。收藏于沈阳市爱新觉罗姓氏的光绪年满汉文对照课本，页面上半面书写满文，下半面对应上面满文写出汉语意思，阅读与书写顺序同汉文从右向左不同，而是按满文习惯从左向右。例如："你们是那省的，我们都是盛京省的，你们省内所属共有几个城，我们省内所属共有十五城十路十六边。"学生据此可以学习盛京的行政设置。收藏于北京地区的《满文教学四十句》，采用左满文右汉文的合璧格式，记述二人对话。例如："我早已闻阿哥的高名，但只未得会见，今日幸而上会见了。咱们都是好朋友啊，一遇尔认识了，必来往走动走动。"体现北京地区的人情交往。岫岩满族自治县的《八旗子弟课本》，采用页面上半部书写满文，下半部书写汉文的日常基本语句问答形式。例如："姓什么？姓吴。甚（什）么名字？名子（字）德发。那（哪）屯里住？洋河北屯里住。"体现岫岩洋河镇满族风土人情。

《满文教学四十句》为满汉互译手写本，1册，46页，大约为光绪年间编写，流行于北京。成品尺寸19厘米×25厘米。以下为节选。②

---

① 此书收藏于山东青州北城关氏。
② 该书收藏于著名满文档案专家佟永功先生家中。

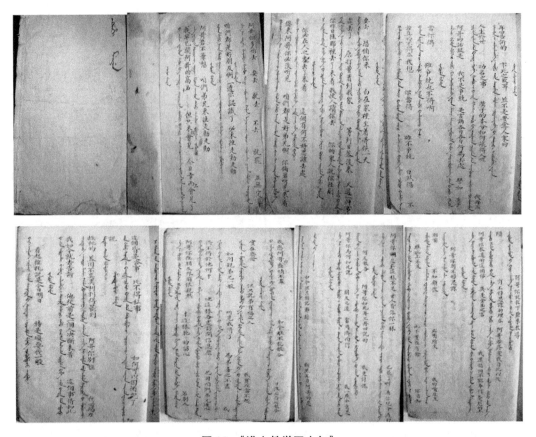

图 66 《满文教学四十句》

　　《八旗子弟课本》是岫岩城镶蓝旗吴德发在"本旗学堂"教授满文时编写的教材，成书于嘉庆初年，满汉互译本，成品尺寸 16.7 厘米 ×23 厘米，全书 39 页，保存完好。① 现为节选。

---

① 现今收藏于岫岩吴德发后代家中。

图 67 《八旗子弟课本》

　　《满汉十二头》，清咸丰十一年（1861）刻本，京都文兴堂藏版，全书共36页，尺寸21厘米×29厘米，原书缺少十一字头，其他页面保存完好。该书正文在满文字头外，每页还附以满汉对译日常用语及词汇。现为节选。①

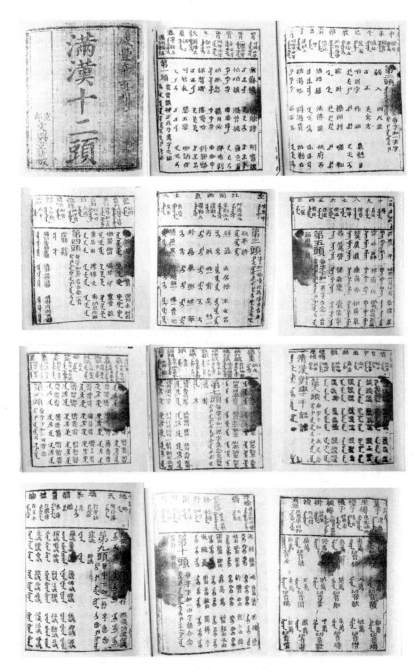

图68 《满汉十二头》

---

3. 满文家谱

满族家谱属于中国家谱的一部分，是中国家谱文化的组成部分。满文民间家谱的文体书写有两种形式，即满文、满汉文合璧。

第一种，满文家谱。目前存世的使用满文书写的满族民间家谱基本上有两种形制，一种为谱书，目前用满文书写的一部完整谱书比较少见。另一种为谱单，使用满文记载世系的谱单占多数，因为那时满族人使用满语命名。谱单顶部的中间位置为始祖，以此为始，向下树枝形按辈分分布。有的谱单世系只有人名，有的在人名旁边标注八旗职务或爵位，还有少数谱单在左上角或右上角写有几百字符的简短序言，说明家族源流。

清代全满文满族佟佳（佟）氏谱书，辽宁铁岭收藏地。以下为节选。

图 69　佟佳（佟）氏谱书

清代满文那穆都鲁（那）氏满文谱书，以下为节选。[①]

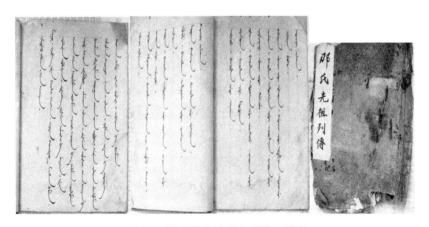

图 70　那穆都鲁（那）氏满文谱书

———————————

① 黑龙江牡丹江那氏收藏。

清代山东青州驻防八旗汪氏满文谱单（左原谱，右现今翻译谱）。

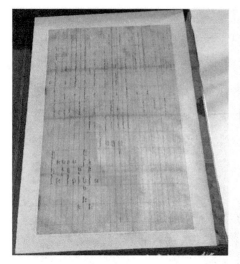

图 71　八旗汪氏满文谱单

清代宁古塔梅和勒氏满文谱单。[1]

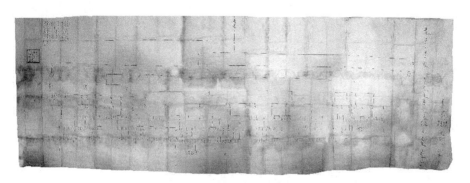

图 72　梅和勒氏满文谱单

第二种，满汉文合璧家谱。其中，又分为三种满汉文合璧形式：一种是满汉文并行对译，即每一个世系人名的满文书写在左，汉文翻译在右，如《新宾乌苏氏家谱》（谱单）、《高氏南园支系》（谱单）；另一种是全部世系，上半部分为满文书写，下半部分为汉文书写，如齐齐哈尔《徐氏家谱》（谱单）；还有一种比较特殊的家谱，仅在谱名上作满汉两种文体书写，谱单世系皆为汉文，如《镶黄旗满洲钮祜禄氏弘毅公谱图》[2]，或者在家谱中收录满文作品，如《吴俄尔格氏家乘》中的节烈碑。

---

① 黑龙江宁安梅先生提供。

② 该家谱由辽宁铁岭郎氏收藏。

还有另外一种满族家谱，虽然为汉文书写，实则为汉文翻译原满文家谱，这种情况比较多见。

辽宁新宾起修于清代嘉庆二十一年（1816）的乌苏氏（穆）满汉文合璧谱单（上为全谱，下为不同版本谱单节选）。

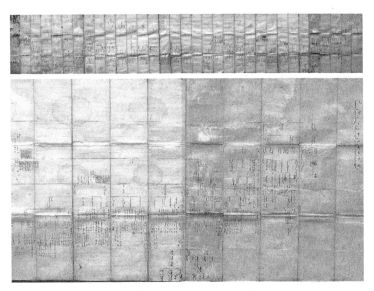

图 73　乌苏氏（穆）满汉文合璧谱单

黑龙江齐齐哈尔舒穆禄（徐）氏清光绪年续修满汉文合璧谱单。

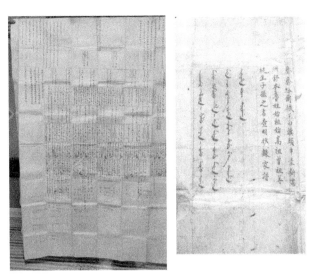

图 74　舒穆禄（徐）氏清光绪年续修满汉文合璧谱单

辽宁清代凤凰城八旗驻防高氏满汉文合璧谱单（左总谱，右支谱）。

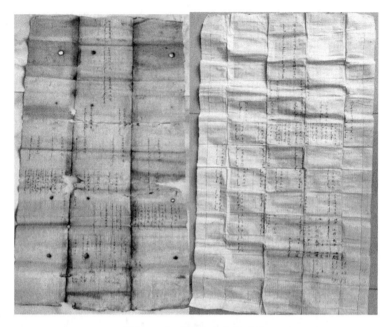

图 75　高氏满汉文合璧谱单

清代钮祜禄（郎）氏额亦都家谱（封皮与内封满汉文合璧，谱书正文全汉文）。

图 76　钮祜禄（郎）氏额亦都家谱

从满文家谱到满汉合璧家谱，再到将原满文家谱使用汉文全部翻译，体现了满族借鉴、吸收到最终融入中华文化的历史过程。

4. 萨满神谕

萨满神谕属于满族口传满语，每一个萨满祭祀都有自己家族的神谕，萨满祭祀时由萨满口中念诵。由于清代吉林、黑龙江二处将军所辖地满学设立，使满语口语得以用满文表达。萨满为了便于传承、方便记忆，将古老的萨满神谕用满文记录，这是自清代满文创制之后出现的。随着满族汉语口语发展，满语口语日渐衰落，萨满神谕开始出现汉文介入。汉文介入的方式有两种，一种是满汉文合璧，满文与汉文并列，汉文解读满语之意，说明念诵时萨满仍然使用满语，只是不知道本子上的满文字是何意而已；另一种方式用汉文对满文注音，说明萨满此时已经不会说满语，只能借用汉文注音才能勉强用满语做萨满活动。上述两种萨满神谕的满文形式，体现了满语言从盛行到消失的历史过程。

萨满神谕文本有两种比较普遍形式，一个是书写在家谱中，满族人跳萨满的主要目的是祭祖，因此将萨满神谕作为该族大事写在家谱上。另一种是萨满神谕书本式，亦称"乌勒本"，虽然单独成册，但也与家谱同放一处，大多是放在西山墙的祖宗板上。

从现今收集到的满族民间满文文本看，萨满神谕是诸种满文文本中保留最多的一种。

黑龙江清代宁安宁氏全满文萨满神谕（节选），折式。

图 77　宁安宁氏全满文萨满神谕

《窝车库玛发恩都力笔特曷》黑龙江孙吴大桦林子乡臧姓全满文萨满神谕（节选），折式。

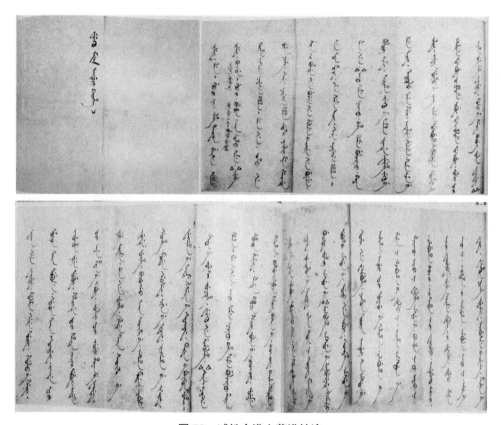

图 78　臧姓全满文萨满神谕

吉林长春九台蟒卡乡尼玛察（杨）氏萨满神谕（节选）。

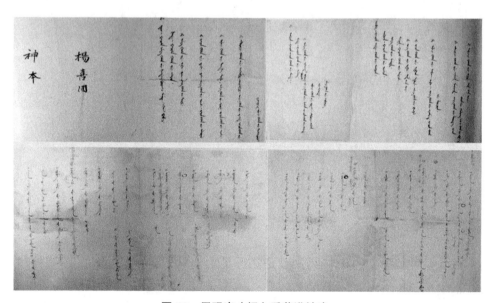

图 79　尼玛察（杨）氏萨满神谕

吉林全满文萨满神谕（节选），册装。①

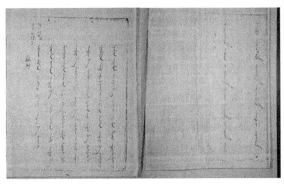

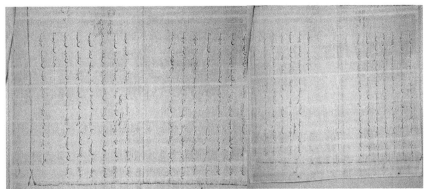

图80　全满文萨满神谕

《满汉合璧翻清神书一册》，满文与汉文注音合璧，兼汉文，瓜尔佳氏（关）萨满神谕（节选），册装，70页。

图81　《满汉合璧翻清神书一册》

---

① 抄录人、收藏人为富育光。

图 82 《满汉合璧翻清神书一册》

吉林珲春杨泡乡何姓萨满神谕，折装，汉文注音满文，2 件。

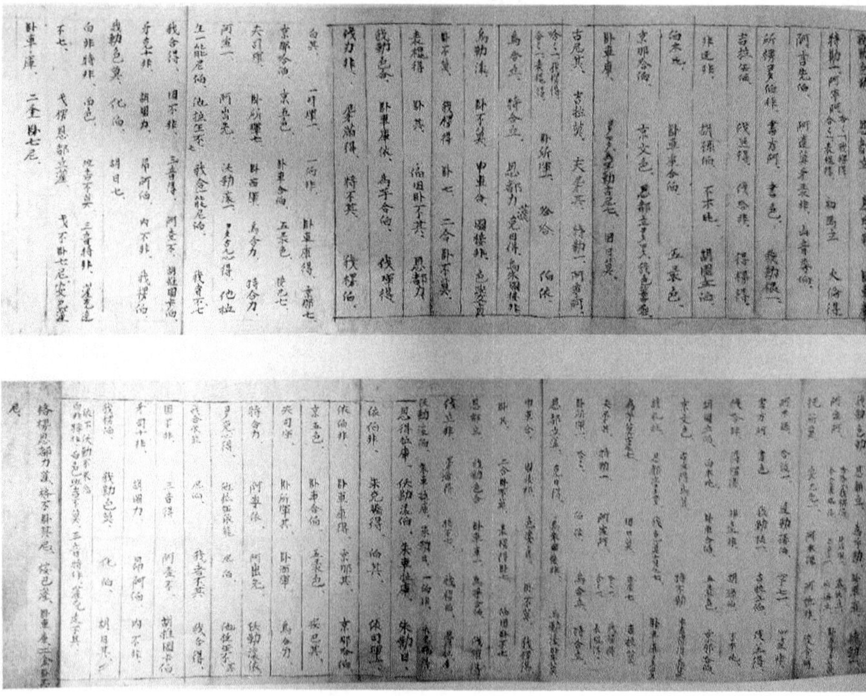

图 83 何姓萨满神谕

除上述满文文本外，还有满文家训、印章、碑文等，在此不一一介绍。

五、结语

满族家谱与老物件反映了满族社会的历史变迁过程，直观性地勾勒出满族接受中原文化影响的发展轨迹。生计方式变迁，是满族文化变迁的经济基础；对女真旧俗改革，学习、吸收借鉴中原文化，是明清交替之际皇太极、康熙等满族精英阶层主导进行的文化改革，虽然是出于巩固清政权长治久安的需要，但客观上顺应了中华民族统一发展的大趋势。与各民族文化交往交流交融，是满族文化深刻变革的重要内容。我们今天看到的满族民间实体老物件，从形体外貌上难以区分"民族属性"，表明满族文化已经受到其他民族文化的影响。满族家谱与老物件不仅是满族的文化遗存，也是满族与其他民族交往交流交融的历史记忆。

参考文献

［1］（宋）宇文懋昭.大金国志//崔文印.大金国志校证.中国史学基本典籍丛刊.北京：中华书局，1986.

［2］（宋）叶隆礼.契丹国志//贾敬颜，林荣贵，点校.中国史学基本典籍丛刊.北京：中华书局，2014.

［3］（金）王寂.鸭江行部志//罗继祖，张博泉.鸭江行部志注释.哈尔滨：黑龙江人民出版社，1984.

［4］（明）李东阳，等.大明会典（卷107）.

［5］朝鲜李朝实录·成宗（卷159），十四年十月戊寅条.

［6］王钟翰辑录.朝鲜《李朝实录》中的女真史料选编//辽宁大学历史系.清初史料丛刊第七种，1979.

［7］（明）严从检.殊域周谘录（卷24），故宫博物院图书馆印，民国十九年版.

［8］［朝鲜］李民寏.建州闻见录//辽宁大学历史系.清初史料丛刊第八、九种，1979.

［9］辽宁大学历史系.汉译《满文旧档》//辽宁大学历史系.清初史料丛刊第二种，1979.

［10］［朝鲜］申忠一.建州纪程图记//潘喆，李鸿彬.清入关前史料选辑.北京：中国人民大学出版社，1989.

［11］朝鲜李朝实录·世宗（卷82）.

［12］清太祖武皇帝实录（卷1），台湾"故宫博物院"藏本，台湾广文书局影印本，1970.

［13］张杰，张丹卉.清代东北边疆的满族.沈阳：辽宁民族出版社，2005.

［14］清太宗实录.台湾"故宫博物院"藏本，台湾广文书局影印本，1970.

［15］朝鲜李朝实录·仁祖（卷7）.

［16］定宜庄.满族的妇女生活与婚姻制度研究.北京：北京大学出版社，1999.

［17］定宜庄.清代八旗驻防研究.沈阳：辽宁人民出版社，2003.

［18］刁书仁.清代东北旗地研究//李澍田.长白丛书.长春：吉林文史出版社，1993.

［19］（清）金德纯.旗军志//辽海丛书（四）.沈阳：辽沈书社，1985.

［20］何晓芳，张德玉.清代满族家谱选辑.沈阳：辽宁民族出版社，2016.

［21］中国第一历史档案馆，中国社会科学院历史研究所译注.满文老档（上），第51册.北京：中华书局，1990.

［22］李林.满族家谱选编.沈阳：辽宁民族出版社，1988.

对《汪氏族谱》中几个问题的讨论

——兼论汪氏与金代完颜氏之关系 *

汪学松 **

摘　要：女真完颜氏曾建立金国，金亡之后，完颜氏分散各地。历经元、明、清三代，仍有部分完颜氏留存于东北故土。但是，这部分完颜氏明末清初经历怎样的迁徙？以怎样的姿态加入满族？清代官方文献上始终没有明确记载。现有《汪氏族谱》，记载该支人的始祖归附努尔哈赤后，编入八旗及清初"从龙入关"的经历，填补了完颜氏存续资料的空白。本文主要对《汪氏族谱》与金代完颜氏之关系以及清代汪氏迁徙等几个相关问题进行讨论。

关键词：《汪氏族谱》；完颜氏；大金之苗裔

《汪氏族谱》完成于 2010 年，是汪氏近年续谱、修订最完整的版本，将分散于各地汪氏一族全部纳入族谱之中。当初发起续谱之时籍，为了使这部新续修谱书更完整，汪氏族人分头寻找分散于东北各地族人，搜集家藏资料，陆续在黑龙江地区发现几本以前汪氏族人不曾见过的老谱书。[①] 这些谱书的面世，使后人得以在文字记载中，发现先祖的一些重要信息，为了解和研究汪氏一族的人口结构和流转情况，提供了资料。

这些老谱书主要有：①嘉庆七年（1802）谱本，这是六世永升额编写的初本汪氏谱书；②道光年间谱本；③咸丰十年（1860）谱本；④光绪四年（1878）谱本，这应是旗档册抄录本；⑤光绪十七年（1891）谱本；⑥1940 年谱本（封面标康德七年）。上述老谱本中，各支系人物标注，或简或繁，因年代、地域和文化背景不同，差别也

---

* 基金项目：2019 年度国家社科基金冷门"绝学"和国别史等研究专项"国内外满族民间家谱总目与数据库建设"（项目批准号：19VJX026）阶段性成果。

** 汪学松，男，地方志学者，国家社科基金项目"满族民间历史档案资料整理研究与数据库建设"课题组成员。

① 收藏者说由祖先一辈辈留传，几乎没有打开，因而不知道是家谱，也就没有示人。

较大。

汪氏最早的修于嘉庆七年的抄本老谱书，封面以繁体标记"嘉庆七年正月十五日立"，序言同样以繁体标记"王氏族谱叙"。这就证明《汪氏族谱》的汪氏在最早的族谱上原本记载为王姓。

在"咸丰十年谱本"中，第一次确认了以汪为氏的大致年代为咸丰年间。还有，老谱书中第一次明确了汪氏最早去黑龙江双城的人丁名氏、时间和因由，也记载始祖母刘氏夫人的文字信息。光绪四年谱本第一次对汪氏的京籍身份做了标注，即京籍顺天府。这与现在通行的 1942 本汪氏谱本标注的籍地岫岩不同。在 1942 年本谱本中，对未及时收录的世系人丁，分别做了一些文字记载及补充，这使得离散百年以上的一些汪氏后裔得以找到根系所在，也使得汪氏一族的族谱世系资料更加完整。

由于完颜氏曾于金代建国，姓氏汉译为汪或王，《汪氏族谱》与完颜氏有何关系？清代的繁衍生息又是怎样？笔者在编纂《汪氏族谱》时曾进行过一定的研究，现将几个主要问题讨论如下，就教于方家。

一、关于金代之后的完颜氏

《汪氏族谱》上说："耳尝闻先辈故老云：汪氏系大金之苗裔，原在铁岭汛河南岸居焉。""自兹以前，溯于宋初，盖更有祖焉，然世远不可考矣。"其中"大金之苗裔"和"溯于宋初"的记载，说明汪氏一族的祖先是金代遗民。十一世盛懿在 1942 年二修族谱自序中说"原夫汪氏者，姓本完颜，源出金国，推求遗脉，远在白山"，更进一步说明汪氏的老姓为金时的完颜氏。

金代之后，完颜氏是否留存后裔？

（一）"唯完颜不赦"后的完颜氏仍然存在

有一种观点认为，金亡后，完颜氏也随之被消灭殆尽。是否尽然？搞清这个问题是厘清《汪氏族谱》源流的前提。这与元太宗窝阔台的"唯完颜氏一族不赦"诏有关。《元史·耶律楚材传》载："汴梁将下，大将速不台遣使来言：'金人抗拒持久，师多死伤，城下之日，宜屠之。'楚材驰入奏曰：'得地无民，将焉用之！'……帝然之，诏罪止完颜氏，余皆勿问。"[①]一句话救了一城百姓，但是城里的完颜氏却未能幸免，皇室贵戚惨遭屠戮，史称"青城之祸"。而《新元史》记述这一事件时则说："帝始允之，

---

① （明）宋濂：《元史·卷一百四十六·列传第三十三》，北京，中华书局，2016。

诏除完颜氏一族外，余皆原免。"① 说法不一，但内容是一样的。

这句话也是学者对后世完颜氏正统存疑的原因。但即使在元时，完颜氏也是有人职元廷为官的。《元史》载：完颜石柱，"仕金为管军千户。父拿住，归太祖，从征西域……为同州管民达鲁花赤……。己未，石柱从世祖征合剌章还……十七年，改镇国上将军……。二十年，拜四川行省参知政事。"② 拿住父子，本是金代贵戚，其先本为质子，见金室衰落而归元太祖成吉思汗。曾先后仕太祖、太宗窝阔台、宪宗蒙哥三朝，并成为一方军政大员。达鲁花赤，蒙古语镇守者的意思。另，拿住子石柱，任元时昭勇将军，元世祖赐金虎，从征云南等地。③ 此外，还有儒士完颜昭阳、完颜君翼等④ 可见，杀归杀、用归用，事情不是绝对的。

如《金史·宗室表》所言："金人初起完颜十二部，其后皆以部为氏。"⑤ 可见完颜是以部为氏。此说亦可见后来的女真大酋阿哈出是姓完颜氏的。上述可知，金亡后完颜氏依然是有迹可寻的，故质疑今之完颜氏的观点，不足取。

关于完颜氏之亲疏关系，应当重视《金史·宗室表》所言："称完颜者亦有二焉，有同姓完颜，盖疏族，若石土门、迪古乃是也；有异姓完颜，盖部人，若欢都是也。"⑥

辽金史家景爱先生说："由于年代久远，族谱不存，有些完颜氏族人自己也说不清其来源，非皇族完颜氏与皇族完颜氏可能会出现混淆现象，如无确凿证据，今日很难加以区分了。"⑦ 可见，过去了近千年时间，完颜氏之远近亲疏，已实难分辨清楚。同时，经历了"青城之祸"后，后世的完颜氏们也依然活着。

（二）完颜氏衰落始自李满住之死

金亡后，完颜氏不仅没有消失，而且从史料记载来看，在元明时期，仍为一方大酋，也就是沿江相次而居的三个女真万户之一。这个代表人物就是阿哈出。至于与金代女真人的关系，有学者认为，他们是处于边缘地带的金人后裔。也有学者认为，他们是未随金主进入中原的完颜氏后裔。

到了明末，后金时期崛起之季，以完颜氏为代表的建州女真，则开始出现势衰态势。南迁后，建州女真立足未稳，首先面临的，一是穷困饥荒，二是兵革危机。尤其

① 柯劭忞：《新元史·卷一百二十七·列传第二十》，上海，上海古籍出版社，2018。
② （明）宋濂：《元史·卷一六五·列传第五十二》，北京，中华书局，2016。
③ 参见蔡春娟：《元代汉人出任达鲁花赤的问题》，载《北大史学》，2008（00）。
④ 参见邱树森：《元代的女真人》，载《社会科学战线》，2003（4）。
⑤ （元）脱脱：《金史·卷五十九·表第一》，北京，中华书局，2016。
⑥ （元）脱脱：《金史·宗室表》，北京，中华书局，2016。
⑦ 苗天娥、景爱：《黑龙江双城完颜氏族谱考释》，载《北方文物》，2008（4）。

是李满住之死，更加剧了完颜部及建州卫的衰落。李满住是女真南迁后，完颜部的又一个标志性人物。孟森先生考证认为："李满住之姓李，承阿哈出父子所受赐姓而来。满住为建州酋长之尊称。"① 梁志龙先生认为："李满住及后代们均承袭以明赐姓李为姓氏。阿哈出姓名曰李诚善，释家奴曰李显忠，释家奴子李满住，以及后续在王家土城居住的李大斗，李以难主……李古纳哈、李豆里、李达罕、李沙乙豆等，皆以李姓称之。"② 但是，以李姓称之，并不意味着失去完颜的本来姓氏。

以地理环境看，辽东一带属于长白山余脉，山高林密，河流众多。李满住等不仅生存艰难，而且还要面对来自朝鲜与明朝的连番打击。当时的生存环境是："五末何西边有兀剌山城，满住管下人等常言，右山城险阻，西不畏辽东，北不畏达达，唯南边朝鲜军马甚可畏。然避乱之地，莫如此处，今年秋收后，当来居于此。"③ 这期间，为躲避打击，李满住等在浑江、富尔江（吾弥水）、哈达河（吾毛水）、浑河流域间往返奔走，不时地更换住地，甚至"李满住居处，距朝鲜不远，常恐加兵，每春秋登山而避"。

来看朝鲜史料的两条记载：其一，"今四月十七日，小甫里口子对望越边，兀良哈沈指挥率军人十三名，将牛马并十三头来说：吾等在前于建州卫奉州古城内居住二十余年，因鞑靼军去年二月十七日入侵，都司李满住率管下指挥沈时里哈、沈者罗老、盛舍歹童所老、盛者罗大等一千余户，到婆猪江居住。去癸卯年，蒙圣许于婆猪江多回坪等处居住，今因此到接，然无口粮种子盐酱，切欲乞丐过活"。其二，"建州卫指挥玉古知、千户童观音老等男妇共二十六名，持牛马于江界满浦口子、江北皇城平来屯。言曰：原居回波江方州等处，为因鞑靼兀狄哈侵耗，前年受圣旨搬来婆猪江等处，为饥饿觅粮而来"④。这话说得够直白了，没有"口粮种子盐酱，切欲乞丐过活""为饥饿觅粮而来"。从中可看出，建州卫迁来婆猪江居住的达到了一千余户，且生活穷苦，衣食无着。

来看两条战事记载。一条是 1437 年 9 月，朝鲜军袭掠建州卫："都节制使李威月初七日分军三道：上护军李桦领一千八百十八人，向兀剌山南红拖里；大护军郑德成领一千二百三人，向兀剌山南阿闲。皆自理山越江，李藏与间延节制使洪师锡、江界节制使李震，领四千七百七十二人，向瓮村、吾自占、吾弥府等处，自江界越江。"这一战，朝鲜军大胜："三路军皆捷获，焚搜古音闲、兀剌山城及阿闲地面吾弥府，凡杀

① 孟森：《清朝前纪·建州纪第二》，北京，中华书局，2008。
② 梁志龙：《土城、李大斗及其他》，载《学问》，2016（6）。
③ 郑岩：《明前期建州女真历史考察——兼论孟森先生对清先世研究贡献》，北京，中央民族大学，2010。
④ 张士尊：《建州卫在浑江地区的活动及王甲部族源考》，载《明史研究》第十辑，2007 年辑刊。

获贼六十名。"①

逼得李满住再次向明朝请求迁徙："正统三年（1438）六月，建州卫掌卫事都指挥李满住，遣指挥赵夕因哈奏：'旧住婆猪江，屡被朝鲜国军马抢杀，不得安稳。今移住灶突山东南浑河上，仍旧与朝廷效力，不敢有违。'"②明廷同意请求，同时，也有朝鲜人奏报其迁延居浑河情景："远徙浑河之上，流离失所明矣。近又闻满住自移浑河之后，犹畏见讨，窜居山谷，其地多虎豹，屡害牛马，不能安业……粮食匮乏。"③可见李满住等当时的悲惨之状。

而为了躲避鞑靼的侵扰，李满住等又于景泰二年（1451）三月还居乌剌山（五女山）瓮村：李满住管下金纳鲁等人前往满浦，向朝鲜方面报出居住地点："脱脱兵马击海西卫，满住不得宁居，今年三月还居乌剌山瓮村，凡察子甫下吐则移居瓮村迤北十五里吾毛水之地。充尚则移居瓮村，上项满住管下一千七百余户，充尚、甫下吐管下共六百余户。"④

上述，李满住等由浑江流域移居浑河之上，以及又被迫迁回浑江流域乌剌山瓮村的原因、时间和各部居住地点、人口户数明矣！此后，李满住等又在浑江流域内四处流动，更换居住地点。

另一条记载了李满住之死。成化三年（1467）春，明廷决定出师讨伐建州，朝鲜亦以援军由鸭绿江进。据《李朝实录》记载："主将康纯奉书于承政院，以启曰：臣领兵于九月二十六日，与右厢大将军南怡，自满浦入攻婆猪江，斩李满住及古纳哈、豆里之子甫罗充等二十四名。擒满住、古纳哈等妻子及妇女二十四口。"⑤另外，"稻叶则别引朝鲜书，详言此时建州都督李满住及其子古纳哈，即由武靖伯赵辅等兵威所迫，遁至兀弥府（东古城子），为朝鲜军所侦知，捕斩之。其军将斫大树之白书曰：'某年月日，朝鲜大将鱼有诏，灭建州而还。'"⑥史称"丁亥之役"。

这一次是明军和朝鲜军的联合打击。兀弥府也是李满住最后的居住地。

同年，被拘后处死的还有猛哥贴木儿的儿子、建州左卫指挥史董山。可见，在夹缝中生存，贫弱之时，尚能容忍，一旦有所发展壮大，就要面临被剪尾之痛。自李满住父子死后，从1467—1595年，关于建州卫及其后续人物的记载也鲜见于史。可见，这一次的打击是致命的。同时，以李满住为代表的完颜部，也因此走向了衰落。

① 张士尊：《建州卫在浑江地区的活动及王甲部族源考》，载《明史研究》第十辑，2007年辑刊。
② 孟森：《清朝前纪·建州纪第二》，北京，中华书局，2008。
③ 《李朝实录·世宗》卷82，21页。
④ 张士尊：《建州卫在浑江地区的活动及王甲部族源考》，载《明史研究》第十辑，2007年辑刊。
⑤ 刁书仁：《明成化初年对建州三卫用兵考述》，载《中国边疆史地研究》，2008（4）。
⑥ 孟森：《清朝前纪·建州纪第二》，北京，中华书局，2008。

至此，经过梳理女真完颜部在元明时期的族属脉络源流、居住地理位置、演化和迁徙进程，在此基础上再来看《汪氏族谱》中的记载，线索就较比清楚了。

二、汪氏"汎河南岸居焉"及与努尔哈赤的交集

《汪氏族谱》上说："耳尝闻先辈故老云：汪氏系大金之苗裔，原在铁岭汎河南岸居焉。"

关于汪氏在汎河南居住的因由，有几种推测：①金人抵辽北后，遗留在此的一支完颜氏。"考金时咸平府属县，多在汎河、柴河之闲。"咸平府治所在开原老城，与汪氏原居铁岭汎河南地点临近。②女真南迁时，迁居此地的一支完颜氏。笔者认为，第二种可能性较大。

早在正统三年（1438）九月，李满住率族人即达抚顺"虎栏哈达"处居住。虎栏哈达，满语烟囱山。而努尔哈赤先祖凡察、董山是 1440 年时随迁此地的。后李满住回居桓仁地区，凡察、董山等部众则在此留居下来。汎河南区域与烟囱山一地相距不远，一种可能是建州人或完颜氏族人散居之地。孟森先生说："今按建州卫指挥释家奴，已于永乐十年（1413）归其本卫地。此建州女直（真）之先处开原者，当是释家奴所留遗。"[1]

汎河发源于滚马岭，全长仅 100 多公里，其源头为辽东山区。2017 年 3 月，笔者曾实地走访"汎河南"可能的几个地点。笔者认为，探讨汎河南岸的具体位置需把握两个要素：一是在视野上要能看到河，二是要在明边墙之外。按明朝规定，女真人不得近边而居。按此推断，汎河南只能是在上游白旗寨等区段。从"明代开原疆场防御图"中可清楚看到，在柴河堡与抚安堡边墙之外，即柴河与汎河之间地带，是为建州女真牧营地，则汪氏所处汎河南的位置，确属建州女真无疑。汎河出铁岭大甸子镇老边台村后，呈东西走向，始有南岸一说。南岸分别有猪头脸子、干沟子、碱厂沟、药王庙沟、当铺屯、东泉子等地。明在老边台村设有墩台一座，可为界标。

笔者认为，汪氏原居地汎河南岸的具体位置以碱厂沟、药王庙沟一带最具可能性，此地带为汎河谷地。这里背依山地，前临汎河，且可耕种，颇符合建州女真"俗尚耕稼"的特点。同时，这里也是临近清代祖籍神庙的地方。沿河道西行，进边即为铁岭卫所属的抚安堡、白家冲堡。《汪氏族谱》上说："因国朝太祖扎营于汎河南，夜间偶然失火，汪氏偕众奋力救止，太祖因用为军校。"有战事才有太祖扎营于汎河南岸，也才有汪氏与努尔哈赤之间的交集。

[1]　孟森：《清朝前纪·女真纪第一》，北京，中华书局，2008。

在《清太祖武皇帝实录》卷二中，记载"七大恨"说："将吾世守禁边之钗哈（即柴河）、山七拉（即三岔）、法纳哈（即抚安三堡）耕种田谷，不容收获，遣兵逐之，此其五也。"①《开原图说》："铁岭卫，东边北自柴河堡界起，南至汎河白家冲堡界，长六十里。"②从时间和地理位置上看，汪氏因救火与努尔哈赤交集的时间点有三个：一为攻取抚顺时，即天命三年（1618）："四月癸卯，大军分两路。左令四旗兵，取东州、马根单二处。上与诸贝勒率右四旗兵及八旗选练护军，取抚顺所。"③而东州、马根单位于浑河南岸，显然与谱记不符。二为取开原时。天命四年六月，努尔哈赤率军4万，攻取开原。据《明神宗实录》卷之五百八十三："乙亥。大学士方从哲奏辽东巡抚周永春总兵李如桢各报，本月十六日寅时奴酋兵马万余从靖安堡进入，已陷开原。"靖安堡，今称尚阳堡，故址在今清河区杨木林子乡佟家屯南。开原在扣河流域，扣河也称清河。而汎河在清河之南，中间还隔有柴河、沙河两道大河。三为袭抚安堡时。《清史稿·本纪一》载："五月，复伐明，克抚安等五堡，以其栗归。"④这是一次袭扰战。《清太祖武皇帝实录》的记载更详细一些："帝率诸王臣统军征大明，至十九日进边，克抚安堡及花豹冲、三岔儿大小共十一堡。"抚安堡在汎河北岸，据《山中闻见录》载："抚安要害，铁岭门户，断不宜失。"⑤

另在明人程开祐辑《筹辽硕画》卷之六，有《山东巡按杨一桂急发蠹积增选裨将疏》，文中记载："五月十九日酉时，据李如柏差大拨口报：本日巳时，东夷达子约有五千，进懿路城边内，围住三岔儿堡。又据铁岭大拨口报：本日寅时，有三千东达子从河口台进，径奔抚安堡。口报相同。至二十日卯时，据大拨魏景春口报：十九日辰时，又进达贼一起，不知其数，围白家冲堡。及至午时，大拨王尚仁报称：三堡俱被鞑贼剗破。"⑥

上文中河口台，疑为河口墩台的简称。明筑辽东边墙，按每三十里筑城，城与城之间，每十里一墩，五里一台，株连若势。河口台，疑即为抚安堡近汎河之墩台。从上述记载看，女真兵寅时（3点—5点）始袭抚安堡，辰时（7点—9点）袭白家冲堡，巳时（9点—11点）袭三岔儿堡。因而，从时间上看，这次袭边之战是从抚安堡开始的。

笔者认为，汪氏与努尔哈赤因救火而产生的交集，当为夺取抚安堡时候。

① 《清太祖武皇帝实录》，见《清入关前史料选辑》（一），北京，中国人民大学出版社，1984。
② （明）冯瑗：《开原图说》，沈阳，辽宁人民出版社，2015。
③ 《清太祖武皇帝实录》卷五。
④ （清）赵尔巽：《清史稿》，北京，中华书局，1977。
⑤ （清）彭孙贻：《山中闻见录》，见王在晋：《先清史料》，长春，吉林文史出版社，1990。
⑥ （明）程开祐辑：《筹辽硕画》，国立北平图书馆据明万历刻本影印，1912。

三、汪氏的完颜"白身"或与三代亡于战事有关

有评论认为，在《八旗满洲氏族通谱》中，不见有本支完颜的记载，疑为"白身"。其实，这也好理解。远者，金宗室自"青城之祸"后，就鲜有直系留下来，后世除非有明确记载的金室家庭，否则很难判别白身与显贵的区别。近者，判别完颜白身的标准，当以军功勋爵为显。如清初的叶臣、博尔晋等完颜世家。比较而言，汪氏自然不在此名列。

不显的原因，来看《汪氏族谱》怎么说："云宗谱以吾蓝太为始祖，自兹以前，溯于宋初，盖更有祖焉，然世远不可考矣。"在二修《汪氏族谱》中（1942年本）中，十二世汪世业也在自序中说："来岫之前，当然祖上有祖，虽有军功勋纪，茫不可考矣。"族谱记载，始祖吾蓝泰有三子，长子仲科，谱书载："在京未来，官名妻氏无考，传说阵亡无后。"次子乌理，"在京为兵，后葬于京，只（妻）刘氏随子来此（岫岩）"。三子仲银，"在京未来，官名妻氏职业行踪俱无考，子孙在京"。

汪氏来岫岩的是二世祖乌理一支。乌理生有五子，长子雅力泰，谱书载："在京为护军使，故于京，后葬于京，只（妻）李氏携子来此（岫岩）。"次子用宾，"官名配氏失传，无子"。三子三各，"在京为领催，自康熙二十六年拨驻防兵时，奉母刘氏，嫂李氏，同弟四各、五各，代（带）职来岫岩蓝旗营"。

可见，汪氏先祖三代人，在很年轻的时候就阵亡了，难有显赫的军功爵位。且这三代人都是低级军官，有战事则冲锋在前，至汪氏于康熙二十六年（1687）来岫岩时，这期间，应是汪氏成年男子皆已英年早亡，而其他男丁尚未成年的时期。且汪氏来岫岩时，是以三各的名头来的。此时，三各的父祖及两个哥哥均已过世。推测三各来时的年龄应该是18—20岁，是唯一的成年男子。三各是代（带）职领催来岫岩的，领催一职或是因军功来的，或是清廷恩赏来的。因为领催这个职位也比较特殊，只有禁军才有。

此外，所说的"茫不可考"，推测也有身世潜隐方面的原因。在努尔哈赤统一女真时期，女真各部基本经历了腥风血雨。在这一过程中，多有隐身求生者。如哈达部岱善死后，其三子"纳绍、瑚万、雅满而后不知所终，与家族失联，他们可能隐姓埋名，从此莫知其祖"①。另如完颜部，"秋九月……上率兵征王甲城……攻克之，斩其城主戴度墨尔根"②。在朝鲜人申忠一写的《建州闻见录》中则说："十城乃蔓遮诸部酋长

---

① 那履弘：《哈达纳喇氏族史话》，载《满族文学》2016（4）。
② 《清太祖实录》卷一。

李大斗、李以难主、李林古致等抄领千余壮勇本居此城，共拒奴酋等侵凌，合战四度，尚且相持，其终不可敌，便乘黑夜……逃命，今不知去处者。"①

再如："朝鲜亦破李满住，其子古纳哈同死，他子都喜亦的哈，后不著。"② 不著，有可能是无名隐居。需要注意的是，李满住共生有八子，古纳哈是其长子。"孝宗之世，脱罗之朝，明赐完者秃大帽、金带。"③ 完者秃是李满住的孙子，说明建州卫首领的职位是由古纳哈之子承袭，抑或承袭者是李满住的其他子嗣后人。

以上述情势因由看，则不难理解汪氏为完颜之白身了。

四、始祖母刘氏夫人身世探讨

在道光年间本《汪氏族谱》中，在记载二世祖乌理妻刘氏夫人时说，"传说刘氏为乌理出云南兵时带来，怒时听人说书则喜"。这也是唯一记载始祖母刘氏夫人身世信息的一份资料。

顺治十六年（1659）时，吴三桂上"三患二难疏"，清廷遂进兵云南。此时，距清军入关过去了15年，乌理的年龄应是刚成年，推测在18—20岁，尚未娶妻，即随军出征。清军入滇分为三路，北路由平西王吴三桂统领，由四川入；中路由信郡王多尼、洛托统领；南路由赵布泰统领。

洛托是镶蓝旗固山额真、舒尔哈齐的孙子。乌理属于镶蓝旗军丁，因此随中路军出征的可能性大一些。至于"传说刘氏为乌理出云南兵时带来"，这个传说真实性极大，因为刘氏的身份是汪氏一族的老祖母，不可能随意说之。那么，刘氏夫人的身世是旗人女，是云南土著女，还是南明随军女？笔者以为，以后两者的可能性大一些。原因在于出征满汉军丁是不允许带家属的，旗人女基本可以排除。此外，当时清军军纪尚严，乌理是不太可能私自娶民女为妻的。

一种可能是，乌理在清廷政策允许的情况下，以攻陷的城镇守军女子为妻，或以地方女子为妻。明永历帝退守云南，身边有大批宫人和守军跟随。一地失守，子女游离，清军安抚后按需分配，也符合清军做事常理。这种情况在后金时就有发生。如努尔哈赤时期，八旗兵丁因贫穷等原因未有婚娶者，曾著令给配。④

另如皇太极崇德七年（1642），"松山、锦州、塔山俘获蒙古妇人二百二十五口，

---

① 梁志龙：《土城、李大斗及其他》，载《学问》，2016（6）。
② （清）赵尔巽：《清史稿·卷二百二十二·列传九》，北京，中华书局，1977。
③ （清）赵尔巽：《清史稿·卷二百二十二·列传九》，北京，中华书局，1977。
④ 参见《清太祖武皇帝实录》卷一。

汉妇人四百五十一口，幼稚六口。至是命择蒙古妇人，赐和硕亲王以下，固山贝子以上各一人。其余分给各处归附无妻之人为妻"①。皇太极认为："今既慕义归降，须令满、汉贤能官员，先察汉民女子、寡妇，酌量给配。"②顺治五年（1648），"至汉官之女，欲与满洲为婚者，亦行报部。无职者，听其自便，不必报部。其满洲官民，娶汉人之女，实系为妻者，方准其娶"③。且清军入关后，对俘获明军、农民军女子，也曾分配给八旗兵丁为妻室。④对降人如此，对旗丁更不会苛待。可以说，入关前即有奖赏八旗官兵女子此习俗。

其次，云南土著女，因为语言饮食文化习俗与北方不同，可能性较低，但也不排除有地方大户人家女子，相貌清秀者，本身自有见识，乌理也自喜欢，遂携之而归。

最有可能的是，是驻守明军子女或南明宫女。谱上记载，刘氏夫人"怒时听人说书则喜"。有这种喜好，说明刘氏不是贫人子女，也应识文断字，并有一定的文艺修养。否则，说唱虽简单，但说唱的内容，却是需要有相应的文化修养才听得进去。而且民间女子，是没有机会接触这类文艺形式的。

说书，说的或是"子弟书"，或是民间说唱的鼓书。这种习惯，应该是刘氏在京时就有的。乌理是旗丁，因此刘氏婚后只能是生活在旗人的环境里。刘氏随乌理回京后，应至少在京生活了 25 年以上，这期间，刘氏生了五个孩子。

此外，有资料显示，岫岩地区的说唱鼓书，是在光绪年间才普及的。从年龄上看，刘氏来岫岩时，应在 45 岁左右，按旧时已生育过五子的女性，45 岁差不多是极限值。因此，刘氏生活的年代，只能是康熙年间。因此，刘氏"听人说书则喜"，听的只能是八旗子弟书。

五、汪氏与"世居完颜地方"探讨

"世居完颜地方"，是《八旗满洲氏族通谱》（下简称《通谱》）中，记载的完颜氏的主要来源地，但是并没有标明具体地点。《八旗满洲氏族通谱》卷二十八："完颜本系地名，因以为姓，其氏族散居于完颜及各地方。"⑤

另在《钦定八旗通志》中，列有完颜氏各支派世居地点："完颜氏，凡三十八派：一出完颜……一出兆佳城、一出英额城、一出嘉木湖、一出兴京、一出佛阿拉、一出

---

① （清）觉罗勒德洪等：《清太宗文皇帝实录·卷六十》，辽宁大学历史系，1978。
② 《清太宗实录》，第 152 页，北京，中华书局，1985。
③ 《顺治朝实录》卷四十。
④ 参见陈力：《清朝旗民婚姻政策考论》，载《西南大学学报（社会科学版）》，2011（5）。
⑤ （清）弘昼等：《八旗满洲氏族通谱》，沈阳，辽沈书社，1989。

哈达……一出章当（章党？）、一出鄂尔浑……一出山塔堡……"① 除了一出完颜不知所指，其他地点，皆与汪氏族谱所记的"汎河南"邻近。其中，嘉木湖地方为汎河源头地区（今铁岭白旗寨乡），尤与"汎河南"邻近。虽地点邻近，但汪氏与各派完颜之间的族属脉络却不甚清楚。

一说世居完颜地方为哈达部完颜城，地点在今铁岭市李家台乡衣车峰西南，即海西女真万汗（王台）所建之城。一说为通化集安完颜城（王甲城）。汪佳鄂尔浑地方，亦做鄂尔浑，疑为通化县快大茂一带。按《通谱》所言，如是指哈达部所在完颜城地方，则应以哈达部世系人丁为主。首先，哈达部灭亡后，部属被编为白旗属、黄旗属、红旗属等。在居住地方上，多写为世居哈达地方。如"武尔古岱，王台孙，世居哈达地方，国初率族来归，为额驸"。如"雅虎"，为开国十札尔固齐之一；如马福塔，为户部尚书职，写的都是世居哈达地方。另在《哈达纳喇氏族谱》中，在居住地点上，也写明为哈达地方、英额地方等。因此，世居完颜地方的，不应是哈达世系人丁。

如是指集安王甲城地方，当为李满住世系人丁。梁志龙先生在《土城、李大斗及其他》一文中说："王甲城，文献亦称做完颜城。"建州卫李大斗（即戴度墨尔根）被努尔哈赤斩杀后，其二号人物李以难主（李以难）以"建州卫尊长"的身份，成为努尔哈赤的"麾下属"，即"毛怜率建州卫已服从"。张士尊先生推断李以难主即是清初时的叶臣。②

若此说成立，那么《通谱》所记的清初名臣，如英莪"镶蓝旗人，世居完颜地方"。叶臣，"镶红旗人，世居完颜地方，天聪时来归"。如叶臣等世居的完颜地方，即是指王甲城地方，也即女真建州卫所在的完颜地方，也即是李满住一族。不过，如《清史稿》卷二百三十三："叶臣，完颜氏，世居兆佳，归太祖，隶满州镶红旗。"这与《通谱》中的叶臣"世居完颜地方"的记载不同。兆佳，一指为黑龙江肇源县，位于嫩江左岸，现属大庆市，是金太祖"肇基王绩"之地。梁志龙先生则考定为新宾县下营子赵家村。该地属富尔江左岸。

值得注意的是，叶臣是"天聪来归"的，而不是"国初来归"的。这也证实了梁志龙先生文中所说的"毛怜率建州卫已服从"。在努尔哈赤死后，李以难主（或叶臣）才归附了皇太极。虽来归晚矣，但依然被待以高位，列入完颜氏来归之人的第一位。这或与其为完颜部首领的身份有关。

也有学者认为，叶臣一族为东归的完颜守祥一系，不知此说确否。按景爱先生说，完颜守祥一支回到阿城后（会宁府），被元监视居住，后逃至张广才岭。努尔哈赤崛

---

① （清）鄂尔泰等：《钦定八旗通志·卷五十五·氏族志》，北京，国家图书馆出版社，2013。
② 张士尊：《建州卫在浑江地区的活动及王甲部族源考》，载《明史研究》第十辑，2007年辑刊。

起后，其十四孙鲁克素率族迁至长白山脚下，此后其子达其哈、护其哈率部来归。[①] 但是长白山脚下范围甚广，实难以确指所在。若以此看，完颜守祥后裔与世居完颜地方的叶臣等完颜氏，并不是一族人。兆佳（肇源）地方是草原地带，初名为后郭尔罗斯，不在长白山范围内。如果是指赵家村一带，因地点邻近努尔哈赤老营，如英莪等与叶臣同族的人，大都"国初来归"，独首领叶臣为天聪时来归，其情势因由，也难以说得通。而李满住一支的脉络渊源及迁徙路线，有明确的轨迹可查实。

从汪氏原居地汜河南的地理位置及姓氏渊源上，笔者认为，汪氏为完颜部李满住一族的可能性较大。有族人认为，汪氏或与海西女真哈达部有渊源，即王忠、王台一系。王台即哈达部万汗。王忠，女真名汪济外兰。赵东升在《开原图说·海西夷南关枝派图说·补正与考释》一文说"（王）忠盖完颜氏正派"，并引《哈达纳喇氏族谱》说："哈达纳喇源系大金国完颜氏，所在完颜城，王氏之城也。王为完颜之音转，故哈达子孙以王为姓。"[②]

另据《开原图说》："嘉隆间，王台叔王忠，兵力强盛，东夷自海西、建州一百八十二卫，二十五所，五十六站皆听其约束。忠又甚恭顺，一时开辽东边无一夷敢犯居民者，夷呼完颜为王，故其后世子孙以王为姓。"[③] 赵东升在《开原图说·海西夷南关枝派图说·补正与考释》文中又说："哈达乌拉同宗，皆以纳齐布禄为始祖，然纳齐布禄先世系已佚，不能别其系统……后纳齐布禄改姓纳喇氏，哈达一支坚持完颜氏。"哈达与乌拉同源，本姓乌拉纳喇氏，是以所在江河为姓氏，既然始祖纳齐布禄先世系已佚，不能别其系统，又何以称氏完颜正派？

哈达部，其先本居扈伦地，今呼兰河地带。在《哈达纳喇氏族史话》中，作者那履弘先生引述《清史稿》卷二百二十三列传十史料说："万（明称之王台），自称万汗，明于东边酋长称汗者，皆译为王某，若以王为姓，万亦其列也。"《清太祖武皇帝实录》卷一诸部世系中记载："哈达国汗姓纳喇，名万，本胡笼（扈伦）族也。后因住哈达处，故名哈达，乃兀喇部辙辙木之子，纳奇卜禄第七代孙也。"

因此，王台的完颜姓氏，虽有明人《边夷考》"完颜之后"的记载，也有"忠盖完颜氏正派"的记载，但也有《清实录》《清史稿》上的不确定记载——"明于东边酋长称汗者，皆译为王某"——如王皋，女真名阿突罕，本姓喜塔拉氏，建州右卫人。如王兀堂，女真栋鄂部人，本姓觉罗。在李学诚所著《清开国重臣何和礼》[④] 一文中说其

① 参见景爱：《皇裔沉浮——北京的完颜氏》，北京，学苑出版社，2002。
② 赵东升、那炎：《开原图说·海西夷南关枝派图说·补正与考释》，载《满族研究》，2000（1）。
③ （明）冯瑗：《开原图说》，沈阳，辽宁人民出版社，2015。
④ 李学诚：《清开国重臣何和礼》，载《满族研究》，2009（2）。

先世为东海瓦尔喀人，其祖父名克彻巴颜，在《清太祖武皇帝实录》中称之为王兀堂。这两个人物都是当时的女真大酋，也都被以王姓称之，却不是姓完颜氏。

《东夷考略》上说："当是时，抚顺开原而北属海西，王台制之；清河南抵鸭绿江属建州，兀堂亦制之。"[①] 可见，"明于东边酋长称汗者，皆译为王某"的记载是准确的。王皋、王兀堂只因为是女真称汗者，才被明人以完颜氏的汉译对音王姓称之。在这里，完颜的汉译王姓，有了另一层意义，即女真豪酋之所称王者。笔者认为，汪氏与哈达部所称之完颜并没有姓氏族属关系。海西种姓为纳喇氏，如乌拉纳喇、叶赫那拉，本以河流为姓，不与完颜同。根据《清史稿》等文献记载及学者考证论述，似可得出"上率兵征王甲城……攻克之"中的王甲城，即是文献所称的世居完颜地方。汪氏或是其大枝中之一叶。

六、由王姓改为汪姓的原因成谜

值得注意的是，老谱本中标注的汪氏，原来不姓汪，而是姓王。2017 年初时，先是双城的一支汪氏族人，在上传家藏的老谱书时，封面题为"嘉庆七年正月十五立"，谱叙标记的是"王氏族谱叙"，经辨别，这本王氏谱书在字辈排序、先祖名氏、各支系传承上，与 1942 年本的岫岩满族汪氏宗族谱书内容一致，可认定为本支族人。开始时，以为是写错字了，误把汪写作王。后来族人汪作阳等在海伦市走访时，另外在族人汪振东家又发现两本老谱书，其中一本在封面标记、题叙及内容与前者一致。

比较对照后可以认定，这正是《汪氏宗族谱书》的初撰版本——于清嘉庆七年（1802）正月，由六世永升额编撰的、记录了汪氏前七世人的汪氏谱书抄本，可判定为离开岫岩的汪氏族人，临别前抄录带走的谱书，用以传承后世。至此可以判定，原来在清初时，汪氏不姓汪，而是姓王。至于其他满族汪氏族系有没有这样的情况，目前还不清楚。

那么，这一支完颜氏，又是在什么时候由王改汪的呢？从后发现的这几本老谱书中，最早标注汪姓的是咸丰十年（1860）本汪氏谱书，封面标记名称是"汪氏族谱书"。而在道光年间本谱书中，发现另标记有人物汉语名字，如王桃、王安、王义等。字辈排序与前述一致。一方面，这表明是普通旗人阶层中原化进程的开始时期，王桃、王安等应是有一定社会身份的人。另一方面说明，起码在道光年间，汪氏一族还是以王姓相称的。

另外，在咸丰十年本谱书中，另标记有王深的名氏，说明在咸丰年间，是王姓与

---

① （明）茅瑞征：《东夷考略》，北京，文物出版社，2022。

汪姓交替的时候。这时期有一定身份的人，有人冠王姓，也有人改姓汪了。而王深就是嘉庆七年本汪氏谱书的编写者永升额的长子。在1942年本的汪氏谱书中，王深的名字标记为岱龄，显系满名称，身份是贡生。永升额生于乾隆年间，逝于嘉庆十八年（1813），寿38岁。也就是说，在清初期及至咸丰年间时，汪氏一族都是以王姓相称的。

由王改汪的原因，一说为乾隆年间，有大学士考据认为，完颜一氏，以译读为汪姓更为准确，但笔者一直没有找到相关出处。按完颜的读音，大约是平舌读汪，翘舌读王。另有传说认为，是汪氏族中有女子入宫为妃，是因为沾皇恩了，从而在王姓前加上三点水，才改称为汪姓的。不过，笔者同样没有找到相关出处。景爱先生在《当代中国的完颜氏遗民》一文中说，金亡后，完颜氏大都改汉姓王，只有少量的改姓汪氏。汪、王音同字异，故可以写作王，也可以写作汪。但是，一族之人，一夕之间，由王改称汪，其中必有因由。最可能的原因是来自清廷，否则于理说不通。值得注意的是，谱书的编写者永升额及身后汪氏子嗣，不乏贡生等读书人，应该不是一时冲动，原因成谜。

七、"三百余口人丁犹未众也"

在嘉庆七年本谱书中，永升额写道："王氏自京兵以来，特百十余年，世系犹未远也，三百余口人丁，犹未众也。"汪氏是康熙二十六年（1687）来岫岩的，也就是说在115年的时间里，汪氏一族繁育了三百余丁口。

在光绪四年（1878）本谱书中，封面题写为：汪姓谱册。原吉（籍）顺天府厢（镶）蓝旗哈什哈佐领下人丁户口数目清册，落款是光绪四年九月抄订。在内序中，抄订者说明："盛京奉天府岫岩城厢（镶）蓝旗哈什哈佐领下，官兵闲散等边里边外大小人丁户口数目清册。以上自同治十年理城抄来，共大小人丁七百七十八名。又因光绪四年五月十五日结叙双城户口清册，内外合成一本。因道光老佛爷二年，自岫岩城拨于双城。"

此时，距汪氏来岫岩，时间已经过去了191年。应该说，这个人口增长速度是比较缓慢的，可能与清中期以后，在东北地区的满族人口生计穷困有关。这份谱册是在同治十年抄来的。边里边外，疑是以"柳条边"为界区分地域。理城，此处指岫岩。而在称呼上，汪氏族人直呼道光帝为老佛爷，也可见当时的满族人对待清朝皇帝的一种态度。这份谱本同时提供了一个重要信息，就是道光二年（1822），汪氏靠山系六世先祖七成额以"顶丁"的身份，由岫岩去了双城堡。这是汪氏有记录去往黑龙江地区最早的一支人。顶丁，意思是顶替名额，可能有不愿离开盛京故土的旗丁，由七成额一户顶替迁去。去的理由，是赶上了好政策。清廷有感于八旗丁口，生计日繁，遂于乾隆二年（1737）制定了"徙户开屯"的国策。双城"在拉林河西北，横130里，纵70余里，肥沃宜耕"①。于是"盛京旗丁，视为乐土，纷纷请呈，愿往垦种"，甚至"多有亲族偕来"。而岫岩多山，山高且峻，耕地不足。

谱中记载七成额："医道成名，道光十二年九月二十一日卒于双城堡，享年八十四岁。"也就是说，七成额离开岫岩老家时，已经是一位74岁的老人，属于"年已逾岁不能耕作者"之列。自七成额来双城后的两百多年间，汪氏各支系族人去双城堡者甚众。如今，双城已成为汪氏族人分布最为集中的地区之一。

另外，在嘉庆七年本谱书中，有二世仲银的记载如下："在京示来，官名妻氏职业行踪俱无，考子孙在京。"而排在其名下一栏，有一行字："后有自京来者，学名廷见，官名配氏失传，后又回京，至今不知下落，不知几支嫡脉。"显然，廷见是仲银的后人，是汪氏的第三世人。"考子孙在京"，这句话的意义在于提示汪氏在京还遗有一支人。汪氏是康熙二十六年来岫岩驻防的，那么廷见也应该是康熙年间来岫岩的，推测是来省亲的。此后，谱中再没有这一支人的信息记载。

在岫岩的汪氏，在咸丰十年（1860）之前还是以王为姓，推测留在京城的这一支族人，很可能是延续着原来的王姓。景爱先生说，在北京的完颜氏基本以王姓为主。来岫岩的汪氏是属于镶蓝旗人，那么在北京的这一支族人，也应该是镶蓝旗属。有学者考证说，乾隆十八年（1753）祭祀房山金陵时，一起陪祭的完颜氏有59支，职官有96员。这说明，在北京的完颜氏不在少数。至于哪一支可能与汪氏有亲族关系，需要细考。

满族人一般称名不称姓，如《八旗满洲氏族通谱》记载的叶臣一族，虽姓完颜氏，叫的名字中却没有完颜的字样，如叶臣、墨古德、尼雅哈等。此外，因名氏译音的原因，固化后的名字也存在着音同字异等因素，这也给寻根问祖带来一定的困难。

① （清）赵尔巽：《清史稿·卷三百四十二·列传一百二十九》，北京，中华书局，1977。

附：汪氏前九世人在旗兵丁数目统计

世	官员	兵	闲散	人口	备注
年代约 1618—清末					
1	1			1	护军校
2	1	1		3	护军校
3	2		2	5	护军校、领催
4		2	7	9	
5	3	7	21	26	领催、骁骑校
6	4	15	50	90	防御、领催
7	4	14	123	186	领催
8	3	13	200	318	领催
9	5	12	191	370	领催、骁骑校

说明：

1. 本统计自始祖起至九世毓字辈人，年代约在 1618—清末时期。

2. 2017 年修订新谱时，仍采用三世分支、五世分系、九世立宗方式排列顺序。现世系延至十七世。

3. 按老谱本人物计，汪氏实有世系共 31 系，因有节点人物无嗣，或失散不计，新谱中实有世系 29 系。

4. 新谱出版后，另发现有归宗人员约百人。

5. 新谱中，据不完全统计，现汪氏一族有人丁约 8100 人，主要分布在岫岩、双城、佳木斯等地。本统计不包括因世系缺失而未归宗者。另外，上文中人口方面的变化一节可参考。

清代满洲族源谱系与满洲姓氏源流研究的历史语言学方法 *

金　标 **

摘　要： 建立中国最后一个封建王朝清朝的"满洲"部族之族源谱系问题一直莫衷一是、不甚了了。中国东北古代各族群之族称、国称与其氏族名、部族名、姓氏及所处地域之名间存在着较为复杂而密切的联系。这就为利用历史语言学方法厘清这一问题提供了可能。提出以满语为基础语言，以历史比较法与内部构拟法为主要方法，对"汉字记音材料""满语词族材料""满文姓氏材料"三类材料分别采取 S– 理想模型、词族化、名号簇处理，从存世材料中提取有效信息，对满洲族源谱系与满洲姓氏源流进行探索，可以为我们解决这一问题提供更多有益信息。

关键词： 满洲；女真；姓氏；谱系；历史语言学

明朝末叶，"满洲"部族兴起于中国东北地区，最终建立了中国最后一个封建王朝——清朝。对于该族群的族源谱系问题，前人做过较多讨论，但莫衷一是、不甚了了。乾隆五十四年（1789）成书的《钦定满洲源流考》①，参考中国历代史籍，将东北长白山、黑龙江地域历史上存在过的各族群，全部纳入满洲源流之中。由于中原古代汉文史籍对东北族群的记载既不系统也不详细，且因朝代更迭、信息阻隔、中央与地方利益诉求迥异，因此造成记录错误和族称乱相附会现象频现。在古代中原价值系统中，特别是在"华夷"思想的作用下，人们更重视以衣冠服饰、有无文字、文字类别以及生产方式等对族群进行分类，而常常忽视语言类别在族群分类、源流考察中的价

---

* 基金项目：2019 年度国家社科基金冷门"绝学"和国别史等研究专项"国内外满族民间家谱总目与数据库建设"（项目批准号：19VJX026）阶段性成果。

** 金标，男，满族，吉林省永吉县人，任职于通化师范学院长白山文化研究院，主要研究方向为东北古代民族史、清史、满族史、满语文。

① （清）阿桂：《钦定满洲源流考》，孙文良、陆玉华点校，北京，中国国际广播出版社，2016。

值。而乾隆帝建构满洲族源谱系的目的，更多的是出于政治考量。因无科学的史学方法与语言学方法，纵使修书者是彼时大儒，其在《钦定满洲源流考》中所建构之满洲族源谱系存在错谬之处在所难免。个别错谬甚至一直影响着当代学术界的认知和历史叙述。本文通过考察史籍认为，东北古代各族群之族称、国称与其氏族名、部族名、姓氏及所处地域之名间存在着较为复杂而密切的联系，在具体操作上，满洲族源谱系问题与满洲姓氏源流的研究应该合并考察。

通过对语言的研究，一定能够找到对历史研究有价值的佐证资料和研究线索，这是中西方学术界的一个共识。如著名德国语言学家雅布克·格里姆（Jacob Grimm）在《德语史》一书中称："有一种比骸骨、武器和墓穴更为生动的东西可以证明民族的历史，那就是他们的语言。"[1] 英国语言学家帕默尔（L.R.Palmer）认为："语言史与文化史是联系在一起的，它们互相提供证据和解释。"[2] 王力先生在《新训诂学》一文中指出："一切的语言史都可被认为是文化史的一部分，而语义的历史又是语言史的一部分，从历史上去观察语义的变化，然后训诂学才有新的价值。"[3] 在具体研究实践中，希腊人的种族起源是一个技术难度大且极具理论和方法论意义的问题。正是历史语言学和考古学，对该问题的研究发挥了实质性的奠基作用。[4] 可以说语言是研究一个民族的历史和文化的钥匙，因此我们必须重视历史语言学在清史、满族史和东北地方史研究中的价值。

一、历史比较法与内部构拟法

历史语言学兴起于 19 世纪初，其兴起使语言学研究具有了现代科学的意义。由于历史语言学中最常用、最重要的方法是"比较法"，因此这门学科又叫"历史比较语言学"[5]。历史语言学是关于语言演变史研究方法和理论的语言学。[6] 历史比较语言学的立论依据有二，一是语言符号的任意性，二是语音演变的规律性。前者属于语言学理论中带根本性的问题，也是中西哲学史上的重要问题。它对语言和外部客观世界的关系、音义关系、"名""实"关系做出了唯物主义的解释；语言符号体系把两种非语言的因素，外部世界的客观现实和声音物质按社会约定俗成的传统联系起来，成为交际

① 吴安琪：《历史语言学》，6 页，上海，上海教育出版社，2006。
② 伍铁平：《语言学是一门领先科学》，38 页，北京，北京语言学院出版社，1994。
③ 王力：《新训诂学》，见《王力文集（第十九卷）》，180 页，济南，山东教育出版社，1990。
④ 参见徐晓旭：《历史语言学、考古学与希腊人种族起源研究》，载《史学理论研究》，2019（1）。
⑤ 朱晓农、寸熙：《拉斯著〈历史语言学和语言演变〉述评》，载《语言科学》，2007（5）。
⑥ 吴安其：《关于历史语言学的几个问题》，载《民族语文》，1998（4）。

信息系统。从语言内部构成的本质特征来看，语言是一个语言社会中的成员，用来进行交际、交流思想的音义结合的符号体系，或交换信息的语音符号体系。因为语言符号有任意性，即语言社会约定俗成的特征，不同的语言必然有不同的符号体系。如果在相关的语言体系中出现若干相似的或平行对应的现象，自然会引出这些语言间的相似或平行之处是如何产生的问题。① 经由以上关于历史比较语言学相关背景的回溯，引出了我们对于"满洲族源谱系与满洲姓氏源流研究"的一些思考："满洲"这一族称以及其统辖的满语姓氏，与"女真""靺鞨"相关的那些族群泛称、部族名称、姓氏以及地名，乃至中国历代史籍中记录的那些"白山黑水地带"的古代国家、古代族群、氏族名称以及地名之间存在的语音对应或者语音相似性，是单纯的偶然？抑或是中国东北古代民族语言文化交流融合中的互相借用？又或是基于同民族语言在发生学上的同源性的反映？如果试图去解决这一问题，就不得不面对另一个局限性的问题，那就是"白山黑水地带"的古代族群在满文创制之前，他们或是文字使用历史短暂，留存资料稀少且不成系统（如女真文），或是文字材料几乎完全没有留存下来（如渤海人），或是完全使用汉字（如渤海人），或根本就没有文字。总而言之，他们的语言得不到系统记录，而周边有文字的民族对他们的语言的记录也只是只言片语。这就给上述古代族群的语言与满语的比较研究带来了极大的局限。为了尽可能解决这些问题，一方面有赖于对满 – 通古斯语族诸语言比较研究的深入，对满 – 通古斯"原始共同语"的构拟，另一方面也有赖于满 – 通古斯语族诸种语言与周边的蒙古语族语言、古亚细亚语族语言以及源于三韩语言的朝鲜语等诸种地理上邻近的语言的比较研究。但是这些都是非常庞大、复杂的系统工程，短时间内难有显著进展。

索绪尔是 19 世纪具有代表性的结构主义学者，他认为每一种语言在整体上都可以看作一个系统，在系统内部每一个细节都是相互关联的，② 历时的研究是在考虑语言系统、系统的稳定和系统的重建等情况下进行。③ 在结构主义的理论支撑下，绕过历史比较法在两种或两种以上亲属语言间进行比较的要求，而在单一语言系统内部进行考察，从语言本身共时的语音聚合分布特点出发，根据语音结构的空格、异常分布和组合中不规则的形态交替，构拟原始的系统或较早时期的特点，④ 这就是兴起于 20 世纪上半叶

① 参见李振麟：《关于历史比较语言学的方法论问题》，载《语言研究》，1983（1）。
② 梅耶评论道："从此以后，无论在哪一个问题上都不容许忽视这样一个原理：每一个语言都构成一种系统，其中一切成分都互相连接着，而且都从属于一个非常严格的总纲。"参见 A.B. 捷斯尼切卡娅：《印欧语亲属关系研究中的问题》，104 页，北京，科学出版社，1960。
③ 结构主义的布拉格学派认为："语言变化往往以系统、系统的稳定和系统的重建等等为目标。所以历时的研究不独不排斥系统和功能的观点，而是恰好相反，不考虑到这些观点就是不完备的。"详见徐志民：《欧美语言学简史》，170 页，上海，学林出版社，1990。
④ 徐通锵：《历史语言学》，201 页，北京，商务印书馆，1991。

的内部构拟法（internal reconstruction）。梅祖麟先生在《内部构拟汉语三例》一文中对内部构拟在资料方面设置了两个限制：第一，只限于一种语言，不涉及其他亲属语。第二，这种语言也只是限于某个阶段的共时资料，这个阶段可古可今，但是不能用两个或两个以上阶段的资料作为推论的出发点。[①]基于以上结构主义的内部拟测法的理论和方法，虽然就目前来讲满语处于濒危状态，但是清代的满语文，特别是自康熙时期为规范满语文而编订《御制清文鉴》（收录满语词条约 12110 条），至乾隆年间《御制增订清文鉴》（增补新定词汇 4700 多条，古代非常用词汇 1600 多条，合计约 18410 条）的成书，[②]也就是康雍乾时期的满语文文献，从语音、词汇到语法，都可以看作一个共时的具有完整语言系统的语音资料集，并且以十二字头为基础的，规范化满语文教学有清以来一直在满族人中代代传承。亦即无论是满文单词读音的音值，还是对于上述满文文献资料的语音都可以进行最大限度的接近和还原。因此可以在清代满语文的基础上，通过内部构拟法对满语的原始词汇、语素进行探索，以此作为满洲族源谱系和满洲姓氏源流研究的一个参考基础。

二、对三种语音材料的处理、研究与应用

针对于满洲族源谱系的建构与满洲姓氏源流研究这一课题，本文认为在历史语言学方法的角度上，我们应该重视汉字记音材料、满语词族材料、满文姓氏材料三个方面的语音材料的处理、研究与应用。

（一）汉字记音名号材料及其 S- 理想模型处理

对 16 世纪以前的中国东北地区各族系语言的记录，主要集中在中、日、朝（韩）的汉文史籍、文人笔记、碑铭石刻中，且绝大多数为汉字记音材料。在这些汉字记音的非汉语词汇类别中，我们重点关注但不限于以下类别：古代国名，如橐离、肃慎、夫余、句骊（高句丽）、渤海等；族群名称，如秽貊、沃沮、挹娄、靺鞨、女真等；部族名称，如粟末、按出虎、胡里改、完颜等；姓氏，如《金史·国语解》姓氏篇载女真三十一姓[③]、《三朝北盟汇编·女真史》谓唐末女真"通用三十姓"[④]、朝鲜《高丽史》载"东女真三十姓部落"[⑤]等。此外还有氏族名称、地名、人名等也是我们关注的重

---

① 参见梅祖麟：《内部构拟汉语三例》，载《中国语文》，1988（3）。
② 参见李雄飞：《〈御制增订清文鉴〉刻本初探》，载《满语研究》，2013（1）。
③ （元）脱脱等：《金史·国语解·姓氏》，2896 页，北京，中华书局，1976。
④ （宋）徐梦莘：《三朝北盟会编》卷三，18 页，上海，上海古籍出版社，1987。
⑤ 董万仑：《辽代长白山女真"三十姓"部落联盟研究》，载《北方文物》，1999（2）。

点。以下将此类材料简称为"汉字记音名号材料"。

处理上述汉字记音材料时，我们必须意识到两点：

一是人类语言的语音是持续变化的。按照历史语音学的理论，这种变化是有规律可循的。由于汉语的历时性语音变化，汉字的读音也是在变化的，并且汉语的方言差别有时也会影响到记音人的汉字选择，[①] 但是共时差别所体现的也是历时性的变化。

二是这些汉字记音材料所记录的语言，可能是同种语言，也可能是不同种语言。同种语言也存在共时与历时的差别。

由此可见问题的复杂性，但得益于汉语历时研究长期的积累，我们依旧可以从这些材料中获取具有相当准确度的、有价值的信息。借助汉语音韵学已有研究成果，构拟出这些汉字记音的氏族名称、部族名称、族群名称、古代国名、姓氏、地名的大致语音面貌，并依时间先后列出词汇表进而加以分析。

将汉字记音名号材料作为一个有机整体、构建起网络结构加以研究。氏族名称可以发展为姓氏，氏族名称亦可以发展为部族名称；部族名称是国名、族群名称的一个重要来源，国名、族群名称也是姓氏的一个来源；地名与部落名称、国名、姓氏之间，也存在相似的转化关系。

如《渤海国志长篇》载：渤海遗裔有以渤海为姓者；《宋史·艺文志·别史类》载：有渤海填《唐广德神异录》四十五卷；又《宋史·女真传》：开宝五年夏，首领渤海那三人入贡；《辽史·高丽传（王氏高丽）》：圣宗统和二十八年，高丽（王氏高丽）礼部郎中渤海陀失来降。[②] "盖渤海亡后，其遗裔散之四方，或入高丽（王氏高丽），故冠渤海二字以别之。其后，遂以为姓。"[③] 又《周书·百济传》载：百济者，其先盖马韩之属国，夫余之别种。王姓夫余氏。[④] 可知因其王族源自夫余，故以部族名或国名为姓氏。

这一转化关系使得在族称、国称、氏族名、部族名、姓氏及所处地域名称之间形成了一个相互动态转换的网络。其中姓氏与地名这两个要素的相对稳定性又使得该网络也具有了相当的稳定性。这一既动态转换又相对稳定的网络为我们深入讨论族源谱系提供了新的可能。

为了说明这种既相对稳定又动态转化的网络，我们将构建一个模型，本文将该模

---

① 如聂鸿音先生就是利用音韵学和汉语方言学方法对"女真"一词的语音给予了非常合理的解释。参见聂鸿音：《"女真"译音考》，载《宁夏社会科学》，2011（5）。

② 参见唐晏、黄维翰、金毓黼：《渤海国志三种·渤海国志长篇》卷十九《丛考》，662页，天津，天津古籍出版社，1992。

③ 唐晏、黄维翰、金毓黼：《渤海国志三种·渤海国志长篇》卷十九《丛考》，662页，天津，天津古籍出版社，1992。

④ 参见（唐）令狐德棻等：《周书》卷四九《百济传》，886页，北京，中华书局，1971。

型命名为 S- 理想化模型，其基本图示如下：

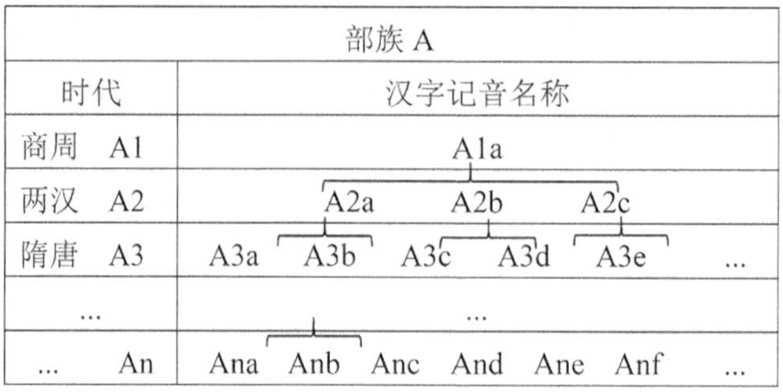

部族 A						
时代	汉字记音名称					
商周　A1	A1a					
两汉　A2	A2a	A2b		A2c		
隋唐　A3	A3a	A3b	A3c	A3d	A3e	...
...			...			
...　An	Ana	Anb	Anc	And	Ane	Anf ...

图 1　S- 理想化模型

模型中 A 为部落自称，阿拉伯数字为时代先后标记，小写拉丁字母为同一时代不同汉字记音词标记。例如 A3e，即 A 部落在第三个时代的第 e 种名号。这一所谓名号可能是族称、国称、氏族名、部落名、姓氏及所处地域之名，也有可能同时是其中两种或以上的所指。

这一理想化模型意在说明某 A 部落，在第 n 代有若干种汉字记音名号，这些名号在共时平面上所指或不同，但其都来第 n-1 代的若干种汉字记音名号的历时分化；第 n 代的任何一种汉字记音名号都存在进一步历时地分化成为第 n+1 代的若干种汉字记音名号的可能。至于第 n 代的某一种具体汉字记音名号会历时地分化为第 n+1 代的一种或多种汉字记音名号，抑或消失都是可能的。但任意第 n 代的若干种名号的所指，均与该 n 时代的 A 部落或其子遗直接相关。我们认定该理想化模型内的所有 Ann 名号都是同源的。

那么，对于以上同源的汉字记音名号，同为第 n 代内的不同名号可能仅仅是所用记音的汉字的不同，导致前述构拟的语音有所差别，会让不熟悉该地区历史、族群背景的人摸不清头绪，进而或者误认为它们之间没有相关性，或者将它们与不相关的汉字记音名号乱相比附。而以汉语音韵学、历史语言学为工具，结合满语、东北史，就可以以语音变化规律为主线，将上述汉字记音名号中相关名号，按照语音关系排列成一个语音关联网络或语音谱系树，这便是一个基础网络。将若干个构建出的基础网络，以历史、考古等材料为依托相互连接为一个更大的网络，并以此作为一种基础材料。为进一步的讨论和研究打下基础，对满洲族源谱系的建构与满洲姓氏源流研究是大有助益的。

（二）满语材料的词族化处理

要解决满洲族源谱系及其姓氏源流问题，离开满语文是不现实的。但是，对于满语材料——主要是清代辞书——的利用方式决定了其所能发挥的作用，仅仅依靠查询双语词典，检索词汇的共时语义来进行研究是对这部分材料的浪费。因此我们提出以"词族化（gargata gisun be mukvlara）"方式加以处理，可以使这类材料为我们提供更多的有益信息。

对于"词族"的定义各家有所差异。瑞典汉学家高本汉在《汉语词族》一文中提出了"词族（word family）"这一概念，即指汉语内部，某一词根、语素、音素以及由这一词根、语素、音素直接或间接派生出来的所有词的总和。徐通锵先生认为，同族词是一个语言内部的构词法问题，主要是根据语音交替的方式去追溯某一族词的形成过程及其所从出的原始形式。先建立词族，后进行比较，是汉藏系语言的历史比较研究不同于印欧语的一个重要特点。[1] 董为光等在《汉语和侗台语的亲缘关系》一文中认为词族的比较研究有三个好处：一是能选择可靠的、来源最早的比较材料；二是可以在语音、语义方面"进行尽可能接近真实的复原"；三是可以排除借词的干扰。[2] 笔者在充分认识满语特征基础上提出：引入词族概念，将满语词汇词族化，再进行比较研究。这一方法可以成为我们打开满洲族称源流历史、语义及姓氏起源问题的一把钥匙。未来在满 – 通古斯语族语言的历史比较研究中，或亦可发挥作用。

对于汉藏系语言比较研究，严学窘在《谈汉藏语系同源词和借词》一文中，根据"语音相似""词义相通""形态相符"三条原则来寻找侗台、苗瑶和汉语的同源词。[3] 而我们根据满 – 通古斯语族的特点，提出了构建满语词族的原则。

原则一，语义相关。梅耶在论述历史比较法的证明时指出，除了语音规则上的对应以外，意义方面的相符也应当同语音上的相符同样精密。[4] 而且需要注意的是，在没有语义相似予以支撑的情况下，仅依靠语音对应建立的词汇关联是不充分的。例如，katu-n（强壮的、硬朗的）：katu-ri（螃蟹），它们不但语音相关，而且语义上的关联使它们的同词族关系更为紧密。

---

[1] 参见徐通锵:《历史语言学》，68—70 页，北京，商务印书馆，1991。

[2] 参见董为光、曹广衢、严学窘:《汉语和侗台语的亲缘关系》，刊在日本 Computational Analyses of Asian and African Languages，March，1984，pp.105–121。

[3] 参见严学窘:《谈汉藏语系同源词和借词》，见《江汉语言学刊》第一辑第 4 页。转引自徐通锵:《历史语言学》，69 页，北京，商务印书馆，1991。

[4] 参见［法］梅耶:《历史语言学中的比较方法》，岑麒祥译，38 页，北京，世界图书出版公司，2008。

原则二，词根稳定。作为一种无前缀、中缀，只有后缀的黏着语，满语主要通过在词根或者词干上不断地添加构词、构型后缀来实现派生。因此，一个满语单词中越靠前的音节越原始，越靠后的音节产生的越晚近，进而我们可以推断其词干的稳定性，从前到后呈现逐渐减弱的趋势，而其词根在可考察的范围内是相对稳定的。基于此，在满语词族的建立中，越靠前的音节、音素的对应性和相关性越强，参考意义也越大。

在考虑词根问题时，应着重考虑满语中语素结合的规律。这包含着许多具体的部分。比如满语是以后缀为主要词缀类型的黏着语，因此每一个单词的词根一直位于单词的前部音节中。再者比如要充分利用满语各词缀与词根结合时的规则，许多规则依托于对其相关词族的观察和分析，如语义功能上与词缀 –la 相似的 –na 是规律性地出现在辅音 ng 之后的，因此可以分析出词缀 –na 是 –la 在辅音 ng 之后的异语素，进而可以利用这一规则对其他的单词进行分析，完善满语的词族构建。

原则三，语音对应。通过元音、辅音的交替构造新词是满语常见的构词形式，因此，存在元音、辅音交替关系，且其语义相关、相近乃至相同的词对儿、词群是我们考察的重点。

元音交替是满语的一种重要构词方法，即通过把一个词语的全部或部分元音替换为其他元音，派生新词的方法。根据发音部位和发音方式，可将元音交替构词分为不同类型，而语音对称、语义相关是元音交替构词的显著特点。[①] 如 haha（男人）[②]：hehe（女人）；ama（父亲）：eme（母亲）；amila（雄）：emile（雌）；等等。

掌握音系的历时变化对词族的构建至关重要，满语中部分单词词首 s，对应鄂温克语以及蒙古语当中的辅音 t，这种辅音 s 和 t 的历时变化反映在了满语的内部，因此可以看到许多词首 si 和 qi（qi 源自于 ti 当中 t 的颚化）的对应，比如 qihin（厩）：sihin（房檐）；qilimbi（抽泣）：sirimbi（擤鼻涕）；qilba（同名）：silba（同名）；qi（缝隙）：si（缝隙）；seferembi（揪）：xoforombi（抓）：soforombi（掬）；等等。

si be inu qi seme gisurembi.[③]（把"si"也称作"qi"）说明古人也认识到这种对应关系，但尚无法予以解释。这也是 s：q 在词首对应的一个不错的例子。

因元音交替、语流音变、历时性音变、元音逆同化、元音顺同化、方言差别等多种复杂因素的影响，满语元音的变化相对较快、较复杂。因此，在词族构建中，应将辅音的相关性和对应性放在首要考虑的位置。

---

① 参见长山、季永海：《满语元音交替构词法》，载《民族语文》，2017（4）。
② 本文涉及的满语词汇主要参考自胡增益先生主编的《新满汉大词典》，并且多数词与《御制增订清文鉴》进行了互相参照。参见胡增益：《新满汉大词典》，135 页、672 页，乌鲁木齐，新疆人民出版社，1994。（清）高宗弘历敕撰：《御制增订清文鉴》（殿刻本，1771），中央民族大学图书馆藏。
③ （清）高宗弘历敕撰：《御制增订清文鉴》（殿刻本，1771），中央民族大学图书馆藏。

（三）满洲姓氏材料及其名号簇处理

"满洲姓氏材料"专指《钦定八旗满洲氏族通谱》（以下简称《通谱》）、《皇朝通志·氏族略》（以下简称《氏族略》）、《钦定八旗氏族通谱辑要》（以下简称《辑要》）、《钦定八旗通志·氏族志》（以下简称《氏族志》），合称"谱略要志"。

《通谱》[①]为乾隆初敕纂，乾隆九年（1744）十二月校刊，是一部满洲姓氏全录。若将伊尔根觉罗、舒舒觉罗、西林觉罗、佟佳觉罗（又作通颜觉罗），及附载于卷十八《雅尔湖地方通颜觉罗氏》之后的阿颜觉罗、呼伦觉罗、阿哈觉罗、察喇觉罗四姓算作同姓，则《通谱》上篇共载满洲姓氏 638 个。

《皇朝通志》，又称《清朝通志》，修竣于乾隆五十一二年间（1786—1787），首列《氏族略》十卷，在《通谱》基础上增补满洲姓氏 33 姓，其中卷一首列"国姓爱新觉罗"，共计收录满洲姓氏 678 姓。[②]

《谱略要志》是前后相沿、补充、修订、择要的关系，因此本文重点关注《通谱》之满文本[③]。其所载满洲姓氏的满文拼写，与《御制增订清文鉴》成书于同一时代，属于共时的同一语言系统的语音资料。因此，可成为比较、构拟的基础材料。

对于满洲姓氏材料，我们的处理方法主要有三个。

一是合宗并派。所谓合宗并派就是将有一个氏族不断分化而成的若干姓氏合并到一起来考虑。人口增长、地理环境局限、社会管理需要、迁徙、战乱等因素促使氏族、部落不断分化。即由一个氏族分化出两个氏族，并进一步分化出多个氏族，由一个部落分化出两个部落，并进一步分化出多个部落。这些分化出的氏族、部落，最初或许会继承原氏族、部落的名号。但随着时间的推移，语音的历时变化，及其在共时层面的反映（即方言），原本相同的氏族名称、部落名称、姓氏等也随之不同。这种分化导致出现了一个同源名号簇。对同源名号簇，必须要合并分析，不能孤立分析。

除去上述语音自然变化以外，伴随着氏族、部落的分化，人们会有意识地对其名称进行区分，我们推测这种有意识的区分主要是通过语音交替构词与后缀派生构词来实现的。语音交替构词主要是上文所述"元音交替构词"的方式来实现氏族、部族名称的区分；后缀派生构词是通过添加、改变族称后缀的方式来实现氏族、部族名称的区分。在实际操作上，我们将这类分化而成的名号也归为一个同源名号簇。

---

① （清）鄂尔泰等纂：《钦定八旗满洲氏族通谱》（清乾隆武英殿本），沈阳，辽海出版社，2002。

② 徐凯：《满洲氏族、谱系文化与本部族认同初探（二）》，载《辽宁大学学报（哲学社会科学版）》，2012（6）。

③ （清）鄂尔泰等纂：《钦定八旗满洲氏族通谱》（满文本，1744），中央民族大学图书馆藏。

　　姓氏的分化和区分则主要是通过"定中结构"进行区分，即在姓氏词的前面加上地名或者修饰性词语的方式进行区别，如伊尔根－觉罗、舒舒－觉罗、西林－觉罗等诸觉罗氏，又如苏完－瓜尔佳、乌拉－瓜尔佳、叶赫－那拉氏、辉发－那拉氏等。对于此类定中结构名号，我们主要考察其"中"部，其"定"部留做他用。

　　二是远推根源。所谓远推根源，一方面在合宗并派的基础上，考察同一个名号簇内部的关系，反推构拟出其原始名号；另一方面通过语义将语音表面关系不明晰的名号联系起来，以一个构拟的原始名号为中心，构建一个名号簇。

　　试举例说明：

表 1　niuhe 名号簇

编号	姓氏满文	汉字记音	出处	关联
01	niuhe	钮赫氏	《通谱》卷五十八	
02	niuhere	钮赫勒氏	《通谱》卷四十六	
03	niuhuru	钮祜禄氏	《通谱》卷五	
04	iuhuru	佑祜鲁氏	《通谱》卷五十	*niuhe/niuxə/–
05	iuihuru	裕瑚鲁氏	《通谱》卷四十六	
06	niuhute	钮瑚特氏	《通谱》卷五十八	
07	*/niuɣieilĭɛ/	女奚烈	《金史·金国语解》	

　　niuhe：niuhere 是附加词缀派生；niuhere：niuhuru 是元音交替；niuhuru：iuhuru 是首辅音脱落；iuihuru：iuhuru 是元音异化；niuhuru：niuhute 是附加词缀更替。该名号簇或自 niuhe（狼）派生，或经 niuheri（狽）派生而来。又，清代钮祜禄氏多改汉姓郎，盖因"狼"与"郎"字同音，是以为姓；《金史·金国语解》载女真姓氏"女奚烈曰郎"，可佐前证。因此将其构成一个名号簇。其词源是 *niuhe-，意为"狼"。

表 2　heje 名号簇

编号	姓氏满文	汉字记音	出处	关联
01	heje	赫哲氏	《通谱》卷六十五	
02	eje	额哲氏	《通谱》卷六十二	
03	hejiri	赫济理氏	《通谱》卷五十八	
04	heqila	何齐拉氏	《通谱》卷六十二	heje-
05	gejile	葛济勒氏	《通谱》卷四十五	
06	gejin	格晋氏	《通谱》卷六十	

h：g，i：e，r：l，-ø：-n，j：q，ø-：h-，均为满语中交替构词的常见形式，不再赘述。又 gejile（葛济勒氏）今天仍是赫哲族大姓。因此推断该 heje 名号簇俱是彼时满族赫哲部，以部族为姓氏，又历代相沿分化而来，到乾隆朝存六姓。

越是在历史上影响力大的族群或古国，因其人口众多、文化影响力大，历史传承相对稳定，越易于在其融入的族群的语言和姓氏上留下印记。东北亚地区存在过的古代氏族、国家、姓氏，或外来族群，每当有人口参与到明代女真族群的形成中，就有可能在满族中留下与其相应的姓氏。如下表中 03 至 08、09、10 所示。

表 3　与族称、地名有关的满洲姓氏示例

编号	姓氏满文	汉字记音	出处	关联
01	keyen	克音	《通谱》卷五十五	以地为姓氏。"开元"原为东夏国都，元代迁址至今辽宁开原（keyen）
02	jusiri	朱锡理	《通谱》卷六十	以族称、部族称为姓氏 juxeri（朱舍里部）、juxen（女真）
03	monggolji	蒙古尔济	《通谱》卷五十一	以族称、部称为姓氏 -ji/-so/-qu/-ro/-zi 或为标人派生词缀，或为复数标记。加于 monggo（蒙古）上派生或直用为姓氏 或为元明时蒙古人融入女真的过程中形成的姓氏
04	monggoso	蒙鄂索	《通谱》卷五十七	以族称、部落名称为姓氏 -ji/-so/-qu/-ro/-zi 或为标人派生词缀，或为复数标记。加于 monggo（蒙古）上派生或直用为姓氏 或为元明时蒙古人融入女真的过程中形成的姓氏
05	monggoqu	蒙古楚	《通谱》卷五十七	
06	monggoro	蒙鄂络	《通谱》卷五十八	
07	monggozi	蒙果资	《通谱》卷六十二	
08	monggo	蒙果	《通谱》卷六十二	
09	heje	赫哲	《通谱》卷六十五	以族称、部族称为姓氏 与赫哲族称（heje）同 [1]
10	dahvri	达瑚理	《通谱》卷六十一	以族称、部族称为姓氏。 与达斡尔族称（dahvr）同

古代名号汉字记音材料、满语词族材料、满族姓氏材料，可以作为满族族源谱系与满族姓氏源流研究的基础，将三者进行互相比对，再结合东北地域的历史脉络、部族和姓氏的地理分布、人口迁徙与变迁、地理环境与生产生活方式、考古学相关成果等知识进行考察和探讨，以使我们的研究和认识更加接近历史真实。

三、辅助性方法

除上述三种材料及其处理使用方法外，为了使本研究所得结果更加科学可靠，我

---

[1]　庄吉发：《谢遂〈职贡图〉满文图说校注》，184 页、185 页，台北，"故宫博物院"，1989。

们提出以下辅助性方法。

（一）把握本姓改"汉字姓"规则作为名号语义的重要抓手

满族语本姓改"汉字姓"是有其可探索的规律的，通过对其规律的把握，可以显著提高姓氏语义探索的成功率。

满族本姓改汉字姓主要有三种方式。

第一种，意译民族语本姓为汉语，并选用同义或同音、谐音汉字单字为姓。如，本姓"散答""萨克达"，语义为"老"，遂以汉字"老"为姓，此外也会或因汉人无"老"姓，或因"老"字为姓不雅，遂取谐音"骆""罗""礼"为汉字姓。又如，本姓"女奚烈""钮祜禄"，语义为"狼"，或因汉人无"狼"为姓氏，或因"狼"字为姓不雅，遂取同音"郎"字为姓。此外，如本姓"萨察"，意为"盔"，遂取谐音字"隗"为姓，本姓"宁古塔"，意为"六"，遂取谐音字"刘"为姓；本姓"乌雅"，意为"猪"，遂取同音字"朱"为姓。不胜枚举。

第二种，音译民族语本姓，并选取首音节同音、谐音汉字为姓。如，本姓"舒穆禄""舒舒觉罗"，取首音节同音汉字"舒"为姓；本姓"富察"取首音节同音汉字"富""付""傅"为姓；本姓"董鄂"去首音节同音汉字"董"为姓。又如，本姓"瓜尔佳"，因首音节同音汉字"瓜"不美，随取首音节谐音汉字"关"为姓。[①] 皆属此类。

第三种，以某代祖先民族语名首音节同音、谐音汉字为姓。此类情况在清末民初较为典型，但与本文关系不大，兹列于此，不举详述。

三种改汉字姓的方式中，第一种，即按本姓语义改汉字姓是金代女真改汉字姓常见方式；第二种，即按本姓首音节改汉字姓是清代满族人改汉字姓常见方式。此种差异是因为随着历时的语音变化，距离姓氏产生的年代越久远，后世族人对本姓的本义的记忆越模糊。亦即，越早改汉字姓，其汉字姓与本姓本义的语义关系越密切。因此，我们可以通过研究本姓的语义，使其与满语一般词建立联系，进而将这部分名号专名纳入词族之中，可以推动对姓氏、部族、古代国家、古代族群之间的关系的探索。

（二）将同源词及词源研究作为名号研究的有益补充

同源词及词源研究应作为名号研究的有益补充。"同源词与同族词不是一个概念，同族词是一个语言内部的构词法问题，而同源词则是根据语音对应规律去追溯不同语言（或方言）的亲属关系和发展规律。"[②] 针对本研究所涉及词汇，必须要区分其是满－通

---

① 参见刘小萌：《清代满人的姓与名》，载《吉林师范大学学报（人文社会科学版）》，2014（1）。
② 徐通锵：《历史语言学》，68页，北京，商务印书馆，1991。

古斯语族内部产生的，还是从其他语言借入的。

"任何一种环境中的原始社会的居民对他们的环境以及与他们赖以生存的对象都有极细致的观察和用词上的分辨。人类早期社会使用的语言，更多的词语是直接围绕着他们的，与其生活息息相关的具体词汇，随着社会文明的发展，抽象的概念用得越来越多。"① 因此，我们在认识夫余、秽貊、高句丽的语言以及靺鞨、女真、满－通古斯诸语的具体单词是自源还是借源时，需要考虑上述诸语使用者的生存环境及其历史时期。也就是说，我们必须充分考虑古代长白山、松花江、黑龙江地域的自然环境、动植物品种、该地区人类的生产生活方式及其历时变化。

克劳森（J.Clauson）和 A. 罗纳－塔斯（Andres Rona–tas）针对如何判断阿尔泰语系诸语中的借词提出了一些有益的建议。② 在实际操作中，长白山地域的古代族群，其语言中的借词主要有两个源头：一是汉语，这是其与中原王朝的密切交流造成的；二是草原族群语言，这当然也是其与突厥、契丹、蒙古等族群的互动造成的。正如吴安琪《历史语言学》一书所说："参照借方与贷方语音和形态的历史，同源词和借词是可以区分的。不同历史层次的借词在借方和贷方中的历史不一样，也可以区分的。同源词（或同源词根）与借词的区别除了可依据语言以外的情况判断外，主要依据词的语音和形态的历史追溯来判断。语言（甲）中的借词从借入那一刻开始就成为这种语言的词，按照这种语言的语音和形态的规定来表现。""当借词在一种语言中扮演了重要角色后，往往迫使原有的同义词扮演另一个角色，甚至不再担任任何角色而失去。""如果不是尽量地把词的来历搞清楚，研究就会成为一团乱麻，所得出的结论也不能令人信服。"③

（三）识别后缀以推动名号簇的构建

满语名号经常是带有后缀的，这些后缀是一种区别标志，有时也带有语法意义。识别出这些后缀，不仅有利于我们判断一个名号是自源的还是他源的，也有利于我们构建起名号簇。他源名号总是会在进入满语时发生归化现象，如俄国学者史禄国在清末对满语群体的调查中，就记录到"事实上，满族人也说，他们普遍把汉族姓氏加上满语词缀（例如，后缀 –ju）后运用""满族人只需要多多少少把汉族家族姓氏'满化'一下就可以为己所用了"。④

---

① 吴安琪：《历史语言学》，85 页，上海，上海教育出版社，2006。
② 参见王远新：《突厥历史语言学研究》，20—23 页，北京，中央民族大学出版社，1995。
③ 吴安琪：《历史语言学》，86—88 页，上海，上海教育出版社，2006。
④ 参见［俄］史禄国：《满族的社会组织》，高丙中译，刘小萌校，42 页，北京，商务印书馆，1997。

需要注意的是，名号后缀不是凭空产生，其来源绝大多数是和一般词汇后缀一致的，个别未在一般词汇后缀中出现的，大约也是消失在了历史中。为了让这种后缀识别具有可操作性，本文将前期研究成果中确认的与满洲族源谱系与满洲姓氏源流研究密切相关的后缀列于下，以供参考。

表4　名号研究常见后缀

编号	后缀	功能	可能来源	例
01	–kA/gA/hA（A=a/e）		①与满语 hala/χɑlɑ/（姓氏）密切相关②与汉字"家"相关	*wudika（<*/wutʰi/<weji）兀狄哈①
02	–kiyA/–giyA/hiyA（A=a/e）		来自01	daigiya（<*daika）戴佳 tunggiya（<*tungka）佟佳 magiya（<*maka）马佳②
03	–lA/–rA（A=a/e/i/o/u）	①区分同源名号②归化他源名号	待考	niuhe 钮赫氏 >niuhe-re 钮赫勒氏
04	–du/–tu		待考	nam-tu 那木图氏 nam-du-lu 那木都鲁氏 *namtu 南突氏③
05	–tA/–sA/–qA（A=a/e/o）		名词复数后缀	monggo-so 蒙鄂索 monggo-qu 蒙古楚

限于篇幅不能尽述，别文另详。

以上词缀的识别和判定，也与上文提到的满语词族的构建密切相关。满语的词缀识别还有较大的可以深化的空间，而且越是古老的词缀，其识别就越发困难，但也相应地对于我们的工作而言更加重要。

四、结束语

本文围绕满族族源谱系建构与满族姓氏源流研究，提出了以满语作为研究基础语

---

① 《金史》卷二十四志第五地理上载有"金之壤地封疆，东极吉里迷兀的改诸野人之境"，其中有"兀的改"一称，亦被写作"乌底改"。刘肃勇：《金世宗对金源故地的经略》，载《黑龙江民族丛刊》，2009（1）。元代也有"兀的厄""兀的哥"等称呼，参见杨茂盛：《关于元代兀者的名称、分布与族属问题》，载《中央民族学院学报》，1989（4）。朝鲜《李朝实录》中有多处关于女真部落"兀狄哈"的记载；现代俄罗斯境内有满-通古斯语部族"乌德盖"，又记音为"乌德赫""乌迪赫"等。参见孙运来：《俄罗斯远东地区的乌德盖人》，载《世界民族》，2002（1）。
② 《通谱》卷七马佳氏（magiya），卷十九、卷二十佟佳氏（tunggiya），卷二十九戴佳氏（daigiya）。参见（清）鄂尔泰等纂：《钦定八旗满洲氏族通谱》（清乾隆武英殿本），沈阳，辽海出版社，2002。
③ 《通谱》卷二十一那木都鲁氏（namdulu）、卷六十五有那木图氏（namtu）；朝鲜史料《龙飞御天歌》记"南突兀狄哈则速平江南突阿剌哈伯颜"，"南突"为一女真部族集团。参见董万伦：《〈龙飞御天歌〉记东女真姓氏及部族移动、合流研究》，载《黑龙江民族丛刊》，1994（3）。

言，以历史语言学为主的研究方法，并明确了围绕该方法具有价值的相关语音材料及其处理使用方法。首先需要明确的是，任何试图将这些问题简单化的方式，都有可能会导致我们离问题的真相越来越远，因此本文提出并强调了三种语音材料的价值及利用方法，即汉字记音名号材料及其 S- 理想模型处理、满语材料词族化处理以及满洲姓氏材料及其名号簇处理。多元的材料的存在反映了历史的复杂性，而对这些材料的充分利用必然更加有利于对族源谱系建构的研究。

三种语音材料的交集既是深入满语的历时研究，也将其与历史的研究充分结合。汉字音译材料和满洲姓氏材料，是脱离于语言自身的语言化石，而词族的构建，是存活于语言内部的语言化石，本文提出的历史语言学的研究方法即是对这些化石资料的研究方法。

本文围绕以上材料列举了一些示例，在对一些示例的分析中可以发现，对汉字记音的灵活运用，对满语音系的历时研究，对满语构词法的研究，对满族、部落、氏族发展中规律的探索等，这些方法缺一不可。本文希望通过提出围绕历史比较语言学的研究方法，能够在满洲族源谱系与满族姓氏源流的研究中，挖掘出更大的空间，并呼吁围绕满语的历时研究能够日益深入、完善，与历史的研究相呼应，落实到更为科学的研究方向里。

清代满族契约研究

交易与组织：清代中国的两种契约类型

徐忠明 *

摘　要：法律的基本功能是解决问题，维护秩序。由于国家能力与解决问题方式的差异，就产生了各国法律体系的不同模式。清代中国本着"抓大放小"的制度设计原则，国法关注的大问题是政治统治、赋税徭役与秩序安宁；国法剩余的小问题即日常生活与经济交往，大多由习惯与契约来维系。传统中国的契约可分两种类型，一是交易型契约，包括买卖、租赁与借贷等；二是组织型契约，包括家族规约、合伙规约与村落规约等。这两种类型的契约，不只填补了国家立法遗留的空白，而且维护了社会秩序的运作。

关键词：清代中国；契约类型；交易；组织

一、问题意识与研究视角

一直以来，有一种流行的意见认为，传统中国的民事法（包括契约法）之所以不发达，是因为农耕经济占了主导地位，而商品经济则处于边缘地位，仅起拾遗补阙的作用。另一种更为极端的看法认为，传统中国压根儿就没有民事法。

上述看法，在某种程度上暴露出了意见持有者"西方中心主义"或"自我东方主义"或"概念化"的思维方式。如果从民法典的角度来讲，英美同样没有，可是没有人会认为英美没有民事法，因为判例法中的民事规则，同样是民事法。这意味着，关于民事法的形式化的定义与标准，实际上是难以涵盖"民事法"的实质形态的。因此，考察传统中国的民事法，我们必须转换观察问题的视角或方法，采取中国本位的实质化的视角。只有这样，我们才能有效进入传统中国的"民事法"领域。当然，这种视

---

* 徐忠明，男，中山大学法学院教授，博士研究生导师；研究方向为中国法制史、中国法律思想史和法律文化。

角转换，也意味着学术研究者自主性的觉醒。

二、清代中国的国家与社会

我们知道，20 世纪 90 年代，随着东欧社会主义阵营的解体，关于市民社会与国家关系问题的讨论，不仅在西方学界成为热点，而且对我国学者也产生了巨大影响。其时，讨论古今中国的"国家与社会"的话题，一下子盛行了起来。梁治平教授的《清代习惯法：社会与国家》一书的出版，可谓例证之一。

（一）基于国家的视角

我们首先要问：清代中国的皇帝与官僚，他们最为关心的统治或治理的问题是什么？毫无疑问，是统治权力的稳固，是社会秩序的安定。那么，又如何实现这一政治意图呢？首先，基于农耕社会的经济约束以及随之而来的财政约束——深受儒家"薄赋轻徭"意识形态的影响，均决定了政府架构与官僚配置的规模不大、人数不多，即采用"小政府"或"守夜人"的制度模式。瞿同祖在《清代地方政府》[①]中指出，州县衙门是"一人政府"，其理由不外乎如此。其次，对于地方治理来说，国家受到了空间规模（大小和地形）与技术因素（交通设施、通信网络）的约束，难以直接深入乡村。再次，信息交流的渠道与方式，一是与官员具有同一教育背景和价值观念的乡绅，二是在日常治理过程中与州县进行"沟通"的地方人员（诸如保甲、里甲、乡约、地保或地方等），三是负责与地方社会进行"交涉"的那些"民之在官人员"的胥吏和衙役。最后，上述人员的设置，既是制度化的，也是不可能完全制度化的。这些人员既是足够的，又是严重不足的。这意味着，清代国家基础权力的设置难以真正落实国家的统治或治理的意图。

在上文所说的"国家能力不足"的情况下，为了实现国家对于地方治理的意图，只能采取"抓大放小"的制度设计原理。① 这就是为什么国家律例关注的重点是犯罪问题，制定的更多是刑事法，而对于民事法的措意不够、条文不多的原因之所在。②即使国家律例涉及了民事法，其关注点也是在交易过程中出现的欺诈、强买强卖、盗买盗卖、过割赋税诸问题，而不是现代民法典或契约法关注的那些问题。③由于国家没有足够的资源（行政成本和人力资源）去关注这些问题，也就难以做出相应的法律规定。这是因为，如果国家制定了相应法律，而又没有能力予以实施，不就成了国家自行将它们视为"一纸空文"了吗？这不就是国家在"瓦解"自己制定的法律了

① 瞿同祖：《清代地方政府》，范忠信、晏锋译，北京，法律出版社，2003。

吗？而其结果，也难以让百姓养成守法的观念，百姓根本就不可能认为这些法律是重要的，是必须遵守的。也就是说，国家如果制定自己没有能力实施的法律，这近乎是自毁"法律之治"的长城，也是愚不可及的行为。④在司法制度设计上，之所以答杖以下的词讼案件采取州县自理模式，徒罪以上案件适用审转程序模式，说到底也就是"抓大放小"的意思。小案件由牧令自行料理，可以自由裁量，只要"案结事了"或"摆平理顺"即可；而大案件则必须通过不惜成本的层层审转程序，一是为了实现"慎刑"理念，二是为了避免冤错案件，三是为了控制官员，四是为了实现法律统一。这样一来，既可满足参差不齐的地方社会实际情形的需要，又可实现国家法律统一实施的需要。其结果是，法律秩序的统一性与多样性，法律实践的普遍性与特殊性，都能得到相对满足。这无疑是一种很体现出实践智慧的制度设计的原理。当然，在法律实践中究竟是否达到了预期目的，取得了理想效果，则是另一个问题。

（二）基于社会的视角

俗谚"百里不同俗，千里不同风"足以说明，那些未能纳入国家法律调整的社会问题，须靠风俗来调整；推而广之，地方社会的日常互动与交往秩序必须靠风俗来维持。俗谚又说"一遭情，两遭例"或"十法九例"，即意味着百姓在日常生活中进行的人情交往，随着交往次数的增加，将会形成风俗或惯例；如果某些风俗或惯例足够重要，就会被纳入到国家的法律之中，或者成为地方立法比如"省例"的一部分。学者熟知的"典当""典权"之类的国家律例，原先都是社会习惯。但是，它们都渐次成了地地道道的民事法或契约法。另一方面，那些仍然留存在地方社会里的风俗或惯例，则继续以其原来的样态发挥建构和维持社会秩序的作用。第三方面，作为建构和维持交易秩序与组织功能的各种契约，除了以习惯为基础，同时也是当事人之间的约定。这种"约定"，不一定要以习惯为基础，只要当事人之间意思表示的合意即可。这时，我们既看到了社会习惯与国家律例之间的差距，又看到了社会习惯与国家律例之间有效的互动与整合，同时还看到了当事人之间就交易与组织事项的合意。签订契约，就是为了"锁定"他们之间的合意。因此，对当事人来讲，契约就是他们之间的"法律"，可以被强制执行。如果当事人不愿意履行，对方当事人就可以请求地方衙门予以强制执行。实际上，如果我们从民间社会来考察，在日常生活和交易过程中国家法律可能只是一种背景或座基，习俗或惯例才是引导和约束他们行为的具体而微的规则，契约则是他们建构各种关系的工具。或者说，国家法律止步的地方或留下的空间，便是习俗或惯例起步的地方或填补的空间，两者相辅相成。可以说，如果不了解风俗、习惯与契约，我们基本上没有办法理解民间社会秩序的结构与特色。

三、交易型契约与组织型契约

欧洲中世纪的封君与封臣之间签订的政治性契约（宪章），城市独立运动产生的政治性宪章——源于城市与国王、领主以及教会之间签订的契约。美国法学家罗斯科·庞德《法律史解释》①所谓的"现代契约精神"的中世纪根源这种说法，一个重要来源，恐怕就在于此。这类"宪章"，可以启发我们思考春秋战国时期诸侯各国之间签订的政治性盟约、汉初"约法三章"、唐初"约法十五条"之类的君王与父老之间的政治性契约。这里，君王是首倡者，民众（父老）是唱和者。只是这类"盟约"与"约法"更多是政治策略，而不是作为"宪制"意义的国家统治或皇帝权力的正当性或合法性的基础。此外，韩非曾说君臣之间是"市道"的关系，即君授予臣以爵禄，臣供给君以才知的一种交易。若然，君臣之间似乎也是一种契约关系。不过这种说法根本代表不了传统中国意识形态的核心价值。据此，我们均可搁置不谈。

（一）交易型契约

其一，虽说清代中国仍然是农业主导的社会，但是由于作为生产资源基础的土地，已经部分私有化了，诸如租赁、典卖、绝卖已经成为非常普遍的社会现象与契约实践。这些关系的建构，免不了要签订契约。其二，无论店铺、货栈抑或民居，均存在着租赁现象。这些关系的建构，同样免不了要签订契约。其三，日常生活中的各种买卖与借贷，也同样要靠契约来建立"信用"关系。其四，买卖奴婢、雇用劳力、聘请教师和幕友以及缔结婚姻，也都必须签订契约。之所以签订契约，无非是为了方便执行，确保交易安全，维护交易秩序，从而避免可能产生的争执与诉讼。

（二）组织型契约

其一，家规族法。家族组织的基础，虽然源于血缘，但是家族成员的来源，并不完全基于血缘，也可以通过契约形式建构家族关系，比如"收养"和"立嗣"之类。至于家规族法的制定，看起来更像是家族长老或各房之长的单方行为，与族众无关，但实际上，家规族法的制定，仍隐含了长老们或房长们的"沟通商谈"与"集体同意"的契约色彩，至少也是通过"首倡与唱和"的程序，②才能达成决策，形成共识，制作文书。就清代中国普遍存在的"各房"轮流管理族产的模式而言，其契约特色更为明

① ［美］罗斯科·庞德：《法律史解释》，邓正来译，北京，商务印书馆，2016。
② ［日］高见泽磨：《现代中国的纠纷与法》，何勤华、李秀清、曲阳译，北京，法律出版社，2003。

显。其二，为了从事贸易和买卖，商人成立的商业合伙之类的组织，也是采用契约来组织；董伙之间的雇佣关系和权利义务，也同样是通过契约来建构。各地商会之所以拥有解决纠纷的权力或职能，实际上是商人通过"谈判"达成的合意和约定，然后再以"章程"的形式加以规定。其三，城厢和乡村的各种长期或短期（临时）的组织，诸如水利、防盗、结社等，无不是通过契约来建构与运作。顺便指出，这类契约的合法化，不仅是相关人员的合意，在一定程度上还要向州县衙门履行"报备"手续，也是一种增强合法化的手段。

四、结语

综上所述，我们可以大致看出，在清代，名目繁多的契约，渗透到了社会生活的各个方面。笔者以为，法律之所以存在，主要是为了解决现实社会存在的各种问题，诚如梁漱溟先生所说，法律不过是给社会生活一个走得通的法子。[①] 就此而言，如果问题已得到了"差强人意"的解决，社会秩序已得到了基本的维系与运作，也就不可能发展出相应的法律体系。对于清代中国的民事法包括契约法的存在形态与实践作用，我们应该回到历史去看，并且做出相应的解释。

---

① 参见梁漱溟：《乡村建设理论》，上海，上海人民出版社，2011。

清代盛京王庄兑卖押租契约的法律特性研究
——聚焦于研究视角与路径选择 *

摘　要：对契约进行法律、法学内涵的研究，是法律史研究的常用视角之一。对清代盛京王庄兑卖押租契约进行这种研究，恰当的路径是建立能统驭契约内在性质（本质）与外在特征的概念如"法律特性"，并结合法律评价、契约类型、权利义务等概念，形成技术分析框架，利于研究的进行。契约的内在性质（本质）是当事人双方的合意，合意的领域是契约类型，每种类型契约如买卖、典当、租赁、借贷、雇佣、承揽等，都有各自的相应权利、义务的设定（约定）与配置；外在特征指一般性的法律评价，如白契、红契等，及特异性的法律评价，即因特别立法而构成的特异法律环境。不同于民地、民房，清代对旗地、旗房有若干特别立法，旗契也就有了若干特别法律评价，形成了特异的法律环境。采取以契约类型为经，以契约参与人及其权利、义务为纬的论证结构，是揭示契约的法学意涵的适当形式。盛京王庄契约与普通旗人契约、民人契约有许多不同，但也有近似处。相互对照，观察同异，分析流变，仍是将来的任务。

关键词：清代；盛京；王庄；兑卖押租；法律特性；法律环境；权利义务

对古代契约的研究，法律史学者或侧重其历史背景、历史发展的一面，或侧重其法律、法学内涵的一面，两个视角皆不可缺少。对清代盛京王庄契约的研究，如果采取法律、法学内涵视角进行发掘的话，应该选择什么样的路径、概念，方为合适呢？

盛京王庄契约，是指收录于《满族历史档案资料选辑》中的分属于肃亲王府、郑

---

* 基金项目：2019 年度国家社会科学基金重大项目"满族民间历史档案资料整理研究与数据库建设"（项目编号：19ZDA181）阶段性成果。

** 霍存福，沈阳师范大学教授，国家社会科学基金重大招标项目"满族民间历史档案资料整理研究与数据库建设"（项目编号：19ZDA181）项目子课题"满族民间契约整理研究"负责人。

亲王分支三公府和范府（范文程嫡亲及远支后裔）等3个家族，共9件盛京旗地"典、卖、压租契约"。9契的分布是：兑契（典契），范府1件；卖契，范府2件，郑亲王府分支三公府1件；压（押）租契，范府2件，肃亲王府3件。这是今存的、为数不多的王公贵族庄地契约，非常珍贵，值得研讨。不过，在研讨过程中，笔者发现，对盛京王庄契约进行法律、法学内涵的研究，也离不开对其历史背景、历史发展一面的叙列与分析。为此，需要建立一些具有可操作性的分析性概念，才能使这种研究恰当地进行。

一、契约的法律特性等概念的提出

首先，应该建立一个宏观性的契约的"法律特性"概念。契约的"法律特性"，指契约的内在性质与外在特征，用以涵盖契约的内部、外部两方面的内容。

其次，分解契约的"法律特性"概念，对契约法律性质的内在方面，即契约性质、契约本质予以分析。契约性质或契约本质是缔约双方当事人的合意。进一步地，在什么领域达成合意，形成怎样的权利义务关系，就需要突出"契约类型（分类）"与相应"权利义务"概念。买卖、典当、租赁、借贷、雇佣、承揽等不同的"契约类型"，及由此而来的相应权利、义务的设定（约定）与配置，作为契约双方合意的内在意涵，是这里的重要分析概念。因为，契约的这些内容，是内在的，是在其建立或订立伊始，就自然地、内显地具有的——当然是由约定而存在。

最后，分解契约的"法律特性"概念，对契约法律特征的外在方面，即对契约的外部评价予以解读。契约的法律评价，一是指一般性的法律评价，如白契（未税契）、红契（税契）等；另一是指特异性的法律评价，即因特别立法而构成的特异法律环境，如对某些交易禁止与限制的特异法律环境。这里，建立契约的"法律评价"和"法律环境"两个概念，利于观察契约在法律面前的地位。

由此建立的理解契约的多层级的、一系列技术操作概念，包括"法律特性""契约类型/权利义务""法律评价/法律环境"等，会容纳契约在法律内涵方面的不同层面，并使得叙述清晰分明。

二、契约法律特性的外在方面——契约的法律评价

（一）关于一般性的法律评价

1.契约的一般性法律评价的历史——宋元时期的白契、红契

古来就有白契、红契（赤契）之分，因而在这个意义上，也就有了违法、合法之别：官府认可红契，不认可白契，故白契没有法律效力，而红契经过官府认可与盖章，具有法律效力。最早讲白契、红契的，分别是南宋（卖田契）、元朝（买奴契）。

南宋俞文豹《吹剑录外集》："牙契钱者，民间买田宅则投印契书。"北宋嘉祐、宣和间，南宋绍兴、乾道时，其钱之数量皆有变化。后来"大率买产百千，输官者十千有畸，而买契纸、赂吏案之费不与焉，故人多隐藏白契。有以白契告首者，追赏及种种费用外，又倍税焉"①。宋李心传撰《建炎以来朝野杂记》，沿用其说。②俞文豹生卒年不详，据其所说，至少在 1240 年前后，由于契税太高，竟然达到 10% 以上，民人交不起而不经官税契，遂成白契。但据北宋末、南宋初的郑刚中《北山集》卷一《论白契疏》所言："窃见典卖田宅，法限六十日投印，又六十日请契。恐其故违限约，则扼以倍纳之税；恐其因倍而畏，则宽以赦放之限，疑若无弊矣。而其弊今有不胜言者：买产之家，类非贫短，但契成则视田宅为己物，故吝惜官税，自谓收藏白契，不过倍纳而止。遇赦限虽倍纳，犹是虚文，必待家有争论，事涉关碍，始旋行投印。此无他，官无必惩之法，开因循之路而使趋，宜其资豪猾而失公利也。"为此，他提出"尽革"白契的办法，建议朝廷为之"立为信限，出限一日，更不认为交易，钱不追理，业还本主；典卖田宅者，并依条为合同契，一处赴官投印"③。但这似乎也解决不了白契问题。据《宋史·食货志上二》："（绍兴五年）初令诸州通判印卖田宅契纸。自今民间争田，执白契者勿用。"则至少在南宋初，白契问题已经成为一大社会问题，国家开始着手解决。

既然有白契，相对方就应该是红契。

元陶宗仪撰《南村辍耕录》卷十七《奴婢》云："今蒙古、色目人之臧获，男曰奴，女曰婢，总曰驱口。盖国初平定诸国日，以俘到男女匹配为夫妻，而所生子孙永为奴婢。又有曰红契买到者，则其元主转卖于人，立券投税者是也。故买良为驱者，有禁。"元朝获取奴隶有两种途径，一为战俘，二为契买。买卖奴婢因立券投税，加盖官印，故是红契。

2. 最早的契税——东晋的卖券输估

因之，对契约的法律评价的首要方面，是通用于各朝的、一般性的法律评价，即契约是否纳了税，是否违反"契税法"。这一过程，并不是始于宋、元，而应当始自东

① （宋）俞文豹：《吹剑录外集》，见《钦定四库全书》子部十·杂家类三·杂说之属。
② （宋）李心传：《建炎以来朝野杂记》甲集卷十五《财赋二·田契钱》："田契钱者，旧民间典买田宅则输之"，"大率民间市田百千，则输于官者十千七百有奇，而请买契纸、贿赂胥吏之费不与。由是人多惮费，隐不告官，谓之白契。"
③ （宋）郑刚中：《北山集》卷一，《钦定四库全书》集部四·别集类三【宋】。

晋。《隋书·食货志》:"晋自过江,凡货卖奴婢、马牛、田宅,有文券,率钱一万,输估四百入官,卖者三百,买者一百。无文券者,随物所堪,亦百分收四,名为散估。历宋、齐、梁、陈,如此以为常。"大略不区分动产(奴婢、马牛)、不动产(田宅),也不论卖者、买者,更不论是否需要立文券,均一体收税,初始制度如此。此其一。其二,"一万输四百",或百分收四,为4%的税率,则东晋、南朝宋、齐、梁、陈五朝,税率皆较低;至南宋提至10%,确实奇高。其三,交易纳税,自东晋、南朝始,隋、唐、五代沿之,宋、元、明、清又袭之,税契的基本制度一脉相承,只在枝节上有异。学界有专门讨论宋以来白契现象的成果,认为"白契大量存在的原因,有税率较高、契税征收管理松懈和百姓为逃避赋税徭役而不愿缴纳契税等"三大原因。[①]

(二)关于特异性的法律评价:法律环境

对契约的法律评价的次要方面,为是否存在特别立法,从而形成法律评价的特异性方面,这可以叫做法律环境。在这方面,各朝皆有不同。以清朝而言,在"旗民分治"政策下,旗产、民产界限分明,旗契、民契因而也迥然有别。朝廷对旗人、旗地、旗房,屡屡有特别立法,从而构成了旗契法律评价的特别法律环境。如果说民契使用的是与过往各朝相似的一般法,那么旗契使用的就是特别法。这种特别的法律环境,或者说对契约的法律评价的特异性,大略有五个方面。

1. "旗、民不交产"

这一禁令,当始于顺治、康熙时,雍正元年(1723)清廷议定:"查定例内,不许旗下人等与民间互相典卖房、地。"[②]不过,旗人、民人不交产,实际是单向的规定——旗人不能典、卖旗地、旗房给民人,但旗人可以典、买民地、民房。因此,看契约,首先要看其双方当事人身份是旗人还是民人。这是讨论的前提。

雍正、乾隆、嘉庆三帝关于旗民交产的禁止令与处罚例,笔者收集到7例,始雍正元年(1723),经嘉庆十三年(1808),至咸丰二年(1852)开禁。但开禁也仅限于顺天府、直隶范围,盛京仍按盗买、盗卖处理。

依此来看,范府道光初期的两个卖契,一个是道光八年(1828)正月二十六日《汉军世袭一等男范一夔卖地与王天福契约》,二是道光十一年(1831)五月十一日《候补翻译官范正常卖地与迟元契约》,都将红册地卖给了民人(买家皆没有开列旗人身份,应为民人),都是不合法的;范一夔、范正常都违背了旗民交产禁例,故皆采取

---

① 任志强:《宋以降白契现象研究》,载《前沿》,2011(22)。

② 【清】鄂尔泰等修:《八旗通志·初集》卷七十《艺文志六·奏议二》,李洵、赵德贵主点校,长春,东北师范大学出版社,1985。

了白契形式。但范一夔卖地契又存在钱粮过割环节的交代，"自杜之后，钱粮自赴熊岳仓交钠"，似乎后续又得经官，从而使得这一问题呈现出复杂性。至于《和硕郑亲王分支三公府宗室荣茂卖地文约》签订时，已经是中华民国六年（1917）一月五日，大清已亡，不存在旗民之别，自然已经是合法的了。

2. 旗人"越旗交易"

康熙九年（1670）题准"官、兵地亩，不许越旗交易"。就是说，八旗内部交易是可以的，如正黄旗、镶黄旗、正白旗等，在每旗内部，不分满洲、蒙古、汉军，都可以进行交易；若是正黄旗与镶黄旗、正白旗之间，无论满、蒙古、汉军之间，就都是越旗了。"交产""交易"一样，都是指典、卖。这一禁令，至乾隆二十三年（1758）解禁："嗣后旗人田地，遇有缓急，情愿出典者，呈报该旗佐领注册；若因价银较多，情愿出卖者，准其不计旗分，通融买卖。至立契时，著赴左、右翼税局上税，不准私立文契。若有违例隐匿等情，将买卖之人照例治罪。"典和卖同时解禁；尤其买卖，特别点清"准其不计旗分，通融"进行；唯一强调的是，买卖须到京师左翼或右翼税关上税，即要成为红契；隐匿而不上税的，属于"私立文契"，照过去条例治罪。典是不上税的。

依此时间点看，乾隆五十六年（1791）十二月十一日《守备范建懋兑地与惠得安契约》，就是合法的。此时不存在越旗交易禁令了，"情愿出典"，报明佐领注册就可以了。

3. 盛京旗地典卖的"报呈""转办"等程序性要求

乾隆三十年（1765）议准："嗣后八旗官员遇有典卖盛京田地者，先于该都统衙门具呈报明，俟都统转行盛京户部查办。"违反即不合法。

就范建懋兑契本身来看，上面未显示其曾经报呈都统及转行盛京户部查办等信息，不支持其履行过所要求的程序的认定。因为乾隆三十年的规定是特别规定，较乾隆二十三年的一般规定，更应得到执行，故范建懋兑契有不合法的嫌疑。但该契是在官署中留存的①，不是私人持有，估计报了官，故又有履行程序的可能。

4. 典的年限

典"以三五年至十年为率"，否则就是"老典"，不合要求。

乾隆三十五年（1770）"议准：旗人出典旗地，契载年分，统以三五年至十年为率，仍遵旧例，概不税契。十年后，听原业主取赎。如原业主力不能赎，听典主执业，或行转典。傥定年限后，仍多载年月，发觉后，追交税银，照例治罪。其从前典契内，

① 所有 3 府 9 契，皆出自《东北档案馆藏东北各官署底契据表册》18 捆 197 号、44 捆 0073 号、77 捆 0208 号三个捆扎。既然是官署所存"底契据表册"，故皆为当时交付官署收存、备查的档案。

载有二三十年至四五十年者，限于三年内报明各佐领，改典为卖，一体上税"。

依此看，范建懋兑契是不合规的。没有约定兑地期限，未讲回赎问题。可能是有意的规避法律。笔者近来找到两个东北兑契，一个涉及红册地，是旗地，另一个是民地，两者都设定了回赎事项，其中一个云"自兑之后，不拘年限，钱到归赎"。① 与范建懋兑契明显不同。

5. 租的年限

租以三年为限，否则就是"长租"。笔者收集了"乾隆、道光时禁止长租法例"，做了个一览表。其基本内容是：旗人租给民人旗地，"长租至三年以外及十余年者，概行禁止"②；凡"支使长租三年以外者"③，处罚。

范府两个押租契，道光十一年（1831）四月初四日《候补翻译官范正常将祖遗册地压租与单胡修耕种契约》，道光十一年（1831）十月初十日《汉军世袭一等男范一夔将祖遗册地压租与王得祯耕种契约》，佃户或承租人都是民人（皆没有开列旗人身份）。就其将旗地租佃于民，因为从未禁止过，故上述二契不存在违禁问题。但压租期限，前一契不作具体约定，只讲"日后撤地时，先将压租钱交清，然后方准撤地"，属于不定期押租。后一契不言压租期限，但"自租之后，永不与壮丁相干"的"永"字，似乎透露出长期压租的信息。因而这两个押租契就都有规避法律、"支使长租"的嫌疑在。公文里屡屡有"指地借钱""支使长租"两个说法，都是贬义的。前者是抵押，后者是押租的可能大些。因都涉及旗地落入民之手，故多被纳入"民典旗地"的范畴，而被清理。雍正、乾隆时，多次用国帑回赎被旗人典卖的旗地，起初还给旗人，后来发现他们又典卖了，就不再发给了。

契约因刻意规避法律的禁止条款，而有完善、不完善之分。而许多时候的不完善是故意为之的。清廷对旗人或旗地的特殊立法，构成了契约发生时的特异法律环境，这是影响旗契外在性质的主要因素。

三、契约法律特性的内在方面——契约本质、类型与权利义务

缔约双方当事人的合意，体现契约自由。买卖、典当、租赁、借贷、雇佣、承揽等不同的"契约类型"，是考察必须使用的前提概念，以便分析在其中约定的相应权

---

① 《满洲旧惯调查报告书》后篇第一卷《典的惯习》，大同印书馆 1936 年 5 月三版，附录，参照第五十三、第五十四，第 54—55 页、第 56 页。

② 《钦定大清会典事例》卷一百《吏部·处分例·拨给地亩》。《清史稿·志九十五·食货一》所谓"民租旗地，本限三年。或私行长租，业户、租户科以违禁律"，即指此。

③ 《钦定大清会典事例》卷一百六十《户部·田赋·畿辅官兵庄田二》。

利、义务，作为契约双方合意的内在意涵，是这里的重要分析概念。

（一）论证方式与论证结构

那么，采取一种什么样的论证方式来具体分析呢？比较妥当的论证结构应该是：以契约类型为经，以契约参与人身份及其相应权利、义务为纬，纵横交并，以凸显类型化了的契约参与人的权利义务的具体配置。

依此来设定论证方式，3 府 9 契的法律特性研究，应当采用下述论证结构。

1. 兑契（典契）

范府一件兑地契：

（1）立兑契人、受契人的旗人身份与立契时的法律环境

（2）立兑契人、受契人的权利义务

（3）契约的其他参与人及关涉第三人的权利义务

由于该契签订于乾隆五十六（1791）十二月十一日，本契的总体法律环境，是"越旗交易"开禁了，"旗人田地"之"情愿出典""情愿出卖"者，允许在不同旗分间交易。本契是出典人"情愿出典"的产物与表现。出兑人、承兑人皆是旗人，符合法律要求。

2. 卖契

范府两件卖地契：

（1）卖买双方的旗、民身份与立契时的法律环境

（2）卖买双方的权利义务

（3）契约的其他参与人、关涉第三人的权利义务

范府两件卖地契，发生于道光八年（1828）正月二十六日、道光十一年（1831）五月十一日，未介绍买方身份，当是民人，而不是旗人。这两个年份的前后，清朝都严厉执行禁止旗民交产政策和法例。故这两个卖契都是不合法的，违背了旗民交产禁例。

郑亲王府分支三公府一件卖地约：

（1）卖买双方的主、奴身份与立契时法律环境的变化

（2）卖买双方的权利义务

（3）契约的其他参与人的权利义务

该卖契发生于中华民国六：（1917）一月五日，清朝已亡，旗地卖与私属的禁令自然失效。

3.压（押）租契

范府压租二契：

（1）业主、佃户双方的旗、民身份与立契时的法律环境

（2）业主、佃户双方的权利义务

（3）契约的其他参与人、关涉第三方的权利义务

肃亲王府庄壮押租三契：

（1）立契人、受契人双方的庄头、壮丁身份及其与土地的关系

（2）主、佃双方的权利义务

（3）契约其他参与人的权利义务

范府压租二契发生于道光十一年四月初四日、道光十一年十月初十，两契的佃户或承租人，一为单胡修，一为王得祯，均未言是旗人，应都是民人。肃亲王府押租3契发生于光绪十年（1884）十一月二十七日、光绪十七年（1891）正月二十八日、光绪三十二年（1906）三月二十九日，这3契均没有庄主出面，仅是壮丁之间或庄头与壮丁之间进行的押租行为。由于旗地从不禁止民人租佃，庄园内部的庄头、壮丁之间也未禁止租佃，故上述5押租皆是合法行为，不违背禁例。

（二）关于权利义务的叙述与说明

关于权利义务的叙述方式，可能会出现套用今日合同法原理的问题，但这是必要的。古今契约类型会有某些变化，但本质不会变。有个这方面的事情，此处从略，只讲一个原则性的处理。

之所以要强调依照契约参与人的权利义务去组织论证，是因为过去片面地依据条款内容进行罗列，比如保证条款、悔约条款都作为独立条项，单独列出；而悔约条款往往仅仅是几句话，与其他条项的内容丰富程度不一，在结构上也不成比例。现在采取的办法，是将其归类到契约参与人［包括当事双方（立契人、受契人）、中见人等其他参与人、经济利益关涉第三人等］的权利、义务条项下。即采取"权利义务"从

"人"，而不是"人"从"权利义务"的格局。

比如，悔约条款是立契人、受契人双方谁悔约，谁被罚钱或罚物，或"人不悔人"，或"人官公用"，故将其放置在"当事双方的权利义务"项下。尽管我们所研究的清代王庄契约，大部分悔约条款都有已经变质为保证条款，甚至连保证条款都不算，仅仅具有形式的意义，但我们依然郑重地将其列示出来，以显示这一条款的历史性。

另如保证条款，则视担保主体的不同，将其归属于不同条项之下。

如果是立契人担保，则将其放置在"当事双方的权利义务"项下，如《候补翻译官范正常卖地与迟元契约》"如有亲族人等争竞，有契主（范正常）一面承管"。这是立契人自行担保。

如果是承办人、经办人担保，就将其放在"契约的其他参与人的权利义务"项下。承办人是专有名词，当时有这个名号，帮助王府处理税赋征收事宜，此时也帮助其办理契约签订。如《汉军世袭一等男范一夑卖地与王天福契约》"如有来历不明等情（含：无私债折准，无族人争竞），俱在承办人（李成）一面承管"。这是承办人担保。

经办人是笔者创造的概念，以与承办人相区别。只有一例，是由庄头经办。如《守备范建懋兑地与惠得安契约》"自兑之后，倘有（壮丁徐尚凤）同领人争竞，在庄头傅璋（经办人之一）承管"。这是经办人担保。

总之，契约中设定或约定的权利、义务，是契约的核心内容，它们是内在的，是在其建立或订立伊始，就自然地、内显地具有的——当然是由约定而存在。

四、关于王庄契约与普通旗人契约、民契的初步比较

笔者阅读《满洲旧惯调查报告书》（前篇、后篇）全 9 卷［昭和十一年（1936）第三版］。尤其后篇三卷《典的惯习》《押的惯习》《租权》，是日本人于 1913—1915 年在中国东北收集的相对较多且比较集中的旗契、民契实契录文，及一些含有契约梗概的民事案件片段。笔者的论文初稿曾间接地征引了他书所录日本人搜集的清代旗兵押租契梗概，[①]并将其与范府压租契做了一点比较，新阅读材料自然应该纳入现在的分析中。

（一）基本情况的比较

盛京工庄旗地 9 件契约，收录在 1963 年《满族历史档案资料选辑》一书，共兑契

---

① ［日］天海谦三郎、龟渊龙长：《关东州土地旧惯一斑》，满铁调查课，1914 年，大连。转引自习书仁：《东北旗地研究》，262 页，长春，吉林文史出版社，1993。

1、卖契 3、押租契 5，它们有与普通旗人的旗契相同者，也有相异者。初步查阅《满洲旧惯调查报告书》后篇三卷中的旗契，普通旗人土地或红册地被典、押、租的契约总数，共 47 件，其中《典的惯习》31 件、《押的惯习》9 件、《租权》7 件。还有散见于《满洲旧惯调查报告书》前篇《一般民地》（上卷）、《内务府官庄》《皇产》等三个卷册的，还有红册地、房园地、旗余地等被典（退、兑）、租、押的旗契共合 14 件。另外，《满洲旧惯调查报告书》前篇《一般民地》（上卷）、《皇产》等两个卷册，收录了旗人、园丁（壮丁）卖房园契 4 件，数量虽不多，但代表了买卖契的存在，这类契约也在当时的搜集范围内。当然，上述统计，都是契约的直接录文，不包含这些书中所收集的民事案件涉及的旗契者，也未包括情况相对特别的蒙地①（如王荒熟地，甚至王荒册地等契约）。现在，有了这 64 件普通旗人的旗契（部分还署明了旗分）及更大量的民契，我们就有了更好的参照系，以与上述 3 府 9 契进行对照。

就时间段而言，《满洲旧惯调查报告书》前篇、后篇所收录的 64 件旗契中，乾隆 1 件，嘉庆 5 件，道光 9 件，咸丰 2 件，同治 7 件，光绪 35 件，宣统 3 件，民国 2 件，大抵清朝的中、后期皆有分布，以后期为主；尤其光绪朝为多，占一半还多。这就较 3 府 9 契仅有乾隆、道光、光绪三朝及民国初年四个时间段，时间上丰富更多，我们也因此更容易找到相应时间段的旗契进行对比。

（二）契约类型划分中的问题

就编排而言，《满洲旧惯调查报告书》前篇、后篇，尤其是《典的惯习》《押的惯习》《租权》三卷，是按照现代民法学理进行编排的。按照寺田浩明的说法："《台湾私法》(1909—1911) 和《满洲旧惯例调查报告书》(1913—1915)，这两本书都是按契约类型分章系统地论述了自清代以来到中华民国为止的两个地区的法律惯例，并且以附录形式收录了大量的清代契约文书。"②"按契约类型分章系统地论述"，也是我们分析盛京 3 府 9 契的基本方法，我们过去一直致力把其中所包含的民法学理讲清楚；取得了一些成绩，但也有继续努力的空间。现在，除了要与当下民法学的研究挂钩外，还得处理日本人当时对东北契约的理解和解释的问题。或许这不是大问题，最多是个现代民法与当代新发展的距离问题。

将《满洲旧惯调查报告书》前篇、后篇诸书，与大略同时期的中华民国政府进行民商事习惯调查而成的《民事习惯调查报告录》《中国民事习惯大全》等对比，是比较

---

① 指蒙古扎萨克所属地，清代称为"蒙地"。

② ［日］寺田浩明：《日本对清代土地契约文书的整理与研究》，见《中国法律史国际学术讨论会论文集》，西安，陕西人民出版社，1990。

有趣且有益的。《中国民事习惯大全》第一编"债权"下，第一类为"赁贷借之习惯"，中文即"租赁习惯"；第二编"物权"下，第一类为"不动产之典押习惯"，第五类为"佃租之习惯"，第六类为"抵押权之习惯"，则已经全部包含了《满洲旧惯调查报告书》后篇三卷之《典的惯习》《押的惯习》《租权》三种。寺田浩明曾说中国契约"卖""典""押""胎""租""顶"等类别，① 典、押、租确实是较为重要的三种。《满洲旧惯调查报告书》将其作为单卷收集编排，确实抓住了重点。但"卖"没有作为专卷编集，颇让人意外。或许，"卖"的行为，已经有相当一部分被包含在《典的惯习》中，故典的契约实例非常多。

就学理上的特征而言，押与典不同，且押多为指地借钱，但《满洲旧惯调查报告书》后篇第二卷《押的惯习》，也不乏混典为押者。比如，该卷附录参照第二十二，即是典契，而不是押契。文云：

> 立典契人郭宝三，因正用不足，有祖遗册地壹段壹日，烦人说允，情愿出典于孙绍棠名下为主，当面议定典价市钱肆百吊整。其钱笔下交清，并无拖欠。自典之后，秋季钱到取赎。恐后无凭，立此契为证。当将地租回，言明每年兑纳高、包二色粮壹石肆斗整。空口无凭，附字为证。
>
> 计开
>
> 坐落三十里堡庄西，周姓房后地壹段壹日。东至周姓地格，西至水地，南至周姓墙皮，北至道。四至分明。
>
> 中说人：周志祥
立字人：孙德渭
立典契人：郭宝三 ②
光绪叁拾叁年拾贰月拾七日

这是一个祖遗册地的典契，而被混入押契。《押的惯习》多为借帖，且以土地为抵押。情形上，有的设定在到期后不履行，始行抵押，如《旅顺水师营韩兴财所藏王永平借帖》契：

---

① ［日］寺田浩明：《日本对清代土地契约文书的整理与研究》，见《中国法律史国际学术讨论会论文集》，364页，西安，陕西人民出版社，1990。
② 《满洲旧惯调查报告书》后篇第二卷《押的惯习》，大同印书馆1936年5月三版，附录，参照第二十二，第17—18页。

立借帖人王永平同弟衡平，今借到韩兴财名下市钱捌拾吊整，言明每年租粮肆斗。若到期粮钱不至，有自己册地一段壹日叁亩，情愿交与钱主自便。恐后无凭，立借帖为证。

计开

坐落北营外南北垄地一段壹日叁亩。东至格，西至本地，南至道，北至牛道。

乔有还、倪得金

亲笔自立[①]

同治十三年十二月二十六日

这与中华民国政府民事习惯调查的某些情形相同。如奉天省洮南县"地无租价、钱无利息"之习惯：

查洮南民间债务，多系指地借款，以自己所有之土地指借他人之款项，书立借券，注明偿还期间暨指地之坐落。契约虽已成立，而所指之土地仍为债务人所有，如不按期付利，或届时不偿，始将所指之土地移转于债权者之手，由债权者租种自便，即俗云"地无租价、钱无利息"是也。[②]

但大部分押契则是借入时即行抵押。出现这种情况的原因，据洮南地方审判厅长王锡九调查报告称：

指地借款即系以土地担保债务之清偿，惟即不移转占有者，实与抵押相同。如不按期付利，或届期不偿，始将所指之土地移归债权者占有，俾之使用、收益。虽与典质相似，然债权者仅得对于该土地使用、收益，不能任意转相典质，究与原始设定之典质得辗转典质与他人者有别。[③]

指地借钱的"不移转（土地）占有"，既"与抵押相同"，其"将所指之土地移归债权者占有，俾之使用、收益"，又"与典质相似"，这就需要精确地分辨，以免混

---

① 《满洲旧惯调查报告书》后篇第二卷《押的惯习》，大同印书馆1936年5月三版，附录，参照第十，第6页。

② 《民事习惯调查报告录》（下册），439—440页，北京，中国政法大学出版社，1998。

③ 《民事习惯调查报告录》（下册），440页，北京，中国政法大学出版社，1998。

淆。在这一点上，《满洲旧惯调查报告书》后篇第二卷《押的惯习》做得不够好，常有混淆。除了上述混典为押——将明确标明"典契"者纳入押契之外，还混入了实际为典契而仅仅标明是借契的情形，如参照第四十：

> 立借契文约人系厢蓝旗佐领下闲散蔡福有、蔡金有叔弟二人，因度日不过（通毂之音），央人说允，指册地七日，情愿借到张义福明（名）下凤市钱壹千柒百陆拾吊整。其钱笔下交足，并无短欠。此地交与张义福耕种为主。同众言明，钱无息利，地无租粮。自立之后，并无返悔。倘有争竞之事，有户族保人一面承管。恐后无凭，立借契文约为整（通证之音）。每年代上地亩钱柒吊整。又同户族保人言明，因前次找价，数次争竞之事，央户族保人说允，自许本主转典，不许找价，立此存照。
>
> 计开四至
>
> 坐落在柳树窒子一段，东至壕，南至壕，西至壕，北至蔡姓地。道南地一段，东至壕，南至蔡姓地，西至蔡姓地，北至道。粪厂地一段，东至粪厂，南至蔡姓地，西至蔡姓地，北至蔡姓地。南园子地坑十条，东至街，南至蔡姓地，西至墙，北至蔡姓地
>
> 户族保人：蔡福金、蔡六十一、蔡常泰
> 中见保人：汤禄、温福柱、孙琳、李江、赫有
> 借字人：曲永安
> 出借契文约人：蔡福有、蔡金有 [1]
> 道光贰拾九年拾月贰拾叁日立

因之，《满洲旧惯调查报告书》的编辑者只是根据契上有"借契文约"等字，就将其列入押契类。实际上，这是一个典契，后文明言"前次找价"，而"找价"是只有典押才有的；后又云"许本主转典，不许找价"，表明其此前的行为就是出典而非抵押借贷。因为最重要的特征是，该契约交付了抵押物的占有，这是典所具有的特征。《满洲旧惯调查报告书》的《押的惯习》卷，在大量"指地借钱"契约中，混有一些典地契约，这个本属于"典的惯习"，而不属"押的惯习"。

在这一点上，中华民国民事习惯调查者看得比较清楚。山东省沂水、嘉祥等县指地作保习惯为："凡民间借贷，类多以地作保，约定偿还日期。当借贷时，扣算本利，

---

[1] 《满洲旧惯调查报告书》后篇第二卷《押的惯习》，大同印书馆 1936 年 5 月三版，附录，参照第四十，第 30-31 页。

共计若干，由债务者预立典卖契约，其契中所载成契之年、月、日，即为约定偿还之时期，届时债务不能履行，则其预立之典卖契约发生效力，但付利欠本或付本欠利，经债权者同意，亦可延期。"编者按语云："此种习惯系属附期限之一种典卖契约，在债务人既有犹豫期间，较之急于变产者，可免短价抑勒之弊。"[1]

相对而言，《租权》的押租，因是租赁时支付的保证金，与典、押区别相对大些，《满洲旧惯调查报告书》后篇《租权》卷的分类、编排尚属准确。

不过，在理论上，典之押、佃地之押租，毕竟都有押的存在，这就是两者共同性的一面。中华民国政府在调查民事习惯时，报告人也注意到这一点。比如，奉天锦县的押租习惯，地方审判厅长赵梯青就认为："此习惯若以押租论，与典当地亩无异。所异者，即每年仍须交租，且押租额亦远不及当价之多"，押租价只当典价的40%—60%。[2] 同时，若"地有押租，粮可以减轻"，则又是奉天西安县的习惯；而押租的功能，在于"如期限到来，佃户有短纳租粮，地主即可按照时价，以预收之押租现款划抵"[3]，押租于此就是一个保证金。

---

① 前南京国民政府司法行政部编，《民事习惯调查报告录》（下册），466页，北京，中国政法大学出版社，1998。

② 前南京国民政府司法行政部编，《民事习惯调查报告录》（下册），442页，北京，中国政法大学出版社，1998。

③ 前南京国民政府司法行政部编，《民事习惯调查报告录》（下册），443页，北京，中国政法大学出版社，1998。

从家谱看满族民间土地契约形成 *

何晓芳 **

　　摘　要：满族民间土地契约在满族历史上有一个发展形成过程。女真人时期，土地公有，八旗征战，不以农耕为生计方式，因此清入关前没有土地文本契约存在。清入关后获得旗地作为私产，分家单成为满族民间第一种土地契约，一直到晚清，满族民间土地文本契约形成，以"白契"为主流形制。本文采取与以往研究满族旗地的不同学术视角，另辟路径，以满族家谱为基础资料，从满族家族繁衍分支、分门过程探析满族民间土地契约形成过程。

　　关键词：家谱；满族民间；土地契约；"白契"

　　土地制度一直是中国封建社会的核心问题，与其相关的即是土地契约问题。代表性的契约文书有徽州契约文书、敦煌契约文书等，研究专著有很多，其中，本文关注的代表性的明清土地契约文书研究专著成果有杨国桢的《明清土地契约文书研究》①，论文成果有赖惠敏的《从契约文书看清代旗地政策与典卖（1644—1820）》②。满族发源于长白山，金代女真人的直系后裔，实行渔猎经济生计方式，农耕为非其主流生计方式，因而，作为中原农耕文明的土地契约何时、如何产生相关问题，很有研究必要。从女真人到满族，再到进入中原建立清王朝，满族民间土地契约形成的相关问题，不仅是清史、满族史、法律史研究中的土地制度问题，也应当是满族经济社会文化变迁需要研究的内容之一，有待于厘清。本文提出如下研究看法，就教于方家。

---

* 基金项目：2019年度国家社科基金冷门"绝学"和国别史等研究专项"国内外满族民间家谱总目与数据库建设"（项目批准号：19VJX026）阶段性成果。

** 何晓芳，女，满族，东北大学民族学学院、中国满学研究院教授；研究方向：民族学、满族历史与文化。

① 杨国桢：《明清土地契约文书研究》，北京，中国人民大学出版社，2009。
② 赖惠敏：《契约文书看清代旗地政策与典卖（1644—1820）》，近代史研究所辑刊第32辑，1999。

本文中满族民间契约专指作为私有财产而进行土地交易的"白契"①，本文仅以满族家谱资料作为土地契约研究的中心。

一、满族民间土地契约产生的时间

契约产生的前提是土地成为家庭私有财产进入市场交易，满族经历了从女真人时期土地共有，不是家产，到入关以后屯垦农耕，土地成为家产的过程，由此，满族民间土地契约开始出现。

（一）女真"射猎之国"，土地共有，不是"家产"

北方民族自匈奴到蒙古，皆为游牧民族，是逐水草而生的"行国"。满族虽不是游牧经济而为渔猎经济，"非蒙古行国可比"，本是"射猎之国"②，但都有一个共同的特点，一直到明朝末年女真人时期，土地并不是家庭的私有财产。当时没有买卖土地的行为，因此也就没有土地纠纷，因为"家产"里面不包括土地，仅是指阿哈、牲畜以及布帛等。以清代乾隆年版满汉文合璧《满洲实录》为例，其中记载努尔哈赤与其父分居时给予的"家产"记述：努尔哈赤十九岁时，其父塔克世惑于继母谗言，与他分居，汉文写为"家产所予独薄。后见太祖有才智，复厚与之，太祖终不受"③。但查看同书的满文"家产"却写为 aha ulha。aha，汉语音为阿哈，意为奴仆，ulha，汉文意为牲畜。全文应译为：分居时，其父"给予阿合、牲畜甚少。后见子有才智，欲令取先前未给之阿哈、牲畜，淑勒贝勒（努尔哈赤）不取"④。由此可以看出，汉文翻译"家产"实际上是努尔哈赤女真人时期的奴仆和牲畜，不包括土地。这种以奴仆和牲畜为"家产"就是当时女真人的普遍财产概念。

再举例，关于女真人婚俗的聘礼："婿家先以甲胄弓矢为币而送于女家，次以金杯，次以牛二头马二匹，次以衣服奴婢，各因其家之贫富而遗之。"⑤从聘礼中可以看出土地不在女真人重视的财产之中。

再举例，努尔哈赤起兵之初，对开国元勋五大臣之一额亦都有三次奖赏。万历十一年（1583）五月，努尔哈赤起兵，报杀父、祖之仇，攻打尼堪外兰居住的图伦

---

① 买卖双方未经过官府验证而订立的契据称为草契或白契，而经过官府验证，钤盖红色官印的则称之为官契或红契。
② （清）魏源：《圣武记》，韩锡铎、孙文良点校，北京，中华书局，1984。
③ 辽宁省档案馆整理：（清）《满洲实录》卷1，第40页，沈阳，辽宁教育出版社，2012。
④ 辽宁省档案馆整理：（清）《满洲实录》卷1，第40页，沈阳，辽宁教育出版社，2012。
⑤ 《李朝实录·成宗》卷159，十四年十月戊寅。

城，额亦都首先毁城冲入，努尔哈赤将班达西母亲给予他。稍后，额亦都亲率众人，攻克舒勒布占城，努尔哈赤"将得获该城之所有物品"，尽行给予额亦都。万历十五年（1587），额亦都攻下巴尔达城，努尔哈赤"将得获此城之敕书、户"全部赐给额亦都。[1]对额亦都的这三次奖赏，提到敕书、人户和妇女，但就是没提到土地。

由以上可见，明代女真人的财产仅限于动产，不包括农耕民族生计方式中核心的生产资料土地这种不动产。土地在当时的女真人社会之所以不被当作财产的主要原因是，女真人所处生态环境森林密布、地广人稀，土地没有归属权，可以任意开垦，各部落、氏族人员也可以任意流动。[2]有可能因为一场洪水、一个草场、一次部落冲突，甚至因为一个意愿，都可以离开这个居住地，迁移到另一处。土地仅是大自然提供的一个栖息之所，给女真人渔猎和其他游牧者迁徙流动的一个选择，在这种生计方式下，土地具有流动性、暂时性，没有财产所属权经济价值。而追逐猎物、拥有牲畜，才是满足生存条件的生活资料。满族家谱中对早期女真人祖先的记载，反映了女真人这种早期任意迁徙的狩猎生活。

《乌喇纳拉氏谱书》"先祖事迹"真切反映那个时代女真人依靠弋猎为生场景：

> 乌拉地方纳喇姓，先世居住于长白山，赋国十二世。老祖讳纳齐布禄，移混同江西、扈尔奇山以东克尔萨河源处，独自居焉。
>
> 而纳齐布禄善猎，贤声不泯。虎密雅拉库河沿居人前往探访，恰遇贤士纳齐布禄，问曰："予汝知贤士纳齐布禄否？"老祖纳齐布禄问曰："汝访贤士纳齐布禄何为？"其人答曰："欲食贤士所捕之禽肉，欲衣贤士所猎之兽皮，甘为契友。"老祖答曰："我即是也。我无妻子、房舍，处于旷野，与修隐无异。汝则焉能经受？"其人答曰："是知无房舍而来者。"老祖纳齐布禄曰："汝既至此，可为兄长。"其人未许，老祖纳齐布禄居为兄长。以来访贤名曰德耶库，欢欣得一手足，食以甘美禽兽肉，服以猞猁狲、虎皮，常为生业。[3]

再例如《佛满洲佟佳氏全谱》二世祖之一的噶尔汉图木图（大约与纳齐布禄同时期人）的谱注上记载，他因饥饿：

---

① 《满文老档·太宗·天聪》卷四十八。

② 参见周远廉：《清朝开国史研究》，沈阳，辽宁人民出版社，1981。刘小萌：《满族的社会与生活》，北京，北京图书馆出版社，1998。

③ 何晓芳、张德玉：《清代满族家谱选辑》，378页，沈阳，辽宁民族出版社，2016。

欲将三岁之子杀害（食之），妻说不可，令其乳哺。自持弓箭往山谷上行，隐一萤火丛杂处，适来一狍，即发一矢，将狍子喉下软处戳透，于是得食救饥。由此即在彼处存住度日，将欲杀之子名为木图裴达鲁喀莫尔根，所使之弓箭开如车轮，狍头犹如兔头，射械在地上，人不能空举。①

女真人狩猎以外，还要大量饲养牲畜，包括马、牛、羊、猪等。其中，马既能征战射猎又可农耕、运输，在女真人生活中受到极高重视。出使明朝的朝鲜使臣亲眼所见建州女真人"六畜唯马最盛，将胡之家，千百成群，卒胡家亦不下十数匹"②。因为马成为最珍贵的家产，所以努尔哈赤曾分给长子褚英、次子代善各八百牧群。无论养马还是其他牲畜，女真人都要在山林中放养，根据《建州纪程图记》记载，女真人农舍旁都有农幕（农庄），在其周围放养马匹。建州女真人处于今日桓仁、宽甸、抚顺一带辽东山区，所以放养牲畜马匹的农幕周围必然是山林丘陵。牲畜与中原汉地厩中饲养完全不同。朝鲜使臣曾这样描述其亲眼所见："胡中之养马，罕有菽粟之喂。……放牧于野，必一人驱十马。马饲调习，不过如此。而上下山坂饥渴不困者，实由于顺适畜性也。"③因此，放牧牲畜的山林牧场对于女真人的财富增长十分重要。这种情况在满族家谱追记先祖时有记载。

可以当作满族家谱的《满洲实录》④记载，努尔哈赤祖辈兄弟六人，称为六王。明朝嘉靖末年，建州女真栋鄂部长克辙怀疑其子被努尔哈赤叔父阿哈纳所杀，引兵来攻，"六王不能支，相谋曰：'我等同祖所生，今分居十二处，甚是涣散，何不聚居，共相保守'，众议皆定。独吴泰（努尔哈赤的伯父）不从曰：'我等同住一处，牲畜难以生息，吾今诣妻父哈达汗处借兵报复。'于是遂借兵往攻克辙"⑤。从这段记述可以看出，女真人生存空间必须与容纳牲畜放养空间相匹配，从而获得代际繁衍的生存条件，因为，牲畜是重要的家庭财产。也正是这个原因，形成女真人氏族宗支不断迁徙分居，一个同祖姓氏经过三四代人，随而分处各地。《满洲实录》记载努尔哈赤曾祖福满都督生六子，"六子六（居住）处，各立城池，称为六王，乃六祖也。五城距赫图阿喇远者不过二十里，近者不过五六里"⑥。待到努尔哈赤父辈时，已经再分居成为12处，想必亲族之间

① 何晓芳、张德玉：《清代满族家谱选辑》，308 页，沈阳，辽宁民族出版社，2016。
② ［朝鲜］李民寏：《建州闻见录》，43 页，见辽宁大学历史系：《清初史料丛刊第八、九种》，1979。
③ ［朝鲜］李民寏：《建州闻见录》，47 页，见辽宁大学历史系：《清初史料丛刊第八、九种》，1979。
④ 本文将《满洲实录》看作爱新觉罗家谱。再可参见赵志忠：《清代满语文学史略》，沈阳，辽宁民族出版社，2002。
⑤ 辽宁省档案馆整理：（清）《满洲实录》卷 1，35—36 页，沈阳，辽宁教育出版社，2012。
⑥ 辽宁省档案馆整理：（清）《满洲实录》卷 1，23 页，沈阳，辽宁教育出版社，2012。

的距离更远了。努尔哈赤一族这种情况不是个案，而是当时女真人的一种普遍形态。

现再举《章佳氏族谱》为例，该族谱记载：

> 始祖。穆都巴延[①]昔日在长白山相近鄂磨和索洛处居住，生子五人，家业富盛，牲畜繁多，盈满山谷，因将此山名为穆都伙洛[②]，迄今遗迹尚存。后因子孙繁荣昌盛，率五子迁居瓦尔夏西[③]罗尔金处居住，后五子各移居五处。生子五：长子查克旦巴彦，次子章库，三子怀色，四子撒普西库，五子夸拉。

从上述可以看出三点：第一，章佳氏"家业富盛"的表现是牲畜繁多，因而始祖穆都被命名为"巴延"。第二，生了五个儿子以后，原来的穆都伙洛容纳不下，另行迁往瓦尔夏西罗尔金居住。第三，五个儿子成年后再各自移居五个地方。

由上述可以看出，满族在女真人时期同样存在游牧经济性质的"行国"特点，土地必然不可能作为家产。

（二）"计丁授田"，土地仍然不可以当作"家产"进行分割或买卖

14 世纪末叶到 17 世纪初年，是明代女真人农业经济快速发展时期，虽以畜牧为主兼及采猎，但已经形成与农业相兼的局面。另有朝鲜派人于明正统二年（1437）窥探建州女真人情况，在兀喇山北隅吾弥府（今辽宁省桓仁满族自治县境内），"见水两岸大野，率皆耕垦，农人与牛，布散于野"[④]。海西女真"分寨驻牧"，置立田庄，"颇有室居耕田之业"，"颇同中国"[⑤]。时间流转，朝鲜使臣申忠一于明万历二十三年（1595）出使建州女真部，《建州纪程图记》沿途所见"所经处无野不耕，至于山上亦多开垦"。但是女真人住处分散，或八家，或十来家，或二十家，少的仅有两家或四家，而且各家岸边多为放养马匹，仅提到阿斗几个人有农幕，"起耕仅二十余日"[⑥]。这些仅表明女真人有农业生产而已，只是初耕农业，与中原汉地的成熟农业经济完全是两码事，表现在农耕的规模十分狭小，仍然以牲畜为主业。

1619 年（明万历四十七年，后金天命四年），后金与明打响萨尔浒战役，受俘的

---

① 巴延即巴颜，满语"富翁"之意。

② 伙洛，满语山谷之意。

③ 瓦尔夏西，地名，即瓦尔喀什，今辽宁省桓仁县华来镇。

④ 《朝鲜李朝实录·世宗》，卷 77，563 页。

⑤ （明）瞿九思：《万历武功录》卷 11，第 1 页，王台列传，北京，中华书局影印本，1962。

⑥ 参见《建州纪程图记》，见潘喆、孙方明、李鸿彬：《清入关前史料选辑》第二辑，429—432 页，北京，中国人民大学出版社，1989。

朝鲜人李民寏，在《建州闻见录》中描述亲眼所见的建州女真农业情况："农庄，奴婢耕作以输其主。军卒则但砺刀剑，无事于农亩者，无结卜之役，租税之收。土地肥饶，禾谷甚茂，旱田诸种无不有之。绝无水田，只种山稻。秋后掘窖以藏，渐次出食。"[1]根据这段描述说明，后金的农业较之以前有了大量发展，但八旗兵士不干农活儿。

萨尔浒战役之后，后金进入辽沈地区，这里是明代屯垦农耕地区。从战争粮食供应军需的需要出发，后金天命六年（1621）七月，努尔哈赤下令"计丁授田"。下谕说：

今年耕种之谷，其各自收取。吾今计算田亩，一丁种谷五垧，植棉一垧，均行给与。尔等勿得隐丁，隐丁，则不能得田矣！原为乞丐者，不得乞食，乞丐、僧人皆分与田。三丁耕官田一垧。每二十丁征一丁当兵，以一丁服官役。

后金天命六年（1621）十月，努尔哈赤接着上次再下谕说：

明年兵士所食之谷，饲马之草料，取于耕田。辽东五卫之人，令种无主之田，给与二十万日。海州、盖州、复州、金州四卫之人，亦同样令种无主之田，出田十万日，给之。[2]

上述二道汗谕，关键的问题说明，"计丁授田"[3]的土地来源于"无主之田"，八旗官兵按其全家人丁多少承领。每丁领地6垧，5垧种谷，1垧种棉。由此可以看出，"计丁授田"的土地是无偿掠夺来又分配给八旗官兵私有，目的是种粮、种棉，用以保证军事战争需要，是一种国家所有权意志掌控的土地分配，因此分配到土地的种植品种、数量都由国家来控制而并不是市场交换中的土地。得到分配土地的八旗战兵，必须完成得到这些领土相适应的权利、责任和义务。因此，这种情况下，旗丁只有使用权，没有支配土地的权利，旗地不可能出现买卖，也不允许买卖。

皇太极即位后承袭努尔哈赤时期的土地政策，并没有大的根本改变。其原因是，后金社会实行土地国有，并没有形成封建制地主土地私有制。而国有制是以八旗私有为特征，土地依靠武力掠夺取得，然后再按"八家"统一分配，分配原则是"均分"。

① ［朝鲜］李民寏：《建州闻见录》，见辽宁大学历史系：《清初史料丛刊第八、九种》，43页，1979。
② 《满文老档·太祖》卷27。
③ "计丁授田"包括辽东汉民，因与本文无关，省略。

这种情况下，土地已经成为财产的一种，与牲畜、人口、财物相等，因之，可以作为赏赐，也可以作为对"八家"有罪大贝勒的惩罚。同努尔哈赤初起兵时土地不作为财产已经完全不同，但仍然没有产生封建地主土地所有制的市场买卖。以下试举皇太极时期对大贝勒阿敏的处理情况为例。

天聪四年（1630）六月，大贝勒阿敏因放弃内地永平、滦州、迁安、遵化四城而还，定十六条罪状，太宗不忍加诛，从宽免死，夺所属人口、奴仆、财务、牲畜，俱给贝勒济尔哈朗，"止给阿敏庄六所，园三所，并其子之乳母等二十人，羊五百，乳牛及食用牛二十；给洪科退庄二所、园一所，满洲、蒙古、汉人共二十名，马二十匹"①。同年九月大贝勒代善第四子瓦尔达因罪受罚，夺其"仆从满洲一百五十八人，蒙古二十人，并汉仆人一百九十六人，马二百九十二，骆驼十三，牛二十，羊三百二十……其应入官银四千两，庄田三十三处，所有汉人一百九十九人，各色匠役人等三百四十人，并其家口，俱付户部"②。由此可见，皇太极时期，庄田也就是土地已经成为与牲畜、人口具有同样价值的财产，有罪时即可受剥夺。下面再看看普通八旗兵丁，他们虽然没有王或贝勒那么多土地财产，但仍然有归他们使用的一块土地，而且对土地的使用可以随时移动，并不是固定于分配的土地上。皇太极曾说："其屯庄田地，八旗移居已定，今后无事再移，可将各安其业。"③天聪七年（1633）太宗皇太极又谕："方今疆土日辟，旧所给地，若有不耕种者，察明换给沃壤，即于附近建造房屋，俾迁居之。"④这里强调的是旗丁在所耕田上可以根据情况移动，但需要"察明""换给"，道出旗丁没有土地所有权，所以"移动"到哪里，需要听八旗组织的批准和安排。给旗丁土地的目的，"整器械，治家业，课耕田地"⑤，做好出兵的准备，完成应该上交的赋税、赋役。

综上，八旗国家土地所有权制度下没有满族民间土地契约产生。

（三）清入关以后，驻防八旗获得土地，满族民间土地契约出现

早在关外时期，耕种国家土地的八旗兵已经形成每户有披甲兵丁和不披甲余丁之区别，耕作土地主要由不披甲的余丁完成"即令在家之人，经理收获"⑥。所以天聪二年（1628），盖州守将李思忠奏称："前据工部咨称，盖州城工，可令满、汉、蒙古余

---

① 《清太宗实录》卷7。
② 《清太宗实录》卷22。
③ 《皇清开国方略》卷9。
④ 《皇清开国方略》卷17。
⑤ 《清太宗实录》卷47。
⑥ 《清太宗实录》卷7。

丁，自烧砖修砌，查盖州地处边陲……防守靡宁，余丁仅堪耕种，若令烧砖，恐失农业。"[①]因此，形成八旗驻防地周围分拨旗地供旗人余丁耕种。这种制度一直沿用至清入关以后，并得到不断完善。

顺治元年（1644），清军入关，这是满族民间土地契约形成的重大历史起点。八旗军队驻防有三种情况：第一种是"从龙入关"大军，起初集中于北京地区，称之为禁旅八旗；第二种是从"从龙入关"以及禁旅八旗中抽调，不断分拨到全国各军事重地驻防；第三种是仍然留守于盛京没有"从龙入关"，被称为留守八旗，另外还有康熙朝以后从北京返回东北的驻防八旗。根据入关前形成的旗地分配制度，八旗官兵所到之处除江南、岭南、荆州、山东等驻防八旗外，皆可领取土地，也称之为旗地。清初驻防八旗的旗地来源，北京是依靠"圈地"，其他地区则大多数来自"跑马占山"，开垦荒地，这种情况东北地区占主流，康熙朝以后，因东北是"龙兴"之地，为加强防御沙俄军事力量，充实根本，不断从京师回迁满族八旗兵丁，增加盛京八旗驻防兵力，向吉林再向黑龙江拓展。至乾隆朝基本完善东北八旗驻防体系，达到驻防点 44 处，其中以辽宁为最多，并包括没有"从龙入关"的留守八旗官兵。清入关前到入关后的顺治朝初年，东北有 15 处八旗驻防点，人数仅千余人，主要集中于盛京统辖地区，以把守盛京通向关内通道为主要军事目标，这些人原即有旗地。

与关内江南、岭南、山东各八旗驻防完全依靠吃粮饷不同，清廷向驻防满族旗人分拨旗地，旗兵一边种地，一边驻防戍边。由于本文仅从满族家谱视角研究满族契约，因此，以满族家谱较为集中留存的辽沈、辽东地区为例。

表1　清初盛京将军所属驻防派兵情况表[②]　　　　　　（单位：人）

年份	开原	凤凰城	复州	辽阳	岫岩	金州	熊岳	盛京
顺治元年（1644）		新设150						748
顺治十七年（1660）								1949
康熙三年（1664）								456
康熙十四年（1675）								614
康熙十八年（1679）	180							
康熙二十一年（1682）	298							
康熙二十六年（1687）	801	650	1000	808	1000	800	1000	
康熙三十一年（1692）	55	55		55	55		55	

---

① 《皇清开国方略》卷24。

② 此表择录于定宜庄：《清代八旗驻防研究》，64—65页，沈阳，辽宁人民出版社，2003。表中带有"-"的，是减少兵员数，无"-"的是增加数。

续表

年份	开原	凤凰城	复州	辽阳	岫岩	金州	熊岳	盛京
康熙三十八年（1699）	285	205（-35）	178	247（-126）	82	159	131	
康熙五十年（1711）						200		
康熙六十一年（1722）	16	16	56		16	16	16	

上表中，仅录入驻兵额数在 500 名以上地方，但基本上反映八旗官兵驻防情况。只是档案记载过于笼统，前来驻防屯垦的八旗满族为何氏？何等人？皆不清楚。笔者收集到诸多满族民间家谱可印证上述记载，现挑选有代表性的章佳氏家谱作为解析个案。

《章佳氏族谱》记载，始祖穆都巴颜，居住于现今桓仁宽甸一带，穆都巴颜生五子，全部归附努尔哈赤加入八旗，迁入新宾。清初清军入关以后，该章佳氏族人出现大分散、小聚居的局面，该支章佳氏人才辈出，主要聚居地分布有两处，一处是北京，居北京者有始祖穆都巴颜长子查克旦巴颜后裔，八世阿克敦、九世阿桂，是名扬四海的乾隆年父子大学士。始祖穆都巴颜三子怀色后裔，八世尹泰，文华殿大学士，其子九世尹继善，乾隆朝兵部尚书。另有始祖穆都巴颜四子撒普西库和第五子夸拉后裔也有居北京者，但官位品级皆不很高，名称不显。以上，皆录入《八旗满洲氏族通谱》立传。

除居北京以外的章佳氏，始祖穆都巴颜第二子章库后裔，居于沈阳和辽东最多。其中，章库后裔主要分布于丹东、凤城、本溪、沈阳（盛京），而清代本溪属于凤城管辖。居住此地的章佳氏冠以"车、章"二姓，当地有"车章不分家"之说，家谱命名《章佳氏族谱》，仅记凤城、本溪支系。

穆都巴颜第三子怀色后裔有从京城返回抚顺清原者，冠汉姓"章"，家谱命名为《章佳氏族谱》，这份家谱记载的世系在多份章佳氏家谱中是最长的，一直记到第十四世，第九世为尹继善四兄弟，第十世尹继善四兄弟子侄记载清楚，到第十一世开始仅记载抚顺清原支系，到第十四世为止，只记人名，没有任何官职身份。而家谱的作者在"后序"中有"民国二十六年""课余之暇"语，证明此时作者为教师，该清原章佳氏从清末至民国已经几代人务农。

与上述抚顺清原者同为怀色后裔，返回海城牛庄等地驻防者，冠汉姓"章"，家谱命名《章佳哈拉谱本》，世系仅记到第八世文华殿大学士尹泰，没再续修，补充牛庄支系，说明该支章佳氏已无在朝或地方为官者，皆为普通农稼之家。

怀色河北后裔，第五世图彦（也写成图严）时作为驻防喜峰口守备，从此定居，至今仍居住于现今河北省宽城满族自治县喜峰口旁的章家村。该支与定居于北京的文华殿大学士尹泰及其子兵部尚书尹继善第四世同祖。该支后裔也冠姓"章",家谱为一张全满文谱单,原无命名,现命名为《章佳氏家谱》。

上述各处章佳氏共计有四份章氏族谱,从始祖穆都巴颜一直到第九世兵部尚书尹继善一代,各谱都基本相同,只是从第十世开始,皆重本支系记录。

谈到章佳氏尤其值得注意的是,清顺治元年(1644)十月清朝迁都北京,满族八旗大部队"从龙入关"时,留下内大臣何洛会驻守盛京,有满洲、蒙古、汉军兵800名。[①]就是说,当时留下这800名没有入关,一直留守盛京(沈阳),《章佳氏族谱》印证了这一记载。始祖穆都巴颜第二子章库之孙撒木湛(家谱中的第四世)始,在沈阳居住,后来扩散到沈阳市郊榆林堡,民国时期分为大榆村、小榆村。

还有上述"清初盛京将军所属驻防派兵情况"列表中记载,顺治元年凤城新设立150名驻防。本溪、凤城《章佳氏族谱》记载第五世朱穆布鲁生五子。而清原本《章佳氏族谱》上却记载"生子不详",说明到此世代时,章佳氏已经分拨各地,相互之间不通来往,信息阻隔。河北宽城的章佳氏家谱显示,也是从第五世开始,到达喜峰口任守备。说明章佳氏第五世正面临清初入关之际,或"从龙入关"的,或留守驻防,本溪、凤城支系留守凤城。该支八世祖萨立巴康熙四十年(1701)授任盛京凤凰城奉政大夫,其子第九世观彻正黄旗人,元山牛录,奉政大夫,第十世车金保原任防御,都在本地任职,十二世佛保为兵,一直到第十五世,该支章佳氏再无有官职或封职者,皆在本地从事农作。

以上章佳氏分布聚居之地,笔者都亲自做过田野调查,除披甲或为官者,余丁皆为旗地上从事农作之人。

通过对《章佳氏族谱》解析,对清代家族职业情况清晰明确,有官职或披甲者,依靠俸禄粮饷生活,而其他余丁则从事农作。

章佳氏个案解析之后,我们再看"清初盛京将军所属驻防派兵情况表"(简称"驻防表")。从表中可以看出,整个康熙朝都在关注盛京八旗驻防,不断调整充实。尽管经过战争等各种折损,这些驻防满族八旗至今仍留下大量家谱,经过收集整理,有百余部,[②]这些家谱记明本族何时编入八旗,在何佐领下,何时由京城返回东北驻防落户,与"驻防表"分拨八旗驻防的时间基本吻合。例如《索绰罗氏谱书》记载高祖舒力突于康熙三年(1664)年调往岫岩任防御。根据史料记载,顺治元年(1644)清廷派佐领一员

---

① (光绪)《大清会典事例》卷1127,4页。
② 参见何晓芳、张德玉:《清代满族家谱选辑》,沈阳,辽宁民族出版社,2016;高明东、李文通:《岫岩满族家谱选辑》,沈阳,白山出版社,2013。

为岫岩城守官，守城兵员 205 名。舒力突应为第二任防御。从此索绰罗氏舒力突一门支脉扎根岫岩以农为生，至光绪十五年（1889）修家谱时，居岫岩已有 240 余年。

"驻防表"显示，数量最大的一批满族八旗驻防是康熙二十六年（1687），一次从京城拨来辽东各地总计 6000 余名佛满洲，其中，来岫岩、凤城驻防即达 1650 名。据分拨岫岩驻防的《洪氏谱书》记载："彼时田尚未辟，山林翁翳，禽兽尤繁。"① 凤城驻防的《瓜尔佳氏宗谱书》记载："我八世祖于康熙二十六年由京师拨回奉天府，遂卜居于东边凤凰城镶红旗界旧有之红旗堡，古名乐善屯。其地祥云霭霭，卡巴岭高耸东北；秀水洋洋，蜊蛄沟横斜西南。"②《正白旗满洲沙哈达哈拉罗氏宗谱》记载，顺治年二世祖二达色来到复州③罗家沟的景象，"行至距城东南三十里许，见荒山秃岭，蜿蜒起伏。"《镶黄旗佛满洲哲尔金佐领下王氏谱书》："奉令驻岫（岩），斩荆棘，辟草莱，创业立绪。"④ 由满族八旗屯垦聚居形成许多有八旗农垦特点的村镇名称，例如：堡子，"堡"是一种军事设施，冠以在此落户的旗兵家族姓氏，称为某某堡子。另有，满族以居住的所属旗份命名，加上"堡"或"屯"，再例如《汪氏族谱》《唐氏族谱》等记载移驻吉林双城堡（清代归属吉林将军管辖），原名双城子，满族八旗移驻后改为双城堡，将居住地以旗分名称加上屯，命名为某某旗屯，如正黄旗屯、镶红旗屯等，共有 120 个旗屯。⑤ 清代东北地区满族命名的村庄数以千计，沿用至今，成为清代东北农业开发的主要起源。

同为岫岩的《汪氏宗族谱书》记载，康熙二十六年（1687）汪氏来岫岩后"在奉天岫岩城南蓝旗营居住多年，后移居城东南地名陡沟子住多年，后移居地名孤家子住多年，蹙蹙靡骋，无所底止，后移居哨子河西蓝旗屯处，世世子孙遂永住于此焉"⑥。据此分析，该汪氏之所以数度移居，是由于人口繁衍，土地狭窄引起，最后一次移居哨子河遂永住于此。该汪氏之所以能够数度移居，说明当时旗地由国家掌控，对于有调整意愿的可沿袭入关前皇太极曾说过的旗上"察明""换给"，到哨子河以后雍正四年（1726）丈量土地，从此可以安顿于此了。该汪氏康熙二十六年来岫岩驻防，经过 40 年定居于哨子河，可以推断定居于哨子河的时间应当在雍正四年丈量旗地，汪氏居住于哨子河拥有红册地得到官方承认。

总之，满族八旗在驻防屯垦地上，开发大量良田，雍正四年丈量旗地，设定官产

---

① 何晓芳、张德玉：《清代满族家谱选辑》，826 页，沈阳，辽宁民族出版社，2016。
② 何晓芳、张德玉：《清代满族家谱选辑》，52 页，沈阳，辽宁民族出版社，2016。
③ 今辽宁复县。
④ 何晓芳、张德玉：《清代满族家谱选辑》，524 页，沈阳，辽宁民族出版社，2016。
⑤ 清代旗屯的行政管辖范围远远大于今日村屯的概念。
⑥ 何晓芳、张德玉：《清代满族家谱选辑》，472 页，沈阳，辽宁民族出版社，2016。

红册地，乾隆时期设立旗升科地、旗余地，开启与民地同等纳税，逐渐导向旗地私有化，成为满族民间土地契约形成的基础，由此可以断定，满族民间土地契约初始于康熙年间，普遍形成于乾隆时期。以下本文有论述，在此省略。

二、满族民间土地契约形成原因、主要类型及形制

满族民间土地契约从无到有，"有"起自什么节点？什么原因？类型、内容及形制？构成满族民间土地契约研究的一系列相关问题，满族民间家谱研究能够找到一定解答。

（一）满族民间土地契约从家族内部口头约定开始

口头协议约定，这是满族的习惯法。即使满族入关后仍然保留这一传统习俗。清代康熙朝人吴桭臣在《宁古塔纪略》一文中曾描述自己所闻所见，对满族讲信义，遵守口头约定很赞赏："此处俱无长官约束，为人愚而有信义。有与店家赊绸缎蟒服者，店主择黑貂一张为样，约来年还若干，一次年，必照样还清。有他故，亦必托人寄到。相去千里，又非旧识，而不爽约如此。"① 作者于康熙末年写作此书，说明满族口头约定习俗仍然存在。

康熙年来岫岩的八旗兵通过家谱的世系看，都是一名有八旗军职务的父亲带领数个未成年儿子，或者长兄带领未成年诸弟前来驻防，以康熙二十六年拨来者数量最多。但是，到康熙末年已经过去30多年，每一家族已经繁衍到第三代或第四代，这就需要分家。又由于30多年里满族八旗辛勤开垦，大量荒山成为良田，有研究者根据清朝文献分别对康熙至雍正时期辽、吉、黑三处将军统辖旗地进行统计②：奉省所属旗地1367804日③，吉林旗地125879日④，黑龙江旗地172719日。清廷对旗地征收赋税设定的形式有：红册地（雍正四年设定），官产，不得买卖；旗余地，旗人红册地以外私自开垦的土地，乾隆四十五年（1780）查丈奉天旗余地，有223557日3亩，约占全省地亩之大半；旗升科地（乾隆朝以后设定），将旗人"隐余地"报官后同民人地一样征收赋税。在康熙三十二年（1693）前，向东北派驻八旗驻防时规定免官粮、差徭，披甲

---

① （清）吴桭臣：《述本堂诗集·宁古塔纪略》，566页，哈尔滨，黑龙江大学出版社，2014。
② 刁书仁：《清代东北旗地研究》，127页，长春，吉林文史出版社，1993。
③ 清代东北土地度量单位，"日"为满语，汉文音译，一日约为6亩。
④ 清代现归黑龙江所属阿城等地区归吉林统辖，而且为乾隆朝后期开始京旗移驻，因此，根据本文论述目标，仅统计雍正朝驻防八旗开垦旗地。

主要任务驻防守边，余丁则专事耕种，"并无粟米之征"①。而此后旗地数量猛增，尤其是旗余地大量开垦，清廷对旗地征税赋，说明满族农耕生产积极性特别高，并且为国家做出贡献，可称之为"东北粮仓"。②于是，满族家族兄弟之间便产生分家需要。至乾隆朝以后，人口暴增，"一户而分为千门"。由于满族驻防八旗人口繁衍，兵额有限，没有差职或披甲的闲散满族旗人越来越多，占有土地以农耕为生计，成为主流。由于各支脉不断析分家产，对土地的需求量随之越来越大，耕田不足问题开始凸显，包括功勋家族也如此。因此，满族人既采取中原传统习俗分家，同时又保留传统习惯法口头约定。我们从岫岩《三道林子镶红旗满洲沈氏族谱》③中收录的三道林子④户口册记载可以看出这种迹象：

> 康熙二十六年由京兵拨往奉天岫岩城东南三道林子居住。
>
> 雍正四年，原兵萨海领名首报红册地七十五日，合户均分。
>
> 道光年间，原兵吾林布领名续报余科地三日半，坐落坎下，又续报升科地九日，坐落南北拢东西拢。
>
> 光绪六年，原兵永禧领兵报升科地二十八日，坐落南北拢。
>
> 光绪十八年，沈继贤领名续报升科地三十日，坐落南大滩。

从上述沈氏户口册可以看出，最初康熙年来岫岩驻防时，清廷对旗人的旗地并没有丈量，也就是"无粟米之征"，雍正四年（1726）时才开始统一丈量，设定红册地，沈氏长门萨海代表全族申报 75 日，在家族内"合户均分"。"合户均分"这就是口头的分地约定。红册地虽然不可以买卖，而且数量固定，旗人仅有使用权，但升科地不同，可以逐渐开垦，申报交税即合法化。道光年间以后，沈氏接连有人申报升科地，由于升科地同民地一样征收赋税，实际上等同于旗人红册地之外的私有土地可以买卖，所以促使沈氏人接连申报。

康熙二十六年来到岫岩驻防的满族白氏，在《白氏源流族谱》中保存了一份《凌云堂白氏事宜录》，也就是相当于白氏日常收支账本收录于家谱中，其中有大量以房屋为标的的分家产、买卖、典租记载，交易对方有白氏族人、岫岩旗人，以及少量民人。择录于下：

① 刁书仁：《清代东北旗地研究》长白丛书，128 页，长春，吉林文史出版社，1993。
② 张杰、张丹卉：《清代东北边疆的满族》，131—168 页，沈阳，辽宁民族出版社，2005。
③ 沈延柱主编、沈延林执笔：《三道林子镶红旗满洲沈氏族谱》，广州，广东经济出版社，2012。
④ 现今隶东港市，清代属岫岩八旗驻防管辖。

记载群住公、文秀公分居，而且使用"阄分"的办法，记载于家族账本之中，无疑这是口头协议，得到家族各支系的承认。

（二）满族民间土地文本契约从满文"分家"单开始

清史、满族史著名专家王钟翰先生，曾经收藏有4份全满文的卖房旗契，这是康熙年间的事，此后，再没有发现全满文契约。有幸的是，笔者在马熙运编的《马佳氏宗谱文献汇编》中找到了一件乾隆时期全满文的分家单，有可能是目前满族民间发现的唯一一件全满文分家单，由于极其珍贵，全文录出并翻译汉文如下。

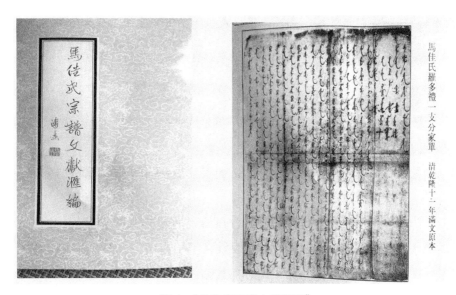

图 1 《马佳氏宗谱文献汇编》

含珠、洛笃礼、音保兄弟合议：

按照母亲封顺，分配家产。

父、祖留下来居住的房产一所正房3间、两侧厢房6间、门面房9间其北屋3间。北边一所正房6间、厢房2间，街西边现有铺面房18间其北屋4间。位于小北关现有房产一所9间、一所15间。南边含珠名下现有铺面房共18间，家丁6人，婢女6人。父亲留下欠人的债银子66两，含珠不愿承担。按照一份家产营生，住过的正房3间、北边厢房3间、门面房9间其北屋3间，街西边现有铺面房4间，位于小北关的现有一所房子9间、一所15间，家丁鞑子、杜二，婢女富姐、甘姐、女儿周某算入母亲部分。

音保名下分给：母亲百年之事，倚靠音保给办理。再有，园子房3间、田地 31 日，也交给音保。父、祖坟墓祭祀由其承担，不得推诿其他兄弟。田地、房产不可以典卖。

北边一所正房 6 间、厢房 2 间、街西边现有的铺面房 4 间其北屋 4 间，家丁刘氏、二宝，婢女讷尔格、刘姐分给含珠。

院子里西边厢房 3 间、南边含珠名下现有铺面房共 18 间，家丁刘氏、四儿，婢女辛姐分给洛笃礼。父亲留下欠人的债银子 66 两，洛笃礼自愿承担。所以，也没推诿其他兄弟。

父亲留下的衣服，也分成 3 份。上述情况叔叔督坑、付诸，表兄关保、表弟额尔格等面前立字据。各自收好。

析产字据：叔叔督坑、表兄关保、表弟额尔格，签字人叔叔付诸。

乾隆十二年三月十日 ①

从这件满文分家单可以看出两方面问题：

第一，乾隆年间满族人的家产中已经不再是入关前以牲畜、阿哈为主，而是以房子和土地作为家产，家产的概念发生根本性转变。

第二，约定音保分得的田地和房产不准典卖，说明当时满族旗人已经开始旗地买卖活动。

第三，为何使用满文书写？这是本部分所要说的关键。笔者认为，此时的马佳氏族人仍然使用满文书写，而且满语仍然是交流工具。有两个方面为证：一是从该马佳氏立分家单的人员名字看，全部为满语，而且列入分家单上表亲也都是满语命名。二是据该家谱序言所载，"马佳氏家谱汉文本，亦系道光二年与满汉文谱同时所修，格式纸质均同。唯长次顺序，由右而左书写。当时缮成多份，分发同族。另有升勤公修谱首序，内有阖族公定排辈冠字"。该序言所说的满汉文谱，从该家谱的照片上看，实际是满汉文合璧谱，道光年间已经开始使用满汉两种文字编修家谱，并且分发给散布于各地族人收藏的都是汉文谱。不难看出，分家单使用全满文，说明当时马佳氏族人能看懂满文，而看不懂汉文。但到了道光二年（1822）时，马佳氏族人的满文水平已经下降，需要使用汉文标注满文，而且这个满汉文合璧的家谱仅作为保留之用，分给各地族人的就是全汉文马佳氏家谱。道光二年（1822）满汉文合璧谱如下图：

---

① 满文由笔者请广州教育学院沈林教授翻译。

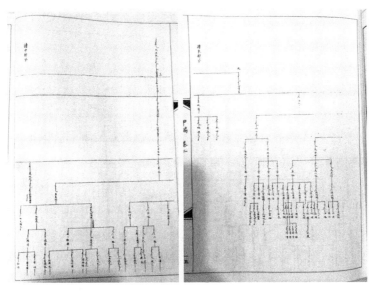

图 2　道光二年马佳氏满汉文合璧谱

总之，这份满文分家单将父亲去世后的土地作为家产之一在兄弟之间重新分配，是兄弟之间的土地契约。

（三）满族民间土地文本契约以汉文文本为普遍存在形式

今天所能看到的满族民间契约文本皆为汉文，至今尚无找到满文文本者。其原因有二。

第一，满族旗产进入典卖的年代大约从乾隆年间开始，而在东北地区进行私下典卖的交易大多从道光年开始，同治年以后越发普遍，这与清廷虽然不允许"旗民交产"，但八旗旗人内部可以交产的规定有直接联系。再以《白氏源流族谱》中收录的《凌云堂白氏事宜录》为例：

> 乾隆五十五年正月二十日，群住公、文秀公分居。群住公凭阎分得老房东头两间仓房一间，西沟地一分，西山底下地一处，房前房后之地两股均分。文秀公凭阎分得老房西头三间、门楼一间，李家坎头地一处，上沟庙西山地一处。
>
> 道光二年十月二十一日，典大岭后（红）册地九段，草房三间、园地一块，价一千七百吊。
>
> （道光）九年冬月初六日，典黄旗沟刘美（红）册地二十九日、草房二处，价三千三百吊。

（道光）十三年正月二十四日，典尹天喜、尹天奎房后园地一块，价六十五吊，又典园地五段，价六十五吊。

…………

咸丰元年正月初六日，又买草房八间、园地二块，房银三十两。

…………

（咸丰）三年二月十五日，买夸色同弟庆安草房八间、园地两块、前房身一处、正沟里草房五间、园地一块、红余科地九段一百二十五亩、山岚五处，价九千六百五十吊。

从上述记录可以看出，凡白氏所典红册地皆为旗人没有问题，卖于白氏田园的夸色同弟庆安，从名字上即可推断也是满族没有问题。又查岫岩满族家谱，没找到尹氏家谱，因此无法确定尹天喜、尹天奎兄弟是否为旗人，但根据记载年份，并且又是"典"而不是"卖"来看，有可能为旗人。但无论是与否，其他能够确定与满族旗人身份的土地交易密集发生在道光咸丰年间以后，因此我们现在收集到的满族民间契约也都始于这一时期为多。

第二，道光咸丰年以后时期，正是满族人"丢失"满语文时期。《白氏源流族谱》首修于光绪八年（1882），完全使用汉文，而《凌云堂白氏事宜录》的记账本却不是从光绪年才开始，而是始于道光年间，这时是否使用满文记账了呢？从《白氏源流族谱》的描述也可以看出，白氏使用汉文记账。族谱中记载白氏上进好学的事迹：

我家人口日多，无力尽教子弟读书。遂公议章程，按老三股，每支令居长者读书，其余务农为业。至景亮执斋公以后，家道益富，嗣后有子弟均令读书，故景执斋公亦得读书；惟寿安公性好读书，因家未殷实，未能攻书，自趁农隙，学习文字，能写账目。

寿安公大约是咸丰或同治时期人，与他同辈的贵安考中举人，完全使用汉文答卷。从中可以看出，白氏读书识字、记账，指的是汉文，而不是满文。

从家谱人名可以看出，白氏从康熙初年来驻防的始迁祖崇厄力开始到第七或八代时，皆为满语命名，诸如山林保、阿里因、阿力突、才青阿之类，这个时间大约在乾隆后期到嘉庆年间；道光年间以后大量出现汉语命名，同治年以后基本完全以汉语命名，并且家谱中开始使用汉族的排辈字歌。从这时起，命名也完全中原化，如，寿安、荣安，家谱写的还有其他同族同辈分的兄弟也都以安字排辈。由此可以推测，既然土地典卖流水账由汉文记录，如果有土地契约签订，也一定是汉文文体。

笔者关于上述白氏不使用满文的推测，从其同居住哨子河的索绰罗（曹）氏也能得到旁证。索绰罗（曹）氏有一位叫吴大哈的先人，乾隆年间出征，12年后回到岫岩开办私塾，教授满文，自己撰写教材，这部满文教材保存至今，已经使用汉文注释满文的方法，说明岫岩当时满族旗人已经使用汉语，因而才会利用汉文标注满文。

总之，如果满族人已经以汉语为第一语言而不是满语，满族民间土地契约通用文字必然是汉文。从现今收集到的满族民间土地契约全部为汉文证明了这一认识，在此不再赘述。

（四）"白契"是满族民间土地契约文本的主流形制

目前，能够看到、收集到的满族民间土地文本契约，以"白契"为主流形制。满族民间社会里原本就没有土地文本契约，后来才有，而且"白契"成为主流形制。

1.满族民间"白契"的三个主要种类

（1）分家单

《三道林子镶红旗满洲沈氏族谱》收录的是民国时期满族沈氏分家单。分家标的为祖遗田地、房产、牲畜、车辆，在四个兄弟之间均分。

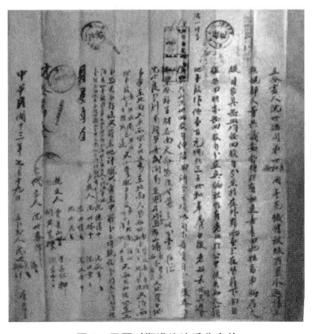

图3　民国时期满族沈氏分家单

锦州满族邹氏兄弟两次分家单。左边的分家单为道光时期，分家标的为红册营盘地、草房、场院，在两个兄弟之间均分。右边的分家单为咸丰时期，分家标的为房子、宅基地、树木、红册地。

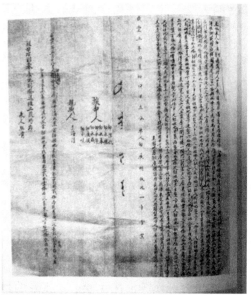

图 4　满族邹氏兄弟两次分家单

右边的这个分家单为咸丰五年（1855）立约，与其他分家单不同的是，不仅写明邹广明、邹广月兄弟二人分的是祖父之遗产，而且"邀请族长尊亲"，分家单上写明"邀请族长"在笔者能看到的满族民间分家单中比较少见，并共有7位族中人、1位亲戚，共8位见证这次分家，人员之多，也是少见。

（2）典契

将土地押出去，明确质押期限，取得一定资金，缓解一时之急，待有能力时再约定期限内还给贷方，将土地收回，但如果因各种原因未能还款，土地归贷方所有。满族民间也称典契为"活契"。满族民间利用"活契"盘活资产，串换现金，解决一时之需，不仅仅是土地交易，还掺有族人亲情。以下有两件本溪满族孙佳氏典契，第一件为光绪二十四年（1898）孙佳氏三兄弟将祖遗（红）册地，典与同族孙万有，没有赎回期限。第二件为清宣统二年（1910）孙氏族中兄弟之间再次相互典押，与第一件同样，典契中声明"自典之后，不拘年限，价到许赎"。从中可以看出，这

---

① 红册地，清代登载旗地的官方印册因有红色印章而称红册，入册之旗地为红册地。清廷给返回东北八旗划定的田地。

个典押很宽松，没有典期的年限限制，有利于出典方待资金足够时随时赎回自己的土地。这份典契的中保人、代字人，也皆同为孙佳氏族人。

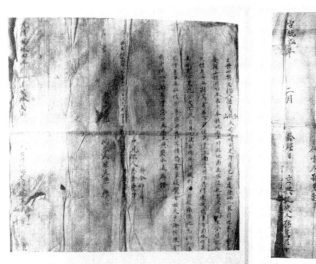

图 5　孙佳氏同族之间的两件典契

上述孙佳氏与同族土地典契，可与道光二十七年（1847）孙祥玉与王福生立草房典契进行对比。该典契为异姓之间所立，规则严明，无一丝亲情，"一典五年之后，如若不赎，许王福生自住。恐口无凭，立字存照"。

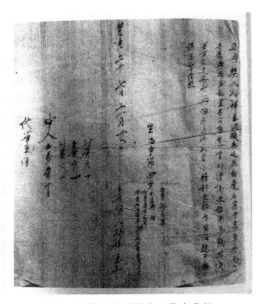

图 6　孙祥玉与王福生立草房典契

典契在清代成为满族人买卖旗地的一种迂回方法。清乾隆以前曾有明文规定禁止旗地买卖，东北的旗地买卖放禁时间更晚。因此，为回避规定，典期时间很长，典契成了典为虚，卖为实的一种手段。《白氏源流族谱》收录的《凌云堂白氏事宜录》中记载的"道光二年十月二十一日，典大岭后（红）册地九段，草房三间、园地一块，价一千七百吊""（道光）九年冬月初六日，典黄旗沟刘美（红）册地二十九日、草房二处，价三千三百吊"，都没有注明红册地的典期时限，实则相当于卖给白氏。

（3）土地买卖契

满族八旗自从入关后，获得旗地耕种自养。最初时，每户皆有披甲，吃皇粮，老幼及余丁耕种田亩，大多数满族八旗日子过得还算充裕。可到乾隆时期以后，最初的一户人家，经过几代繁衍，已成几百人。如同岫岩《白氏源流族谱》那样，经过艰辛努力"食指150口，有家产百万"是凤毛麟角，绝大多数满族八旗家族披甲当差者寥寥无几。当初祖先得到的旗地经过几代人分家分产，越来越少，本溪县《章佳氏族谱》竟然在清代末年，已经成为200丁仅1人披甲当差，当家庭收支进入困境时，典卖土地成为最后的依靠。自咸丰年以后，满族八旗穷困者日益增多，旗地买卖流转加快，清末光绪年间已经成为整体潮流。这时，八旗土地管理松弛，旗地使用"白契"买卖，既可以不报本旗，也可以不交税收，因而民间流行。

以下为锦州满族佟氏佟开成3件"白契"，其中2件买卖土地、1件卖家产，包括宅基地、树木、房子等，三次都卖与同族兄弟，体现同族相互帮助的特点。第一次土地契于光绪二十一年（1895）正月，第二次卖家产为光绪二十一年十月二十日，第三次卖地为同月二十一日。从这3件契约中，反映出满族旗人于清朝末年生活日益穷困的情况。

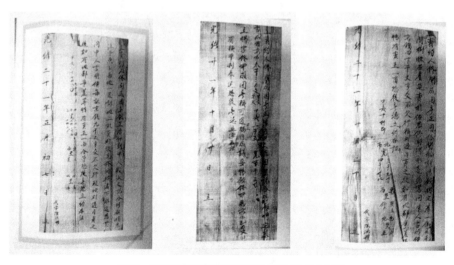

图7　光绪年间满族佟氏佟开成3件"白契"

2. 满族民间土地"白契"的交易对象

满族民间卖地"白契",标的普遍写为"祖遗地",或（红）册地为多。通过岫岩、凤城、本溪等辽东满族家谱①可以看出来,这些满族八旗先祖归附努尔哈赤,屡立战功,清初"从龙入关",康熙初年又奉旨来调拨辽东山区驻防"跑马占山",开荒垦田,定居形成聚落,到民国时期,已经繁衍大约十代人,近三百年历史。所以,"祖遗地"或（红）册地,凝聚满族八旗南北征战后返回东北屯垦戍边的艰辛历程。然而,清朝随着国力衰退,不仅无力给予满族八旗官兵小康之家生活,而且连贫困也无法扶助,这时的满族八旗只有把分家所得的祖产"祖遗地",或（红）册地卖掉。因其为先祖所遗,尽可能卖与同族、同姓之人,折射出满族八旗无奈感慨之心态。上述佟氏、孙佳氏之契约即已经说明。

满族民间买地"白契"。满族八旗大多数逐渐贫困时,也有一些家庭人丁兴旺,经过百年积累,家底逐渐丰厚者,有较强的购置土地愿望。购买族中同姓土地一般情况下,都是应卖地者请求,既照顾同族之谊,也有保住先祖遗产之意。但对外,更多的是去买民地。"民地"即民人之地。清代民间将未编入八旗的民籍汉人称为"民人"或"在民"。乾隆以后汉族民人大量流入东北,②光绪时期数量已经超过旗人七八倍。来自山东的民人极善耕种,四处垦荒,积累了一些田地,超过满族旗人的土地面积也大有人在,但也有一些人家,因为各种原因"正用不足",将手中土地出卖,家庭较殷实的满族旗人就成为他们的卖地对象。

再以锦州满族佟氏佟开端为例,宣统四年③（1912）,其买黄连元土地。黄连元因"正用不足",所以求高福松说合,成交。这契约里使用了"央到中人高福松说合"字样,体现佟开端买这块地,是中间人说情的结果,并不是佟开端积极主动要买,而是卖家着急出卖。这说明卖家经反复思量选择,卖给谁能使自己尽快兑现资金,最后锁定佟开端。从前面佟氏族中相互买卖土地契约上看,佟开端应当有这个实力,成为最佳买方人选。

总之,满族民间契约以"白契"为主流,虽然这是中国民间由来已久的传统习惯,但满族采用的主要原因,还是适应满族民间当时对土地交易需要。在旗地禁止买卖的情况下,"白契"先是满足旗地内部流转,再后来满足旗民之间流转,直至成为普遍流行的满族民间契约形式。

---

① 参见何晓芳、张德玉:《清代满族家谱选辑》,沈阳,辽宁民族出版社,2016。
② 与顺治年间移民招垦来辽东者不同,那时来者全编入旗籍,不在民籍。
③ 因是民间契约,年号不准确。

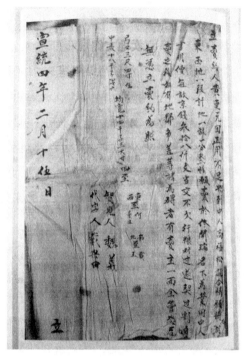

图 8　锦州满族佟开端买黄连元土地契约

三、结论

土地契约的形成，以小农经济为基础、以土地成为家产为前提。满族家谱作为一部家族源流的历史，比较完整地记载始祖以下家族繁衍，不断分门、分户的经过，折射出满族八旗生计方式的转变过程。例如，编写完整的满族家谱，《马佳氏宗谱文献汇编》《凌云堂白氏事宜录》《三道林子镶红旗满洲沈氏族谱》都可以作为研究满族民间契约产生的参考资料。

清入关前女真人时期，原为渔猎经济兼及游牧经济，农业经济不是主体，土地公有，没有作为家产的价值。努尔哈赤起兵之后，进入农业相对较发展的辽沈地区，为扩大农业生产，增加军队武装力量，开展"计丁授田"，满族八旗均获得土地。但土地所有权仍然归国家，八旗征战，并不以农耕为生计。因此，清入关前没有土地文本契约存在。

清入关后，从国家分配到旗地。虽然旗地国家所有，个人仅有使用权，但土地已成为满族八旗的家庭私产，在父子之间、兄弟之间以"分家"形式进行重新分割，分家单成为满族民间土地交易第一种契约。后来又出现典契，使满族八旗得以绕过清廷旗地不可以买卖禁令。直到清晚期，大量满族八旗土地买卖契约出现，买卖交易人由亲兄弟发展到族中兄弟，再到旗人、民人，满族民间土地买卖契约形成，以"白契"为主流形制。

满族传统古村落调查

一个民族村寨文化遗址的历史人类学考察

——以清代县志为基础

龚志祥*

摘　要： 本文运用历史人类学方法考察武陵民族地区的一个传统村落仙佛寺村，从历史文献、田野调查和考古三个方面分析村庄的地名文化、佛寺建立年代、驿道、界碑和军事遗址等，通过文化变迁分析各民族交往交流交融的历史过程。

关键词： 民族村寨；仙佛寺；历史人类学

本文探讨的民族村落仙佛寺村地处武陵山腹地恩施土家族苗族自治州来凤县，来凤县属于土家族聚居区，仙佛寺村地处县城郊，村域面积4.5平方公里，下辖9个村民小组，共498户2288人，多民族共居，以土家族为主，土家族人口占九成。本文以此村的历史遗迹和民俗事象为观察对象，从田野和文献两个方面考察此村的文化变迁，进而了解民族交往交流交融和民族团结。

村庄格局以209国道为主轴线，沿国道两侧展开，呈长方形，自南向北，209国道西侧依次为1、2、3、4、7组，东侧依次为5、6、8组，9组居于村庄最北端，跨209国道两侧，南依仙佛寺景区。尽管土家族人口占比九成，但人们仍然喜欢以族而居，更看重姓氏和血缘。整个仙佛寺村大致形成莫家大院（5组和6组）、曹家大院（8组）、肖家大院（3组和4组）、李家院子（7组）、张家院子（9组）的居住格局。但院子之间并没有高墙深锁，分界只是大致的，院落之间互有嵌入，随着道路交通发展和商业兴起，院落之间相互攀亲结缘，加之外地人口多因婚姻关系迁入本村居住，原来的传统村落格局进一步改变，杂姓呈增多趋势，但大多与本村原住民有姻亲关系。由于209国道的商业便利，仙佛寺旅游开发，原有的居住格局进一步改变，尤其是因

---

* 龚志祥，男，湖北省来凤县人，土家族，东北大学秦皇岛分校教授，主要从事马克思主义民族理论政策研究。

扩建仙佛寺旅游景区、高速公路征地以及高速公路与县城之间的大道建设，政府行为建成的两个安置小区，不仅改变了居住格局，而且对未来的生活方式都会带来影响。

一、关口地名演变及历史意义

仙佛寺村因酉水河右岸之东晋咸康年的摩崖佛像而获名。此村地处来凤县城驻辖地翔凤镇北郊，距离县城 4.5 公里，北依湖北省恩施土家族苗族自治州宣恩县李家河乡，东与湖南省湘西土家族苗族自治州龙山县石羔镇隔酉水河相望，西与翔凤镇小河坪村为邻，南接翔凤镇马家园村，属于两省三县交界之地。仙佛寺村地势较平坦，多耕地少森林，耕地面积 1106.5 亩，无高山相伴，有丘陵起伏。酉水河自北向南从村东头奔涌而下，村庄沿酉水河右岸延伸，公路 209 国道穿村而过，把村庄一分为二，恩来高速（恩施至来凤）自西北向东穿过村庄越过酉水进入湖南省龙山县，进入来凤县城的高速公路收费站设于此村。

清乾隆版《来凤县志·疆域志》载，东北二十里，至关口塘，与宣恩县滥泥坝交界。以此推断，仙佛寺村有史可考的最早地名叫关口塘。又据清同治版《来凤县志》（同治丙寅年纂）载，元皋里，东至佛潭河，交龙山县界，距城十五里，又东至关口，交宣恩县界，距城十五里。随着时间推移，地名从关口塘演变成关口，说明此地过去曾是战略要冲，进入来凤县的北大门，拱卫来凤县城，因为越过此村到县城就是一马平川，无险可守。清嘉庆元年（1796），白莲教起义军与清军曾在此激战就是明证，当时代来凤县事、利川县丞王三锡有诗《来凤教匪未靖奉代守硖口寨》云：

> 竹驾窝蓬木扎城，
> 凭高扼要势纵横；
> 独怜负载抛锄者，
> 尽是宣恩义勇兵。
> 田野蛙声杂雨声，
> 溪流喧涨客心惊；
> 戍楼鼓角忙催柝，
> 数到连敲第五更。

清乾隆版《来凤县志》载，"县东十里，下临河石，崖上凿有佛像，故名佛塘崖。佛塘河在佛塘崖下，发源宣恩县忠峒，诸水合近凤寨渡河，出卯峒达辰州。"清乾隆年间的地名叫佛塘，但清同治年间已经称佛潭，佛潭崖下的酉水河也叫佛潭河。早年关口与佛潭地域范围均较狭窄，但都在现仙佛寺村地界内，后慢慢扩大，两个地名范围基本重叠，名称可互换。关口地名开始由佛塘或佛潭替代始于清康乾盛世，说明北边的施南府与南边的土司之间政经交往密切，文化互联互取，儒化步伐快，佛教开始主导当地社会生活。清末和民国时期，此地还曾叫官口或官渡口，从防御性地名关口演变成交往性地名是一个历史性飞跃，说明商旅往来代替了过去的要塞驻防，移民开始大量增加。据清同治《来凤县志》记载，雍正十三年（1735）改土归流时，来凤县客民 8446 户，这其中包括苗民和汉民。清朝乾隆元年建县始，此地的布防从防御功能的峡口寨塘扩大成具联络交往功能的峡口寨铺，增设了铺递机构。1949 年 11 月 9 日，来凤县各族人民迎来解放，实现了民族大团结，关口的意义彻底淡出了人们的生活，空有其名。进入社会主义新时代，民族团结进步事业创建上升到一个新高度，各项事业达到一个新水平，各族人民安居乐业，一派祥和气氛。顺应时代潮流，反映各族人民心声，加之千年古刹仙佛寺位于关口村，2015 年 1 月 6 日经来凤县人民政府批准，更名为仙佛寺村。

二、仙佛寺开凿年代及历年修缮

仙佛寺村最著名的物质文化遗产当属佛潭的仙佛寺，包括寺庙和寺庙上方酉水右岸红色悬崖绝壁上的摩崖石刻。据清同治版《来凤县志》（同治丙寅年纂）载："县东十五里。水深不测，下有神鱼，祷雨立应。上即佛潭岩也。"《游佛潭》诗云："城东古寺压山腹，牟尼隐现珠光圆，飞楼涌殿夺天巧，直自林麓穷其巅"。

仙佛寺建于何时是一个有待史料进一步发掘和考古进一步发现的事情，但建于咸康元年是没有争议的事实。历史上有两个咸康元年，一个是东晋咸康元年（355），另一个是五代十国时期，前蜀后主王衍的咸康元年（925）。但无论是哪一个咸康元年所建，仙佛寺都有上千年的历史，丝毫动摇不了仙佛寺的古老。岁月沧桑，星转斗移，仙佛寺摩崖佛像依然淡定于酉水右岸石壁，俯视天下苍生，静观酉水南流。中国石窟艺术约始于 3 世纪，5—8 世纪为盛，关于石窟遗迹记载多见于明清地方志和游记中，密集分布于中国北方的广大地域，佛潭摩崖石刻地处石窟分布的南沿，尤为珍贵。中国考古材料证实四川境内有东汉佛迹存在，此乃佛教从云南传入的路径之一，到达来凤县境亦有可能，加之，五代十国时期的王衍崇尚道教。因此，人们习惯于认定仙佛寺始建于东晋咸康元年（355），以彰显仙佛寺开凿年代早于敦煌莫高窟（前秦建元二年，366 年）、云冈石窟（北魏兴安二年，453 年）和龙门石窟（北魏孝文帝迁都洛阳，

493 年）。有专家通过解读仙佛寺摩崖佛像的色彩和技法，认为是唐雕，以此判定是五代十国时期的咸康元年（925）所建。不过佛像色彩和造像外形变化也可能是后世礼佛所为，无法判定就是五代十国时期所建。从摩崖佛像有史记载的是两尊须眉如画的古佛，到如今是"仙佛寺摩岩造像工艺精湛，红石壁上雕有弥勒、燃灯、牟尼 3 尊大佛，每尊高两丈有余，大佛两旁雕有小菩，计 25 尊，雕刻精细，衣纹似装，神态各异，生动雄伟。石像下为中下层，有木质雕神像 10 尊，共 3 层木楼，直径为 1.5 米，还有 12 面小鼓，1 口大钟，4 口小钟。每当敬拜者立位，钟鼓齐鸣，其声音回旋山谷，响彻数里之外"（见《来凤仙佛古寺修复记》杨吉富口述，来凤县政协文史委整理），说明仙佛寺的今日现状是历经了一个长期的修建和不断完善。

因此，仙佛寺的确切建立时间仍然是一个谜，待考。清同治版《来凤县志·地舆志》"古迹"条记载：咸康佛，在佛潭岩上……左镌有记，仅余"咸康元年五月"六字，文多不可辩。现字迹全无，乃岩石风化之故。据说仙佛寺存有一块"咸康碑"，后了无踪迹，"咸康碑"踪迹难寻，无法从书法角度猜测年代，留下无尽憾事。确信无疑的是，仙佛寺是中国开凿年代最古远的石窟寺之一，是湖北省唯一的石窟寺，也是武陵山区著名的佛教圣地之一，其 30 余尊摩崖佛像无论是平面尺度格局，还是立体神态展现，均非凡品，世间少有。

清同治版《来凤县志》载，仙佛寺位于元阜里佛潭岩，并详细记载了摩崖佛像，"咸康佛，在佛潭岩上。峭壁千寻，上刻古佛二尊，须眉如画。居人倚石壁建阁三层，槛外古柏一株，绿阴如幕，数百年物也。檐际泉飞，四时疑雨，洞壑幽峭，夏亦生寒。从此泛舟，可通官渡。端午竞渡，两岸士女如云。隔溪龙山诸山，若隐若见。樵夫耕者，出入画图，亦奥如亦旷如也"。清同治县志说明仙佛寺的称谓在同治丙寅年（1866）前就已出现，并对寺庙的空间格局和人文自然生态有生动描写，当时的参天古柏已是数百年龄，寺庙也是古寺。一派农耕年华，端午佳节已是盛况空前，当年的关口、关口塘已被官渡取代。从防守对抗的"口"到交往交流的"渡"，实现质的飞升，一个划时代的变化，说明当时社会和睦、民族团结、政通人和之象。

中华人民共和国成立后，对文物古迹保护十分重视，仙佛寺的保护迎来了春天。1956 年，湖北省将仙佛古寺纳入第一批省级重点文物保护单位。非常不幸的是，千年古寺的殿舍、楼亭和佛像均毁于"文革"期间，具吊脚楼特征的仙佛寺实乃建筑上品之作，竟毁于一旦。佛寺就是佛像"窟檐"，一旦失去就会加速剥蚀佛像。万幸的是，崖壁上的 3 尊大佛摩崖造像主体因高悬丁空，受损较小，造像保存基本完整。加之人民公社化时期，公社社员在摩崖佛像背后开凿隧洞引水灌田，导致佛像常年受水侵蚀，部分佛像斑剥风化，损失无法挽回，十分可惜。

"文革"结束后，国家兴改革开放之策，百业兴旺。仙佛古寺重唤青春气息，善男信女虔诚朝拜，游人如梭盛况重现，每年农历二月十九日、六月十九日、九月十九日三次庙会，数十万人云集，叩拜观音，礼佛朝圣，成为来凤县远近闻名的旅游佛教圣地。来凤县委、县政府十分重视文物保护，通过努力争取，仙佛古寺于 2006 年成为国家级重点文物保护单位。

20 世纪，仙佛寺经历过三次维修。1936 年，群众个人集资对佛像、观音堂等进行维修；1956 年，县政府新建 1 栋走马转角楼，与堂楼相接；1994 年，县政府决定对仙佛寺进行修复。21 世纪，恩施州委、州政府先后提出建设文化大州、文化兴州、旅游兴州战略，为此，来凤县委、县政府把仙佛寺文物保护、寺庙修复、景区开发建设纳入重要议事日程，将仙佛寺修复工程作为重点文化旅游项目，全力打造这一著名宗教文化旅游精品。2012 年，来凤县委、县政府着手修复扩建仙佛寺，投入资金 3 亿元，历经三年修缮。这次重建后的仙佛寺，在建筑风格、规划设计上传承了历史原貌，较好地满足了各族人民的休闲需求，成为湘鄂渝黔历史文化旅游胜地。游客西水老弯赞此美景胜地，有《游仙佛寺》一首：

> 酉水漫韵仙佛月，
>
> 佛潭印心善无界。
>
> 东出洞庭西武陵，
>
> 一蓑烟雨一世情。

仙佛寺的古韵还体现在文学上。古人旧作描写仙佛寺的不少，多以诗文见长，《来凤县志·艺文志》（同治丙寅年纂）有部分记载。文以龙山拔贡饶建寅《游佛潭记》，张鉴《夏日游石佛潭》，邑举人、何盛矩《游佛潭》扬名，诗以邑庠生、熊梦祥《佛潭》、张鼎《佛潭映月》、候选训导张钧《古佛潭》、文童张宗达《佛潭映月》、贡生覃化南《佛潭映月》闻世。

据《来凤县志（1866—1985）》载："古人曾修三层佛寺……古寺上倚绝壁，下临深潭，古木参天，绿荫蔽日，檐际泉水四时溅落，左右洞壑幽深，成为本县避暑消夏胜地，亦以佛潭映月的美景而为文人称道。"最具代表性的是咸池昙真人流传千古的回文诗，这首诗语言清新，意境悠远，顺念倒读皆成句，拼拆组合皆成诗，还可删减字数，组成数百首好诗。此首回文诗对佛潭映月的美景描写可谓独到，语言清新，意境悠远，但成诗年代不可考。诗的全文如下：

花开菊白桂争妍，

好景留人宜晚天。

霞落潭中波漾影，

纱笼树色月笼烟。

三、黑神庙遗址田野调查

黑神庙广泛存在于湘鄂渝黔的武陵地区。来凤县城关、漫水乡均有遗址，其中来凤县城关的黑神庙位于仙佛寺村后坪。据清同治版《来凤县志》载："黑神庙，在元阜里后坪。祀唐睢阳殉难将军霁云。"关于南霁云生前的忠勇和殉节的壮烈，韩愈在《张中丞传后叙》中有详细记载，由此观之，黑神庙乃祭祀南霁云的民间宗教庙宇，是忠烈宫或忠烈庙的俗称。民间称黑神庙源于两种传说，一为南霁云生来面黑，二为南霁云为炮轰而死，全身被炮火烧黑，故称其为黑神。睢阳之战成就了英雄，但英雄被神化是需要时间的，被人们赋予超现实神力和想象，成为人们精神寄托的殿堂，最终走向神坛，也是天下苍生对忠义的崇敬和向往。在恩施地区大量存在黑神庙，南霁云被神化为"黑龙菩萨""黑龙王"，庇佑着一方百姓，这可能与其子南承嗣曾在这一带为官，广施仁政善政有关。据《大明一统志》载，"南承嗣：魏州顿邱人，霁云之子，历施涪二州刺史"。神化为"黑龙菩萨""黑龙王"也印证此村的一个传说，据村民告知，李吉沟的青冈脚有一口塘，塘里藏有一条龙，后来龙游走了，水也干了。

仙佛寺村后坪的黑神庙始建于何时已无法考证，但早于清同治丙寅年（1866）是肯定的。广问村中百姓，大多知道黑神庙的位置，但庙的来龙去脉已无人说得清楚，也不知道是祭祀南霁云将军的，只知道是一座庙，在村民心中的神圣性与仙佛寺等同，都是用来供奉菩萨的，由此看来，随着文化的变迁和宗教的传播，黑神庙演变成了一座多神合祀的庙宇。据现年87岁的马老太回忆，她家的老屋场与黑神庙为邻，黑神庙占地较宽，气势恢宏，山门对着佛潭，与佛潭的差不多大，有钟楼，庙旁有一个天主堂，还有古井一口。天主堂存在说明此地在清末民初，天主教开始在来凤县传播。马老太回忆，庙里当时有两个和尚，一个叫王和尚，另一个是他的徒弟余三娃，1949年后，两位和尚圆寂，庙堂无人管理，慢慢腐烂，"文革"前，庙宇建筑被彻底拆毁，地基成为良田美土，众菩萨请至仙佛寺。也有村民说黑神庙比佛潭的庙大，另有村民说比佛潭的庙小，只有两进。笔者现场考察，黑神庙的遗迹已消失殆尽，只有农田的边缘还可见当年的墙基和路基，存在这样台基的农田约2500平方米，可见当年的香火之旺。庙大庙小的争议已不重要，成了村民的模糊记忆，淡出了人们的生活，重要的是仙佛寺村的村民传承了南将军的忠勇义胆，深入骨髓。

四、交通和军事遗址考证

因仙佛寺村位于县城北，地处龙凤盆地边缘，是从北进入来凤县境的关口，战略地位重要，所以历代统治者均在此设卡派兵驻守。村里曾有两个碉堡（炮楼），分别位于后坪和下坪，后毁。位于下坪的碉堡处于古驿道的西侧，用于监视县城和宣恩方向，确保通往施州的驿道畅通；位于后坪的碉堡俯瞰酉水河，地处黑神庙旁边，用于监视县城和湘西龙山方向，确保通往湖南永顺府的驿道畅通。

经过仙佛寺村的两条古驿道，一条通施南府，另一条连接湖南省龙山县。据1943年的《来凤道路调查表》列来凤县城至龙山、宣恩、咸丰、西阳四条人行大道为县道，并列有八条乡道，总长373公里。来凤至龙山路境内路长2公里，路宽2尺，拳石路面，途经重要地点就是官渡口；来凤至宣恩李家河路境内路长7.5公里，路宽2尺，拳石、石板路面，途经重要地点小河坪、岩板铺。清乾隆元年（1736）来凤县设立铺递机构总铺司，传递军情文秉，总铺司下辖峡口寨等11铺，峡口寨驻铺兵2名。由此可见此村的战略地位不一般。另有乾隆丙子年纂《来凤县志》所录林翼池《峡关传鸿》古诗为证，道尽关口塘的意境与价值。

地接宣城出郭东，峡塘关外盼飞鸿。
烽烟永息千年火，邮路时传万里筒。
何处衔芦怜片影？却疑系帛坠林中。
征禽不爽随阳字，遵陆清音度远风。

峡口寨塘目前还保留有墙基和较大面积的碉堡残留部分，进出关口的门洞已了无踪迹，早先曾作为佛潭大堰一个支堰的节点使用，现已被村委会发现遗址的重要性，进行了一定限度的保护，算是为乡村文化振兴贡献了一处重要的文物古迹。峡口寨塘位于新寨坡，也叫栏杆堡，地处来凤盆地向北徒然升起的高地边缘，因此寨塘前叫下路坪。峡口寨塘地处通往施南府和永顺府两条古驿道的交叉点上，与后坪和下坪两处的碉堡呈三角交叉，互为犄角，进可攻、退可守，起着拱卫来凤县城的作用，向北支援施南府，向东关联永顺府，保证两条驿道的通畅安全。从新寨坡、栏杆堡这些地名，我们也能感知此地南来北往舟车之繁忙、东出西进商旅交会之频繁，以及改土归流前作为军事重镇的价值。据乾隆丙子年纂《来凤县志》的《峡关传鸿》绘图所示，峡口寨塘右前方是一个村庄为新寨。新寨，移民之寨矣，移民初来，从确保安全角度考虑，选择驻军之地和交通便利之所安家立寨是首选之策。峡口寨塘左前方是一座兵营和哨塔。同治丙寅年纂《来凤县志》对新寨坡的地形地貌和社会态势已有记载："县东十二里，山形横亘，右阻岩谷，左带大河，前俯平畴，后盘曲磴，由来凤至宣恩大道。咸丰辛酉冬，刘方伯岳昭、李总兵复盛，连营于此，以拒发逆。"由此可见关口地位之重要。

仙佛寺村地处城郊，交通便利，南来北往，是族际融合、文化交汇的重要节点。村庄现有土家族大姓人家系外地迁入，祖上非来凤本地人氏，在与原住民田、覃（谭）、向、冉、白、彭等姓氏交往中，因居住、姻亲等原因，认同土家文化，产生共同心理认同，构成土家族的重要组成部分。仙佛寺村李吉沟附近有一个小地名叫小丈布，说的就是蔡姓人家祖上初来此地，用一丈布交换这块地方居住，但与原住民交换时，发觉布不到一丈，但原住民也同意成交帮助蔡姓人家渡过难关，因此故，这个地方就叫小丈布，用以表达土家人乐于助人渡过难关的事迹，地名沿用至今。

五、天圣石柱的田野发现

同治版丙寅年纂《来凤县志》录有《天圣石柱歌》，系候选训导张均所作，记载了北宋天禧年间（1017—1021），富州（来凤）和顺州（沙道沟、高罗、李家河一带）夷长田晏入侵施州（恩施），宋刺史领兵直抵富、顺，进行围剿，田晏降之，在七女栅前立石柱以分界，正如史载"石柱胡为在此邦，州分富顺境相望"。据考，来凤宣恩交界处的茶场山上有石柱屹立，高达约2米，历久剥蚀，字迹毫无，世人称之为界牌，此乃天圣石柱，前几年被雷击，劈为两半，一半尚存，人们称之为雷打岩，已不知天圣石柱为何。平叛田晏发生在天禧年间，同治版县志称其为天圣石柱，天圣为宋仁宗年号，据此可以推断石柱的政治意义发生在天圣年间。歌云："群山如龙不肯住，飞腾都绕富阳去。一山戴石作虎蹲，上有天圣立石处。……南人自此不复反，七女栅前春风满。……此物当年在人间，久与咸平镇百蛮。我今驻马寻残柱，洞雨溪风暗二关。"此乃来凤、宣恩两县分界之始，富州、顺州本是一体，从此一分为二，分而治之。

参考文献

［1］来凤县志编纂委员会.来凤县志（乾隆丙子年纂）.北京：中国文史出版社，2017.

［2］来凤县志编纂委员会.来凤县志（同治丙寅年纂）.武汉：湖北人民出版社，2017.

［3］来凤县志编纂委员会.来凤县志（1866—1985）.武汉：湖北人民出版社，1990.

［4］来凤县志编纂委员会.来凤县志（1983—2002）.北京：方志出版社，2014.

［5］张良皋.武陵土家.北京：生活·读书·新知三联书店，2001.

［6］宿白.中国石窟寺研究.北京：文物出版社，1996.

青龙满族自治县满族口述史调查

——以木头凳镇杨树窝铺村为例 *

王新青　朱宇菲　孙　宁 **

摘　要：满族文化是我国少数民族文化中的璀璨明珠，对我国历史文化传承有着重要影响，而青龙满族自治县在满族文化历史长河中具有重要的意义。通过对青龙满族自治县木头凳镇杨树窝铺村实地调查、对当地村民进行口述史访谈，发现杨树窝铺村存在着家族往来并不密切、满族文化与历史传承未能受到应有的重视等问题，满族文化的传承与发展前景不容乐观。

关键词：木头凳镇；满族；口述史；调查

一、引言

青龙满族自治县（以下简称"青龙县"）隶属于秦皇岛市，位于河北省东北部，燕山东麓，古长城脚下，地处东经 118°33′31″—119°36′30″，北纬 40°04′40″—40°36′52″。青龙河蜿蜒流淌，自北向南贯穿青龙县全境，青龙县由此而得名。县域东界至龙王庙乡与辽宁省建昌县、绥中县交界；南界至抚宁县、卢龙县、迁安市明长城北侧；西界至凉水河、八道河乡与迁西县、宽城满族自治县交界；北界至大石岭乡与辽宁省凌源

---

* 基金项目：国家社会科学基金 2019 年度重大项目"满族民间历史档案资料整理与数据库建设"（项目编号：192DA181）。南昌职业大学博士启动基金项目（项目编号：2022-1）阶段性成果；南昌职业大学校级课题（项目编号：2022-1-05）。

** 王新青，女，蒙古族，新疆呼图壁人，博士，硕士生导师，南昌职业大学人文学院教授，从事语言学、汉语文教育教学、汉语国际教育教学、汉语方言、中国少数民族历史语言文化、中亚历史语言文化、中国传统文化等研究；朱宇菲，女，汉族，内蒙古呼伦贝尔人，硕士，南昌职业大学人文学院专任教师，从事汉语国际教育研究、汉语言文学研究；孙宁，女，汉族，安徽庐江人，安徽大学硕士，南昌职业大学人文学院讲师，从事汉语史、方言、古文字研究。

市交界。青龙县处于京、津、唐、秦经济圈和环渤海经济圈。

1928 年直隶省改成河北省，遂属河北。1931 年在长城以北地区置都山设治局，驻地双山子，属河北省；1933 年被日军侵占，始建青龙县，县署驻大杖子（今青龙镇），属伪满洲国热河省。1945 年青龙解放，成立青龙县临时行政委员会，驻大杖子。新中国成立后，撤热河省，青龙隶属河北承德；1983 年归秦皇岛市管辖，1986 年 12 月 2 日，撤青龙县，成立青龙满族自治县。据 2023 年统计，全县总人口为 55.6 万人，其中满族人口占总人口的 74.7%。[①]

二、青龙满族自治县木头凳镇杨树窝铺村调查

笔者于 2022 年 1 月 6 日赴青龙满族自治县木头凳镇杨树窝铺村进行满族口述史访谈，在东北大学秦皇岛分校驻村干部杨腾皓老师的带领下，我们找到了通过村支书董书记事先联系好的孙跃生（满族）老人家，孙跃生夫妇热情地接待了我们，本次访谈分为九个部分。

（一）受访者基本信息

受访者孙跃生，男，满族，初中毕业，现年 77 岁，政治面貌为群众，1945 年出生于青龙满族自治县木头凳镇杨树窝铺村的一个农民家庭。其基本情况见表 1。

表 1　受访者基本信息

姓名	孙跃生	性别	男	民族	满族	年龄	77
出生地	青龙县	籍贯	青龙县	婚姻状况	已婚	政治面貌	群众
职业	农民	文化程度	初中	是否会满文	否	是否会满语	否

（二）受访者民居、美食与果类

1. 建筑布局

受访者住宅为三合院民居，一进大门正面一排屋子为主人居住，坐北朝南，东西两侧各有一排厢房，用来存储物品。屋脊为悬山式，利于雨雪水的排泄。院落布局呈中心控制，四周散布的特点，[②] 周边还有厕所、草棚、菜窖、菜园等。

---

① 参见青龙满族自治县人民政府官网，《青龙满族自治县概况》，县政府办 2023 年 6 月 2 日发布。
② 参见王春彧、姜丽芳：《辽宁满族传统民居特色及其成因分析》，载《城市建筑》，2014（18）。

2. 火炕

三间正房坐北朝南分别为东屋、西屋和厨房。一进门为厨房，门两边砌有大锅台，分别通向东屋和西屋的火炕。火炕与厨房的锅台仅一墙之隔，中间连通，炉灶烧火做饭时产生的烟火在流动中使火炕内部温度升高，坐在火炕上，就会使人全身温暖起来。如果家里人多，就同时使用两个锅台烧火做饭，两个锅台合理分工，各用于炊事，这样的设计合理地利用了做饭时烟火的余热，使东西两屋的火炕都热了起来。如果人少，就用一个锅台烧火做饭。值得一提的是，除了火炕取暖，青龙满族人家还在自己家厨房锅台边上安装了小型锅炉，烧煤采暖，他们把两个大暖气片安装在炕沿下面，人坐在炕沿上，就立刻感觉到有热气温暖全身，屋子里也暖和起来。天气冷了，或是家里来客人了，满族人家就会烧煤取暖。这种火炕与土暖相互结合的取暖方式，较好地节约了能源。

3. 家具陈列

受访者孙跃生跟随自己的堂叔学得了木工手艺，家里的家具都是孙师傅亲手打制的。卧室的东墙边摆放着一组组合柜，左边放置衣柜，右边放置被褥柜，中间的柜子设计有高低不同的格挡和抽屉，用来摆设工艺品和储放物品。北墙边中间放置着一张写字桌，两边摆放着椅子，桌子上放着瓷器茶壶和一套带印花的玻璃茶杯。屋内种植着一些观赏性花草，整个屋子既显得干净整洁，又给人舒适温馨的感觉。

4. 苞米篓

受访者庭院里矗立着七八个用铁丝箍成圆柱形的苞米篓，这种容器大而透气性好，里面装满了黄灿灿的苞米棒子。苞米篓的苞米是否装得多，就表明主人一家勤劳朴实的程度。东北地区满族人家有"苞米楼"，由木构架作为支撑体系，四周围以柳条的格状栅栏，毡草做顶。青龙县"苞米篓"与东北的"苞米楼"都是用来晾晒、存储苞米的，因为东北地区冬季降雪较多，必须得封闭"苞米楼"的顶部，而且要把苞米楼做得坚固一些，而青龙冬季几乎无降雪，比较暖和，所以不用封闭苞米篓的顶部，使其得以充分晾晒。两地的满族在存储苞米的方式上有异曲同工之妙，充分体现了满族人民勤劳朴实的优良品质和因地制宜的聪明才智。老话说得好，民以食为天，家里有粮，心里不慌，粮多福多。过春节的时候，满族人家有把"福"字贴到苞米篓或苞米楼上的习俗，借此表达美好的希冀。

5. 菜窖

菜窖是我国北方为防止果蔬受冻，往地下挖一个几米深的土窖，用来储存果蔬。因为北方的冬天寒冷而漫长，一到冬天，北方就不容易见到青菜和水果，人们就会在立冬前后将白菜、萝卜、红薯、土豆、洋葱、大蒜等根茎类蔬菜以及苹果、梨、板栗、橘子等水果储存在菜窖里，以备过冬之需。①孙跃生老人家的菜窖地靠院子南边、大门左侧，是半地上半地下的砖石水泥结构，菜窖修得非常坚固。菜窖就像一个天然的"冷藏室"，放在里面的果蔬一个冬天都不会变质、不会风干，冬天打开菜窖，里面的果蔬还新鲜如初。这种不用供暖，可以保持稳定温度、湿度，适合果蔬储存的菜窖具有投资少、低碳环保、超低消耗的特点，在青龙农村较为普遍。

6.厕所

厕所在院子大门的左侧墙角处，砖砌的一个简易的封闭性厕所，厕所下面是粪池，地面上留着一个狭长的长方形洞口，上面放置着男主人亲手打制的木质坐便器，女主人用棉布条将坐便器上面的部分包裹起来，坐上去又稳当又舒服，厕所的门只有门框，门框上悬挂着一幅棉门帘，厕所打扫得很干净。简约而又干净的旱厕，体现出满族人家清洁、卫生、环保的生活理念。

7.美食

（1）老豆腐

青龙县老豆腐，又称"水豆腐"，是青龙特色名吃。早在清朝康熙年间，老豆腐就随着满族人一起来到了青龙，已有三百多年的历史了。老豆腐吃的方法也不尽相同，有的人家习惯一家人盛一大笊篱，放在桌中心，每人一个小勺，一勺一勺地慢慢品尝；有的人家喜欢每人一个小碗，各自盛在小碗里，再一勺一勺地品味。俗话说，一方水土养一方人。来自青龙山的水大多富含丰富的矿物质，有利于人体健康，正好适合做出美味的老豆腐。②木头凳镇杨树窝铺村满族老人家孙跃生知道我们要去他家里做调查，头一天就用冷水泡上了黄豆，第二天一大早我们就观看了老豆腐的制作过程。孙跃生老人将泡好的黄豆用电磨磨成豆浆，烧半锅开水浇到生豆浆中，再将生豆浆一点点地倒入棉纱布单子里进行过滤，淡浆水流到锅中，过滤出来的粗豆渣可用来做动物的饲料，也可以和白菜烩在一起食用。再将锅里过滤好的豆浆加热煮沸，最后将少许卤水缓慢倒入锅里，边倒边不停地搅动，待锅中出现凝固物时加盖，约30分钟后，老豆腐就制作成功了。刚出锅的老豆腐喷香诱人，热热乎乎，入口滑嫩，吃起来有一种原汁原味豆子的清香，使人吃到嘴里回味无穷。

（2）黏豆包

青龙县龙王庙乡被誉为"中国黏豆包之乡"，这里的满族饮食文化历史悠久。黏豆包也叫"年豆包"，是满族的传统特色食品，最早是满族祖先祭祀用的祭品，由于黏

① 参见刘秋平、王耀球：《果蔬物流新模式——菜窖工程》，载《北京交通大学学报》，2012（1）。
② 参见娄一雪、胡保安、鲍继亮：《吃"青龙老豆腐"更放心》，载《秦皇岛日报》，2007-08-14，第A02版。

豆包在冬季易于储存和携带，因此也是满族人出门打猎的食物，黏豆包在东北地区具有上千年的历史。青龙县木头凳镇杨树窝铺村的满族人家也制作黏豆包，小麦面、黄米面、苞米面、高粱面等原料都可以做面饼，选用豌豆、红豆、黑豆等豆类做馅儿。黏豆包分有糖和无糖两种口味，黏豆包口感劲道、软糯爽口、米香四溢，是当地人餐桌上地道的美食。

8. 果类特色

（1）板栗

板栗是中国传统产业，主要分布在大别山和燕山山脉两大主产区。燕山山脉地处温带大陆性半湿润季风气候带，温和、冷凉、雨热同季，适合板栗生长。同时，燕山浅山丘陵地段沟谷纵横交错，形成了特殊山地小气候，为燕山板栗独特品质的形成提供了得天独厚的环境。河北辖区内的迁西、迁安、宽城、青龙、兴隆和遵化等县（市）是其主要产地。[①] 板栗是青龙县的特产，青龙板栗是"京东板栗"的代表产品，注册为"青龙甘栗"。青龙甘栗果粒均匀饱满，含糖量高、糯性强、涩皮易剥，被誉为"京东板栗王"，远销日本，被评为省"名优产品"。

（2）苹果

青龙土壤、气候条件优越，种植苹果有着得天独厚的优势，地处寒暖温带交界处，光照充足，昼夜温差大，使得果品的含糖量较高；土壤为片麻石岩发育的褐土，土壤保肥保水，通透性好，使得果品光洁艳丽、品质极优，特别是国光、富士、红黄元帅等品种最出名。受访者说他家的菜窖每年都会储藏很多箱本地产的苹果，等到淡季时就会运到集市上去销售，或批发一些给超市，或卖给来本村收购的商贩。

（3）安梨

安梨为地方古老品种，俗名酸梨，是秋子梨系统的主要代表品种之一。它以其很强的适应性，一直在燕山山区栽培。[②] 安梨个儿大皮薄，耐储存，主要销往京、津、唐、秦等城市。经过窖藏的安梨，口味更为细腻、独特，深受人们的喜爱。安梨除鲜食、做成罐头食用以外，还可以榨汁消毒后，制成解暑降温、人人喜食的"安梨汁"。[③] 在受访者家的菜窖里储藏有本地安梨，除一部分留着自己家食用外，剩余的安梨卖给前来收购的商贩。

---

① 参见于长文、许启慧、马贵东、杨梅：《河北青龙板栗生长气象条件分析与气候品质认证》，93—100 页，载《农学学报》，2020（3）。

② 参见刘强、张朵：《安梨株系间果实耐藏性差异的研究》，20—22 页，载《天津农业科学》，1995（4）。

③ 参见《河北青龙的土特产》，https://baijiahao.baidu.com/s?id=1685822639748304238&wfr。

图 1　民居小巷

图 2　悬山式屋脊

图 3　苞米篓子

图 4　特色火炕

图 5　菜窖

图 6　旱厕

图 7　老豆腐（1）

图 8　老豆腐（2）

图9　黏豆包　　　　　　　　　　　图10　红富士苹果

图11　安梨　　　　　　　　　　　图12　板栗

综上所述，受访者民居为三合院，悬山式屋脊，庭院整洁，院落布局呈中心控制、四周散布的特点。院里设有象征主人勤劳朴实、寄托美好希冀的苞米篓，供居民晾晒、储存苞米使用；菜窖储物丰富，有蔬菜和水果等类，可防止冬日果蔬受冻、变质，以其经济实用、低碳环保等特点为居民普遍使用；封闭性极强的厕所也是木头凳镇杨树窝铺村居民的一大特色，简约干净，也体现出满族人家清洁、卫生环保的生活理念。其次，民居屋内打扫干净，窗明几净，家具陈列温馨整洁，设有特色火炕与厨房锅台相连，既保证了室内取暖，又节约了能源，温暖舒适。另外，还有清朝康熙年间的特色美食——青龙县老豆腐流传至今，尝起来回味无穷；满族传统特色食品——黏豆包，软糯爽口、米香四溢；均匀饱满的青龙板栗被评为"名优产品"，光洁艳丽、品质极优的青龙苹果、安梨等特色食品纷纷畅销周边，面向全国，并逐渐走向世界。

（三）家庭情况

1.您的出生地在哪里？在那里生活了多久？和谁一起生活？后来又搬了几次家？为何搬迁？

答：我出生在青龙满族自治县木头凳镇杨树窝铺村，在这个村子已经生活了77年，爷爷去世得早，我从小和奶奶、父母、哥哥、姐姐、妹妹一起生活。我26岁那年，父亲患脑溢血去世。37 岁那年，我把家里的茅草房子给拆了，修建了新房子，和母亲、妻子、一个儿子、四个女儿生活在一起。

2. 搬迁的感受如何？搬迁过程和搬迁时，有何重要的事情或难忘的事情发生？

答：过去的茅草房子狭小，而且冬天比较寒冷，新盖的房子朝阳坐北，新房子大，冬天比较暖和。我是四处借钱盖的新房，后面就一边挣钱一边慢慢还账，日子过得紧巴巴的，比较困难。我 36 岁时患病了，腰大脊柱囊肿，当时是由镇医院的郝大夫给我做的手术，我至今忘不了这个医术高明的郝大夫。

3. 您有几个兄弟姐妹？他们出生的时间、职业、现居住地情况怎样？

答：我有五个兄弟姐妹，两个姐姐、两个哥哥、一个妹妹。可惜我二姐在很小的时候就夭折了，兄弟姐妹都是土生土长的杨树窝铺村子的农民（具体情况详见表 2）。

表 2　受访人兄弟姐妹情况

称谓	出生时间	出生地	职业
姐姐	1927	青龙木头凳子镇杨树窝铺村	农民
大哥	1935	青龙木头凳子镇杨树窝铺村	农民
二哥	1938	青龙木头凳子镇杨树窝铺村	农民
妹妹	1951	青龙木头凳子镇杨树窝铺村	农民

4. 您出生的时候父母多大年纪？他们都是满族吗？您的父母从事什么职业？哪一年去世的？

答：我出生的时候，父母 40 岁左右，父母亲都是满族、农民。1971 年，父亲 63 岁时因患脑溢血不幸去世。母亲活到 80 岁，1989 年去世了。

5. 您是否还记得您的祖父母？对他们的印象如何？祖父母都是满族吗？还是只有一方是？祖父母从事何种职业？祖父母对您有何影响？

答：祖父母都是满族，农民，我出生后就没见过祖父。我见过祖母，祖母很善良、勤劳，曾记得祖母时常在园子里薅草。祖母善良、勤劳的品格对我影响很大。

6. 您多大年龄结婚的？有几个子女？您的妻子是满族人吗？配偶及子女的年龄及职业？受教育程度？

答：我 23 岁结的婚。我媳妇是汉族，她今年 76 岁，农民，小学毕业。我们生育了五个子女，都上班了，两个女儿是中学英语教师，两个女儿在外地打工，儿子在县城里工作（子女具体情况见表 3）。

表3 子女基本情况

子女	年龄	毕业学校	工作单位
大女儿	53	职业中专英语专业	中学英语教师
二女儿	50	昌黎师范学校英语专业	中学英语教师
三女儿	46	高中毕业	在秦皇岛市打工
四女儿	44	高中毕业	在秦皇岛市打工
儿子	42	职业中专畜牧专业	青龙县农业农村局

受访者世代生活在青龙满族自治县木头凳镇杨树窝铺村。祖父母为满族人，务农，祖母善良、勤劳的品格对其影响很大。父母也均为满族人，务农，共有兄弟姐妹五人，均是土生土长的杨树窝铺村农民。家中生活困难，日子拮据。配偶为汉族人，育有五名子女，受访者对子女教育比较重视，教育程度均在高中及高中以上，其中三名子女有正式的工作，两个女儿外出打工。

（四）日常情况

1. 您能回忆一下您的童年吗？生活是怎么样的？

答："土改"的时候，1951年左右，我们一家去樟树沟孙姓本家住过一些天，后来父亲带着大哥、二哥去张家口逃荒了，母亲、祖母和我在杨树窝铺村四处讨饭糊口。后来，父亲带着大哥、二哥从张家口回来了，自己开荒种地，种植高粱、玉米、谷子、红薯等，家里的日子才好过起来。我的童年就是到处要饭，生活很艰苦。那时候，没有吃的，没有穿的，住在茅草房子里，冬天很冷。

2. 您能回忆一下小时候居住地的情况及周围的环境吗？比如，自然环境和居住环境，包括居住的房子及布局，屋内的摆设、家具等。

答：我小的时候，家里没有房子，只有茅草房，冬天很冷。家里有火炕、大锅灶、水缸，我们是用扁担挑水取水，家具就只有破旧的橱子和柜子。茅草屋前面有个菜园子，可以种植萝卜、白菜、土豆、豆角、西红柿、辣椒、茄子等蔬菜，还有猪圈、鸡架子，用来养猪、养鸡。

3. 您小时候的居住地是以满族为主还是满汉杂居，他们的日常生活是什么样的？比如衣着服饰、饮食、语言等方面。这些对您有什么影响？

答：目前，杨树窝铺村有300多户人家，就我们老孙家一直是满族，其他的人家都是后来改成满族的。我四五岁时，跟着母亲四处要饭，忍饥挨饿，没吃的没穿的，住的是茅草房子。后来父亲带领我们开荒种地，种高粱、玉米、谷子、红薯等，借钱盖房子，日子慢慢好起来了。我们一家人，包括周围的人都说汉语，我们都不会说满语。父母的勤劳、善良对我的成长影响很大。

4. 您和谁生活在一起的时间较长？对您有何影响？比如，最初教您识字、读书？谁陪您玩耍？

答：我26岁时，父亲患脑溢血去世了，44岁时，母亲去世了。我今年77岁了，老伴儿一直和我生活到现在。母亲陪我时间较长，母亲吃苦耐劳、心地善良，对我影响很大。我8岁左右就不要饭了，开始在村里的小学上学了，是学校的老师教我识字读书的。小时候我经常跟着姐姐玩耍，做游戏。

5. 介绍一下您的求学经历及难忘的事情。

答：我8岁多开始上小学一年级，在杨树窝铺村小学上到四年级，然后到离家8里地的山东村继续上五年级、六年级，初中是在离家20里地的木头凳镇中学上的，住校。家里省吃俭用供我念完了初中。

6. 介绍一下您的职业经历，有过几次变动，因何原因引起变动？

答：十六七岁时，我初中毕业，给生产队放了两年羊，19岁开始在生产队种地。21岁时跟着一个姓孙的堂叔学习木工手艺，我哥也跟着学木工。我30多岁就开始自个儿干木工活儿了，一天挣2元，给生产队交1.6元，自个儿留0.4元。1983年生产队大集体解散了，实行包产到户，我家里分到了几亩田地，收入多了，我们的生活越来越好了。

7. 您的兴趣爱好如何？一生中有哪些难忘的事情并对您产生重要影响？

答：我最喜欢的事儿是做木匠活儿，我喜欢一边干活儿，一边唱唱民歌儿，自娱自乐，缓解一下紧张和疲劳。我最难忘的是20世纪60至70年代，那时生活比较困难。

杨树窝铺村实则以汉族人口居多，仅有受访者一家为纯正满族，其他居民为后来改为满族。村民只会说汉语，不会说满语。受访者童年生活贫困，靠乞讨为生，居住环境简陋，靠茅草屋躲避风寒。从小受母亲影响较大，母亲的吃苦耐劳、心地善良也深深影响着受访者。8岁求学，初中毕业后，先在生产队劳动两年，后学习木工手艺，成为一名木匠。后来，1983实行包产到户，生活逐渐富裕。现在，受访者家中有足够多的粮食、蔬菜、水果，饲养家禽家畜，一日三餐，温饱不愁，屋内冬暖夏凉，家电齐全，可以通过有线电视等随时了解外面的世界，日子过得很舒心。

（五）家族源流与家谱情况

1. 请您介绍一下家族历史，满族姓氏是什么？为什么改为现在的汉姓？

答：我的太爷、太奶、爷爷、奶奶都在杨树窝铺村生活，有好几百年了，原本有一大片坟圈，后来生产队需要开垦荒地，我们家族的坟头都给填平了，老坟都没了。我们家一直都是满族，但是不知道满族姓氏是啥，我们家只有汉姓。

2. 您的家族祖先祖居地是哪里？经过几次搬迁，有何原因？

答：我的太爷和太奶都是本地满族人，他们一直生活在杨树窝铺村，之前的祖先有哪些，我们都没见过，当然也不知道。

3. 据了解，您的家族保留了满文、汉文的家谱，这些家谱是如何保存下来的，记载了多少代的祖先？

答：我家没有满文家谱，但有汉文家谱，是请人到家里制作的家谱，一共记载了七代（详见图 13）。

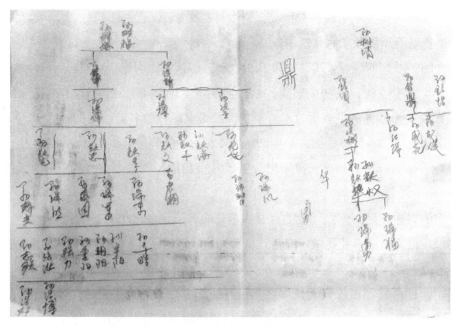

图 13　受访者家谱①

4. 您的家族共举行过几次重要的修谱、续谱活动，目前还举行此类的活动吗？多久举行一次，情况如何？

答：就进行了这一次家谱修订。

5. 历代主持修谱活动的主持人及穆昆达（族长）是谁？

答：没有。

6. 家族中主要的历史人物有哪些？在清代有职位的人员有哪些？在清代阵亡的人

---

① 注：本图由受访者提供。

员有哪些？

答：我太爷是清代的秀才，其他的情况不详。

7. 除了满汉文合璧的家谱。您的家族中还有保留下来的档册、敕书吗？如何保存下来的？家族中还保留其他的文物和照片吗？

答：没有。

8. 与家谱有关的，您的家族还举行萨满祭祀活动吗，多久举行一次？保留下什么萨满器物吗？有神本吗？是满文的、汉文的还是满汉文合璧的？祭祀情况如何？

答：没有。

受访者家族在杨树窝铺村生活几百余年，不曾搬迁。祖祖辈辈均为满族人，但受访者对家族源流情况并不了解：受访者家族使用汉姓，不曾记得满族姓氏。家族没有满文家谱，仅有汉文家谱共七代，家谱修订仅此一次。族中不曾举行萨满祭祀活动，也未曾保留萨满器物和家族档册、敕书等相关的文物和照片。另外，受访者对家族中主要的历史人物也不甚了解，仅知道太爷为清代秀才，其他情况不详。

（六）个人及家族在各种历史时期的经历、活动情况

1. 您对这些不同的历史时期有什么样的看法？为什么？这些时期有没有变化？

答：我太爷和太奶出生在清代，太爷是清代的秀才。我的爷爷、奶奶是清末民初的人，我的父母、姐姐、哥哥和我都出生在民国（解放前），我妹妹和我自己的五个子女都出生在新中国。给我的感觉就是在过去我们家的生活特别困难，后来改革开放了，我们现在的生活比以前好得太多了，房子大了，还通了暖气，屋里的家具都是我亲手打的。孩子们都上了学，一个个都成家立业了，我们老两口住在村子里，都70多岁了，还能动弹，每天做些力所能及的活儿，种些粮食、蔬菜，吃不完的就拿去卖了，以贴补家用。儿孙们各忙各的，工作的工作、上学的上学，等到放假或过年的时候，都会回来和我们一起度过，家里可热闹了。

2. 您及您的家人、家族在这些不同的历史时期是否参加过什么组织及活动？过程如何？感受如何？

答：没有。1947 年、1948 年、1949 年这三年里，日子过得最艰难，家里没有粮食，我跟着家人四处讨饭，吃不饱穿不暖，忍饥挨冻。

3. 对于您或家族亲人经历过的事情，有什么印象最深刻的事情吗？

答：小时候，跟着家人到处讨饭，这些苦难的日子让我难以忘记。

受访者对直系亲人在各个历史时期的经历、活动较为了解。受访者回顾了从清末到民国，再从新中国成立到改革开放不同阶段的生活，由最初的贫穷苦难、忍饥挨冻

到现在的生活幸福，子孙满堂。随着城镇化的建设，受访者的儿女进城工作，孙子进城上学，各自忙碌，打拼未来。

（七）文化生活

1. 您的兴趣爱好是什么？是简单的爱好，还是精通某一方面或几方面？

答：一是喜欢做木工，给别人家打制各种家具，挣点儿零花钱，供孩子们上学。二是喜欢唱民歌，在做木工活儿的时候，一个人比较寂寞，就一边干活儿，一边唱歌，唱一些本地的民歌。20 岁左右，过春节的时候，和村里的年轻人一起踩过高跷、扭过秧歌、唱过民歌。

2. 您生活的满族聚居地有何娱乐活动，情况如何？

答：过去，我们这里流行演评剧，是本地人登台演的，大家都聚在一起去看评剧。20 世纪 70 年代，不再演评剧了，戏台子都拆掉了。

3. 成年后喜欢什么样的娱乐活动？

答：没啥娱乐活动，就是寂寞的时候唱唱民歌，讲讲笑话，开开玩笑啥的。

4. 您听过满族的子弟书八角鼓或岔曲儿吗？对满族的民歌、歌谣等有印象吗？是否见过其戏本、曲谱或唱词和口诀等？

答：没有，不会，没见过。现在记得一些谚语和民歌，例如：

取送，不送，猫老爷子杂种——不守信用。

正月里什么花人人爱呀？什么人手拉手走下山来呀？

正月里迎春花，人人所爱呀，梁山伯祝英台手拉手走下山来呀。——民歌

5. 您从小听过满族民间故事吗，由谁讲述的？

答：没有。

6. 您记忆中听谁讲的民间故事较多，谁讲述的比较丰富、生动？具体情况如何？

答：没有。

7. 故事的讲述者是满族的还是其他民族的，还是都有？讲述的内容是哪个民族的？

答：没有。

8. 据您的了解情况，您见过的民间故事讲述人，其故事来源是听别人讲的多（口头），还是从书本上（文本）看来的多，或是两者都有？

答：没有。

9. 您会讲民间故事吗？如果会，故事来源？将受访者讲述的故事或者戏曲都录下来。

答：不会。

10. 您家族有比较有名气的文化人吗？比如作家、画家、书法家、演员等。

答：只有太爷是清代秀才。

受访者所在的满族聚居地最为流行的娱乐活动是评剧表演，20世纪70年代，拆除戏台子后便不再表演评剧。受访者不曾听过，也不曾了解满族民间故事、满族子弟书八角鼓或岔曲儿，只记得一些满族谚语和民歌，干活儿的时候，喜欢哼唱几句民歌，自娱自乐。

（八）家族生活情况

1. 解放前，您同一个姓氏的家族是否有共同的生活？也就是由多个家庭组合在一起的大家族，选举一个族长，领导大家共同劳动、共同收入、共同在一起吃饭的这种？如果有，一共有多少口人？是否分过家？何时分的家？现在都变成个人小家庭，在村子里面跟您有堂亲关系的多少个家庭？

答：过去有的，说是叫当家的，我们孙姓家族全都要听他的安排，只是听说，但我没有见过。杨树窝铺村一共有30多口孙姓人，樟树沟有很多孙姓家族，小河北村也有一些孙姓家族，但我们之间很少来往。

2. 与您有共同的祖先，相同的姓氏，但不同的分支，您及您的家庭跟他们有联系吗？怎样联系？和哪些人联系的比较多？为什么？

答：没有更深的联系，只是认识，不知道叫啥名字。

3. 您的家族中近年来还有大型的家族性活动吗，为何举行，情况如何？

答：没有。

4. 有家族会议吗？就是除您自己家庭以外的同姓氏人召开的集体会议。什么时间举行？研究决定什么事情？家族里面有谁来参加会议？在谁家举办？谁来主持？为什么让他来主持？

答：没有。

5. 您的家族解放以前有过土地吗？据您所了解，这些土地是从哪里得到的？多少亩？听说过是旗地吗？有地契吗？到新中国成立实行"土改"时，这些土地还有多少？您的家庭被划分的阶级成分是什么？

答：解放前（新中国建立前），我们家是有土地的，到了我父亲这一辈，因为父亲染上了大烟，把家给败光了，但是"土改"时，父亲还是被认定为高成分。

6. 婚姻上，您及您的家族选媳妇的民族成分上有没有规定或者是不成文的惯例？您听说过以前旗民不通婚吗？是真的吗？

答：没有啥规定，没听说过旗民不可以通婚。

7. 在您的记忆里，"旗人"与"民人"有什么不同？风俗习惯上的还是经济条件上的，或者是都有？

答：只听说过，"在旗""不在旗"，我知道我们家是"在旗"的。满族和其他民族在风俗习惯上没什么差别。

8. 在您的家族居住区域范围内，是您的家庭、家族还是其他家庭、家族最有影响力，在公共事务上哪个受到尊重？

答：都是杂姓聚居，都差不多，说不上谁影响谁。

9. 您听说过家规吗？听说过您家族里最有威望的人吗？现在是否还有这样的人，大家都信任的人是谁？

答：没有家规。

10. 除直系亲属外，与您家或者家族关系最密切的家族是哪个？

答：关系都一般。

11. 您的家族与当地汉族人关系怎么样，听老人说过这方面的情况吗？

答：不分满汉的，都一视同仁。

12. 您的家族过去和现在有共有的坟茔地吗？昭穆排位图有吗？

答：过去有孙姓大坟圈，解放后，开荒种地，加上家里成分高，都给填平了。没听说过昭穆排位图。

受访者同一姓氏家族间很少往来，相同的姓氏、不同分支的家庭间联系也并不密切，仅仅知道姓名而已。近年来家族间未曾举行过大型的家族性活动，也没有家族会议，更没有家规。受访者家族中各个家庭互不影响，成员关系一般。

受访者家族居住区以杂姓聚居，满族和其他民族在风俗习惯上并没有较大差别，受访者家族在与汉族人交往的过程中是不分满汉的，一视同仁。另外，关于婚姻配偶问题的选择，也没有不能与汉族人通婚的明确禁令。

（九）非遗传承人访谈

1. 您是满族说部国家级传承人吗？哪年被确定下来的？过程如何？
答：我不是。

2. 您传承的满族说部主要内容是什么？
答：没有。

3. 您传承满族说部的方式，是家族传承还是社会传承，或是别的方式？
答：没有。

4. 现在还讲述吗？在什么场合讲述？讲述的场所、节令或时间有哪些要求？有哪些禁忌或仪式?

答:没有。

5. 现在是否授徒,情况如何?

答:没有。

6. 是否有媒体、学者或民间爱好者来进行调查,调查的成果是否发表过?

答:没有。

7. 您担任过什么社会职务,具体情况如何?现在担任吗?

答:没有。

8. 亲友或家族人对您是国家级非遗传承人的态度是什么?

答:没有。

9. 成为国家级非遗传承人后,您的生活有何改变吗?

答:没有。

10. 国家级非遗项目对您个人和家族有什么影响吗?

答:没有。

受访者不是满族说部国家级传承人,也没有相关媒体、学者或民间爱好者来进行调查研究。

三、杨树窝铺村满族家族口述史调查总结

第一,修订族谱、编纂地方村落村志,加强家族间的往来与交流,实现满族文化的保护与传承。家谱是记载家族世系繁衍、重要历史人物及相关历史事实与文化的重要文书形式,[①]它蕴含着丰富的史料价值,具有极为重要的意义,被誉为"谱为一家之史"。首先,家谱能"追本溯源",让满族不会因为死亡、战乱或迁徙等原因而不知其祖先与同胞。其次,家谱也是社会交往的重要依据,通过对家谱的研究,可以帮助我们了解社会现象与社会实态,弥补史书的不足。而村志则是地方志的一种,它记载着自然社会、政治经济、历史现实全部演变过程,同时涵盖了人物风貌、天文地理、文化习俗等方方面面的内容,被誉为"一方之全史"。[②]村志的编纂,有利于全方位记录杨树窝铺村发展状况及其演变历程,是反映乡村文明与满族特色文化的重要载体。因此,要大力推动家谱、族谱与地方村志的编纂与完善工作。除此之外,家族中各个家

---

① 参见韩冬冬:《中国家谱起源、发展及意义研究》,264—265 页,载《商业文化(学术版)》,2008(1)。

② 参见俞富江:《关于村志编纂的几点思考》,19—23 页,载《新疆地方志》,2021(3)。

庭也要加强交流与往来，定期举行家族性活动，使满族文化得以延续与传承。另外，推陈出新，利用多媒体等现代技术，引起大众传媒对满族文化和满族说部的广泛关注，如制作满族文化纪录片、旅游与文化宣传视频，让更多的人了解满族文化，让满族说部得以传承。

第二，满汉文化习俗相互融合，该村的文化习俗也是中华民族传统文化的一部分，应该加以传承。踩高跷、耍狮子、舞龙灯、扭秧歌、唱评剧、唱民歌等文娱活动是满汉民族共同的文化娱乐活动，不分彼此，相互渗透，你中有我，我中有你。因此，建议乡村工作者和驻村干部在振兴乡村经济的同时，也应该重视振兴乡村的文化建设，在农闲或节假日期间，组织村民举办民间文化娱乐活动。除了上述活动外，可增加满族民间剪纸、刺绣、传统美食制作等特色活动，让农村民间古老的文化习俗和娱乐活动得以世代传承。

第三，老有所养，建议在村里建立养老院。孔子曰："老吾老，以及人之老"，目前国家先后出台了一些农村养老政策，除了村民享有基本养老保险，还有医疗保险、高龄补贴和失能补贴，各项惠民政策也在落实之中。根据笔者对本村驻村干部杨干事的电话采访得知，目前村子里还没有建立养老院，建议在村里建立养老院，让上了年纪的老年村民、孤寡老人住在养老院，由专人看护，让老者有一个愉悦的晚年生活，从而可以体现社会主义制度老有所养、老有所依的优越性。

第四，农村宅基地的合理回收与利用，促进乡村振兴。近年来，随着城镇化的发展，出现了大量农村人口向城市转移的倾向，住房闲置或废弃的现象比比皆是，进一步增加了农村宅基地的闲置数量。因此，要对农村宅基地进行盘活与利用。首先，政府要完善相关土地退出、回收和流转的规定与保障，鼓励村民主动退出宅基地，并予以合理补偿。其次，合理规划，科学管理。对于年久失修的宅基地房屋，政府要合理修缮，统一管理，不仅有利于改善村民居住环境，也能增强人民的幸福感。再次，合理利用闲置宅基地，融入满族文化特色，打造特色民族生态旅游产业。杨树窝铺村生态环境良好，村落历史悠久，满族文化底蕴丰厚，政府应融入本地民俗特色，打造出集"山野民宿、农庄田园、满族文化体验"于一体的乡村旅游模式，增加村民收入，推动城乡一体化。[1] 最后，在村庄治理、宅基地盘活与利用方面，可以采用与企业联办的模式进行管理。政府招商引资，打造特色满族乡村文化产业，吸引相关专家与人才，同时为本地村民提供就业机会，切实解决乡村人口外流、空巢老人、留守儿童等问题。

---

[1]　参见刘瑞东、杨子生：《乡村振兴战略背景下农村宅基地盘活利用问题初探》，9—12 页，载《安徽农学通报》，2020，26（4）。

四、结语

综上所述，青龙满族自治县木头凳镇杨树窝铺村历史悠久，已有几百余年的历史，建筑布局、美食果蔬极具特色，但是满族村民中各个家族间往来并不密切，未有满文家谱和族谱，同时也没有村志、档册、敕书等相关的文物和照片记录，更没有满族说部国家级传承人。由此可见，满族文化的历史传承未能受到应有的重视。除此之外，杨树窝铺村老龄化严重，空巢老人现象较多，存在宅基地荒废、年久失修等问题，也将间接导致满族文化传承的中断。因此，笔者建议修订族谱、编纂地方村落村志，加强家族间的往来与交流，实现满族文化的保护与传承。同时，促进满汉文化习俗相互融合。建立养老院，让农村老人老有所养、老有所依。重视农村宅基地的合理回收与利用，促进乡村经济振兴与文化振兴。

满族文化是我国少数民族文化中璀璨的明珠，对我国历史文化传承有着重要的影响，而青龙满族自治县在满族文化历史长河中占有重要地位。但是，从目前调查研究来看，满族文化的传承与发展前景不容乐观，我们应该找寻合理途径，积极投身于对满族文化的保护与传承中去。

滦平满族传统节日与鹰猎习俗 *

王国平 **

摘　要：滦平是满族聚居县，本文参考相关史志资料和馆藏档案，并进行实地调查走访，对滦平满族的传统文化情况进行考察。滦平满族传统文化主要体现在两个方面：节日习俗和鹰猎文化。尽管这些在官方史料记载中几乎没有记载，但其却是滦平满族群众社会历史生活的重要内容。

关键词：滦平；满族；传统节日；鹰猎习俗

滦平县域由于明初移民形成"瓯脱地"的缘故，出现了百余年的文化断层，原来生活在这里的古代民族生活习俗随之消失。清朝入主北京之后，随着古北口外八旗庄园的建立以及皇家御路、行宫的修建，"从龙入关"的满洲人相继来到滦平，满族生活习俗随之根植于这片沃土。此后，虽有汉族及其他少数民族来到滦平定居，但在相互融合发展中，满族的生活习俗依然较好地保留下来并形成了特色。本文仅从传统节日和鹰猎文化两个方面，谈谈滦平满族历史生活习俗。

一、节庆习俗

滦平满族节庆活动与汉族基本相同，是满汉文化相互融合的结果。

1.腊八

腊月初八俗称"腊八"，早晨天不亮要把"腊八粥"做好。"腊八粥"以黏高粱米为主要原料，配以红枣、松子、栗子、芸豆、红小豆、花生仁、核桃仁等，慢火熬煮，越黏稠越好，食用时可以放红糖或冰糖，味道香甜软糯。吃粥之前，先盛一碗到

---

* 基金项目：国家社会科学基金 2019 年度重大招标项目"满族民间历史档案资料整理与数据库建设"（项目编号：19ZDA181）阶段性成果。

** 王国平，男，滦平县政协副主席，文史办主任，研究方向为地方史志与古籍、满族历史与文化。

院子里"喂果树",就是用斧子在树干上砍一个口子,将粥涂在口子上,一边涂一边说"腊八粥,腊八饭,腊八果子结成串,腊八大枣打两石"等,祈求来年果树丰产。吃过"腊八粥",前往山上挖"白土子"①,然后择吉日扫除把屋子粉刷干净。从"腊八"起,家家户户开始"推皮儿",就是把谷子碾成米面做年饽饽,俗称"淘米",制作的食品包括黏(年)糕、豆包、煎饼、小锅饽饽等。做好的食品冷冻起来,随吃随解冻。满族人重视过年、喜欢美食,即便家庭条件不好也要"淘"几升米。

2. 小年

腊月二十三,是"过小年"的日子。这天晚上,家中长辈要举行祭灶仪式,传说这天晚上"灶神爷"要上天向玉皇大帝汇报一年的"工作"。祭灶时给"灶神爷"摆供品、上香,其中必有一盘米粉加白糖熬制而成的"糖瓜儿",意思是让灶神爷的嘴甜甜的,免得说坏话。从这天开始至正月初一,天天有讲究、天天有事做,滦平民间流传着一段顺口溜:"腊月二十三糖瓜粘,腊月二十四扫房日,腊月二十五做豆腐,腊月二十六煮大肉,腊月二十七杀公鸡,腊月二十八把面发,腊月二十九挂画轴,三十晚上坐一宿,初一早上走一走。"其中:"二十九挂画轴"包括立索罗杆、挂灯笼、糊窗户、贴对子、贴神码、挂年画、擦灯碗、添灯油、换香炉灰等;"三十晚上坐一宿"是全家人一起守岁;"初一早上走一走"是相互串门拜年。部分老满族家庭有敬神拜佛传统,供奉"家堂神",包括"大门神""二门神""天地爷""灶神爷""财神爷"等。此外,还有供奉"张天师""观音菩萨"和"圣佛"(如来佛祖)的。很明显,滦平满族宗教信仰以佛教、道教为主,满汉文化融合十分明显。

3. 大年

滦平满族过除夕、春节俗称过"大年"。除夕这天,晚饭比平日早许多,太阳落山前就吃完了。晚饭前,先把宗谱挂在正堂墙面中央②,下设供桌,摆馒头、酒盅、筷子,然后燃香跪拜祈求祖宗保佑,同时燃放鞭炮祝福新年到来。除夕的晚餐是一年中最丰盛的,俗称"团圆饭",象征团团圆圆。旧社会穷人家日子难过,平日里经常吃不饱,但除夕晚宴可以放开肚子吃,所谓"打一千,骂一万,三十晚上管饱饭"说的就是这个事儿。晚餐后,女主人把做饭的铁锅刷干净,拿3枚铜钱往锅里扔占卜运气,3枚铜钱皆字面朝上最佳。之后,铜钱留在锅底,放入一块馒头,表示锅不空、有饭吃。太阳即将落山时,点燃各处灯火。天黑了,一家人围坐一起,守着火盆嗑瓜子、唠家常、讲故事,开开心心的,不许说不吉利话,其间还要包饺子。子夜到来,家长们会在堂屋门外摆供桌、点香烛迎接"财神爷"回家,叩头跪拜、燃放鞭炮,祈求风调雨

---

① 一种白色黏土,加水可熬出一种白色染料,用于粉刷房屋墙壁。

② 滦平满族已经不在西屋西墙上挂谱敬祖,正中堂屋变成了敬神、敬祖的地方。

顺、岁岁平安。此外，有的人家还要在院内扣一只"水筲"（水桶），"接财神"时把水桶翻过来，问"反烧（筲）了吗?"答"反烧（筲）了"，寓意时来运转；蒸馒头前留一块发好的面放在灶神旁，"接财神"时问"发了吗?"答"发了"，寓意发财过好日子。

除夕之后是大年初一，天不亮煮饺子，由当家人来煮。开锅后，烧火的会问"挣（赚）了吗"，当家人答"挣（赚）了"，谐音挣钱、赚钱。无论饺子是否"露馅"都说"挣了"，图的是吉利，要的是快乐。饺子煮好后先给"家堂神"烧香上供，供品就是热气腾腾的饺子。先给"家堂神"行跪拜礼，然后晚辈再给长辈拜年。吃完饺子后，年轻人开始走家串户给长辈拜年，老年人则坐在炕上等着别人来拜年。火盆上有煮好的茶水，烟笸箩里放着上好的烟叶，炕桌上放着果盘、糖块等好吃的，老人衣兜里或许还装着崭新的零钱，用来送给小孩子。春节期间相互拜年，是滦平满族老传统，送去的是祝福，代表的是团结，无论平日是否有矛盾，春节时见了面、拜个年，所有的不快都烟消云散了。

4. 破五

正月初五叫"破五"，晚饭一般也要吃饺子，还要给"家堂神"烧香上供。初六早晨撤掉各种香火，"大年"就算过完了。但初七、初八、初十这三天还有禁忌，叫"初七初八不动棉麻，动了棉麻打犁铧""初十不推碾子磨，老婆不做针线活"等。

5. 打春

滦平满族将立春节气叫"打春"，按照民间传统，"打春"前一天要"迎春""摸（mǒ）春"，即家长们在小孩子身上钉一小块红布，手巧的钉一枚彩"荷包"，祝福小孩苗壮成长；用公鸡血或红染料把牛羊角和农具抹上一点儿红色，鸡猪鸭鹅身上也要抹一些，大门两侧画犁杖、写"春"字，祝福五谷丰登、六畜兴旺。

6. 元宵

正月十五是元宵节，要在院里"填大仓"，意思是往仓囤填粮食。做法是：扫净院子，用灶膛灰画出大小不同的圆，称"画囤"，中间放五谷杂粮并用石板压住，叫"囤满仓流"。春节过后的第一个月圆夜，吃元宵、赏圆月必不可少。在滦平，有的地方要举行"火神圣会"，大户人家乐于出钱还会请来戏班子唱大戏。滦平境内建有多座皇家行宫，清代时行宫所在地举办"皇会"，规模比民间花会要大许多，制作的花灯也更漂亮。

7. 龙节

农历二月初二是"龙节"，传说"龙"冬眠后在这天醒来，叫"龙抬头"，预示大地回春。这天，人们剃头、理发，表示与"龙"一起抬头了，新的一年诸事顺利、吉祥如意。在农村，有人要早起画龙，就是在两个掏空内瓤的老葫芦内分别装上灶膛灰和谷糠，先用灶膛灰从水缸下向井沿处画一条弯弯曲曲的线，再用谷糠反方向画一条，形成一灰一黄两条"龙"。水代表财富，画"龙"等于求"财"。此外，"龙抬头"要煮猪头，叫"二月二，吃猪头，大囤满，小囤流"；要吃春饼卷绿豆芽，借绿豆发芽祝福吉祥；要吃煎年糕，寓意田里庄稼不会闹虫灾。

8. 三月三

相传这是王母娘娘举办蟠桃会的日子，因为玉皇大帝升天时，忘记把猪带上，所以蟠桃会这天要到人间收猪。为此，民间百姓烧香敬天并把猪圈起来，曰"三月三，把猪圈"。实际上，此时田里的种子已播种完毕，有的已经发芽，把猪圈起来免得损坏庄稼。

9. 祭神月

农历四月是庙会最多的月份，包括"四月初八财神庙会""四月十八娘娘庙会""四月二十八药王庙会"等，是滦平民间祭神月，有条件的村庄都要办庙会、唱大戏，规模不等。除戏剧、花会之外，还有练武卖艺的、变戏法的、耍猴子的前来助兴，卖膏药的、炸果子（油条）的、串糖葫芦的、捏糖人的也会赶来，人头攒动，热闹非凡。

10. 端午节

同汉族一样，滦平满族五月初五过端午节。早晨，孩子们到野外采艾蒿并到河边洗脸，传说可保不闹眼病。采回的艾蒿放在房门两侧，门上沿插桃枝或柳枝，挂彩纸"药葫芦"，以便"铁拐李"送"丹药"。此外，端午节这天有人要到山中采山茶，主要是黄芩叶、赤白芍、石竹尖等药材。当天的晚饭要煮粽子，苇子叶包黏米，内放大枣、年糕豆等。

11. 盂兰盆会

农历七月十五，俗称"鬼节"，滦平满族有举办"盂兰盆会"的习俗。这一天要糊纸船、做河灯，天黑以后到河边鸣鞭炮、烧纸钱、焚纸船、放河灯，据说是给逝去的亲人送礼的日子。

12. 中秋节

八月十五中秋节，象征着家人团圆。从农时角度来看，中秋节之后庄稼开始成熟，外出的人要回来收庄稼，回娘家的媳妇也要回夫家团聚。这一天，有条件的家庭杀猪、宰羊，人人都要吃月饼，月亮升起时还要在院子里摆供桌"供月"，对着月亮烧香上供。焚香祭拜后，全家人一边赏月一边吃月饼庆祝团圆，温馨快乐，溢于言表。

13. 十月初一

这是女儿给离世的父母送寒衣的日子，有"十月一、送寒衣"的说法，做女儿的要在这天给故去的父母上坟并烧掉纸做的"寒衣"。

二、鹰猎文化

鹰手，指能捕获、驯化、驾驭大型隼类山鹰的人。作为渔猎民族，女真人以鹰助猎的捕猎方式由来已久；满洲贵族又多以鹰为宠物，其中又以"海东青"最为知名。由此，便形成了独具特色的满族鹰猎文化。

1. 清代滦平鹰手来源

满族人把驯鹰文化带入滦平，最早始于顺治二年（1665）恒王府在滦平圈地立庄。康熙六年（1667），又有正黄旗、镶黄旗鹰手来到滦平西部定居。康熙九年（1670），镶白、正红、镶蓝、正蓝四旗鹰手来到滦平，在伊逊河川设立王府鹰庄。如今，红旗、小营、金沟屯、西沟、大屯、张百湾、长山峪、巴克什营等地皆有鹰手后裔定居繁衍，何氏、尹氏、舒氏、那氏、崔氏、杨氏、彭氏等就是其中的代表，满族鹰猎文化尚有传承。

2. 满族鹰手技艺传承

鹰手身怀捕鹰、驯鹰、放鹰绝技，传承人述鹰猎文化主要有以下内容。

一是猎鹰种类。包括黄鹰、松子、跺子、细熊、白熊、鹞子、鸡鹰、燕松、兔鹘（矛隼）等，最凶猛的是矛隼，又名海东青，属于珍稀品种。史料记载："海东青者，鹰品之最贵者也。纯白为上，白而杂他毛者次之。海东青，满汉人不敢畜，必进梅勒京章；若色纯白，梅勒京章亦不敢畜，必进内务府。"鹰的年龄、优劣，可据羽毛色泽、眼睛神态判断。不同年龄、不同等级有不同称谓，其中：当年鹰（不超 1 岁龄）叫"黄鹰"，又称"破子"；二年鹰叫"破黄"，又称"秋黄"；三年鹰叫"山龙"；四年鹰叫"破黑"，属于老龄鹰。三年猎鹰正当捕猎最佳岁龄，为一等；二年、四年鹰次之，为二等；当年"破子"和满四年以后的"破黑"为三等，捕猎能力很弱了。

二是捕鹰。未经驯化的野鹰叫生鹰，有两种途径获取：一种是 6、7 月份雏鹰尚未放飞，可直接从巢穴中掏取，饲养两三个月成年后开始驯养；另一种是用绷鹰杆直接从山林中套猎成年生鹰进行驯养。野鹰性情枭悍、聪明狡诈，驯养并不容易。鹰手捕获生鹰后要举行拜"鹰神"仪式，感谢"神"的恩赐。

用绷鹰杆捕鹰叫"绷鹰"，夏秋交替、雏鹰初飞时节进行。把绷鹰杆架设在视野开阔的山顶上，鹰在高空盘旋累了就会落在绷鹰杆上。绷鹰杆的制作是秘不传人的私家技艺，但实际并不复杂，传统制作步骤有四步。

第一步，一根约一丈五尺高、小碗口粗细的木杆，杆头上横向绑一根手腕粗细、二尺左右的横杆。

第二步，横杆一端上方钉入巴掌大倒"U"形铁丝半环，再虚绑一根拇指粗细并与横杆等长的附杆。

第三步，竖杆距离横杆四五尺处，与横杆平行、同向再绑一根弹性藤条，长约六七尺，以向上弯曲后略高于上横杆为宜；藤条外端系一条约半尺长绊绳，绳头系二寸长绊棍，绊绳向上拉藤杆呈半弓状后再用绊棍卡牢倒"U"环；

第四步，选一根四五尺长柔韧性较好的绷鹰绳，一端牢系竖杆顶，另一端系藤杆头，绳中间系略大于鹰爪大小的活扣放于附杆中间。

准备停当之后，捕鹰人会隐蔽一旁。一旦鹰落到绷鹰杆上，就有可能踏入活扣并踩落附杆、触动机关，藤杆随即弹出并拉紧绷鹰绳把鹰腿牢牢套住，一只生鹰就被捕获了。

三是驯鹰。驯鹰的过程称"熬鹰"，分"紧熬""慢熬"两种。按鹰把式（师傅）的说法，"熬鹰"讲究"紧七慢八、十天到家"。

驯鹰的工具叫"五尺子"，上拴鹰环子、"蛤蟆儿"。捕获生鹰后先将双脚系在"蛤蟆儿"上，然后用皮质"鹰帽"把头、眼遮住。因为生鹰见到生人会乱飞，容易把翅膀和尾巴羽毛折断、弄乱就不值钱了。驯鹰时，鹰手将"五尺子"缠绕在中指上，用食指、拇指掐住"蛤蟆儿"，将鹰举在戴着套袖的胳臂上，行话叫"上胳臂"。套袖一般用三层棉布夹两层棉花缝制而成，约一尺长。开食前先让鹰多喝水，清除腹内粪便后再喂食人工饲料。驯鹰需要三个阶段。

第一阶段，"练胆"。驯鹰人带着猎鹰外出"遛弯"，让鹰与人熟悉起来并建立感情。一般情况下，要三个人白天黑夜轮换工作。白天，带着鹰到人多地方去，少喂食，保持饥饿状态；晚上七八点钟，夜班者架着鹰到野外溜达，累了就地歇息，不能回到室内；后半夜猎鹰犯困，羽毛放松，但绝不能让鹰睡觉，因为这是训练鹰的耐力和机警力的最佳时间，俗称"熬鹰"。五六天后，生鹰的野性会逐渐减退且饥饿难耐，见到有人拿着食物呼唤，驯鹰人抬胳臂就会飞去，见着带毛的东西就会抓，第一阶段已经完成。

第二阶段，"跑绳"。鹰的食欲越来越强后，将"脚绊"解开并换一根长绳拴在鹰的一条腿上，另一端握在驯鹰人手中。两位驯鹰人相互配合，一人端着鹰在室内，另一人站在室外举食引诱，在驯鹰人示意下，猎鹰会迅速飞出去将食物叼住但又被室内驯鹰人拉回来。如此训练几天后，猎鹰形成习惯听从召唤了。

第三阶段，"驯轴"。驯鹰人用一种特制的食物调理猎鹰膘情。特殊食物叫莱草麻轴——鹰轴草①中掺上肉末做成小球。这种食物不易消化，鹰吃下去第二天会吐出来，可带出血丝和油脂，排出胃里的部分脂肪，称"甩轴"。通过"甩轴"，猎鹰的肌肉变得更加强健，且时刻处于亢奋、饥饿状态。

四是放鹰。"鹰手"放鹰捕猎时，或肩或臂架着雄鹰站在高处观望，俗称"瞭高"；助猎人用棍棒击打草丛树木轰出猎物，俗称"赶仗"。猎物出现，"鹰手"适时将鹰抛向空中，猎鹰顺势展翅、尖叫、俯冲，闪电一般扑去，捕到猎物回到"鹰手"身边。"鹰手"迅速从鹰爪下取出猎物，同时给鹰喂点肉食以示奖赏。此时此刻，绝不能让鹰吃饱，否则鹰的野性可能复发而不听召唤，俗称"晕山"，或者"怠工"对猎物不感兴趣，俗话叫作"鹰饱不拿鸡"。野山鸡在秋冬季足食少动，因而体硕、肉鲜，是捕猎最佳季节；春夏时节是产卵孵化季节，一般不会捕猎，所谓"凡山泽之利，不可妄取，取之有节，勿伤根本"。

五是送鹰。按照鹰猎传统，休猎期一到，"鹰手"就要将猎鹰放归大自然，俗称"送鹰"。送鹰前，"鹰手"先给猎鹰吃两顿"大餐"，供"鹰神"牌位燃香祭拜。仪式结束，架着猎鹰来到离家较远的山上，解掉鹰身上的晃铃和脚绊子，一边"嘱咐"一边抛举，猎鹰会借势飞走。由于猎鹰同主人有了感情，多数情况会落在附近树枝上望着主人恋恋不舍，送鹰人往往会掉下眼泪，挥手示意猎鹰离开，这一过程有时可持续半天时间。

3.鹰庄税赋、差务及"庄头"待遇

在清代，朝廷内务府属下都虞司内有鹰鹞处，负责与"鹰"有关的事务，管理"上三旗"鹰庄。差务方面，鹰庄千总按制缴纳山鸡正差，立夏到奉先殿交野鸡蛋，夏至交野鸡崽（露水鸡），秋冬季节交山鸡。皇帝秋狝途经鹰庄时，鹰庄千总还要负责接驾、送驾服务，并担负鹰、鹞管理之责。此外，鹰手壮丁还承担着其他官差，如看守行宫、整修御路等。鹰手缴纳差务并非全是实物，所征鹰鹞等鸟兽可按品质折算银两。鹰庄拥有不纳赋"鹰手地"养膳家口，享有朝廷给予的俸禄但标准较低。

时至今日，猎鹰活动虽然早已停止，但猎鹰文化历经三百余年依旧在滦平大地薪火相传。滦平县红旗镇南白旗村杨氏祖上为镶白旗驯鹰世家，杨金树老人十几岁开始就从父亲那里学习，讲起鹰猎活动依旧津津乐道。

---

① 草叶上长着小软刺的草本植物，不软不硬，类似于乌拉草、羊胡草之类。

满文文献翻译研究

《三译总解》满文的朝鲜文转写研究 *

邵　磊　多丽梅**

摘　要： 问世于 18 世纪初的《三译总解》是最早一批满文与朝鲜文对译的文献。在转写满文时，朝鲜文的拼写法逐渐变得复杂，如将两个字母合二为一的字形，违背拼字结构的字形，违背元音和谐的字形等。这些朝鲜文转写字形的变异，皆因满文字形而改，属于因文字接触而产生的文字变异。综合来看，《三译总解》的朝鲜文转写对满文字形与字音虽有一定关注，但不如其他文献较多使用添加字符作为区分，且常出现同字对多音的情况，可以看出《三译总解》的朝鲜文转写属于较粗略的转写法。

关键词： 民族接触；文字变异；域外汉籍；三译总解；朝鲜文转写

一、前言

清朝入主中原后，与周边民族的关系日益密切，大批朝鲜知识分子开始学习满语，并编写了满语教材和词典。清代朝鲜官刊满文译书原有 20 余种，但流传至今的仅剩 6 种。它们分别是《小儿论》《八岁儿》《三译总解》《清语老乞大》四种读本类书籍和《同文类解》《汉清文鉴》两种辞典类书籍。这些流传下来的满文译书均已影印并出版，对海外满学研究以及中朝交流史研究具有重要的意义。这些拼写满文的朝鲜文中，有许多朝鲜文不但与现代朝鲜语中所使用的固有朝鲜文大相径庭，甚至连造字方法也与传统造字法截然不同。通过考察司译院清学书可以窥得满文拼写法对朝鲜文转写的深刻影响。

---

* 基金项目：国家社科基金后期资助项目 "民族接触与文字变异"（19FMZB012）的阶段性研究成果。

** 邵磊，男，汉族，北京语言大学国际中文教育实践与研究基地讲师。研究方向为民族学、文字学、海外中国少数民族文字汉籍研究、中国文化国际传播研究。多丽梅，女，鄂温克族，故宫博物院副研究馆员。研究方向为满－通古斯语言和中俄文明交流史、海外中国少数民族文字汉籍研究。

《三译总解》系根据《三国志》满文本所改译。顺治七年（1650），弘文院大学士祁充格奉皇命将《三国志》译成满文。1680 年，崔厚泽、李濎、李宜白等司译院译官根据《三国志》满文本编辑成《三译总解》，是为《清语总解》4 种 20 卷中的其中一部，并于 1703 年问世。《三国志》满文本共计 24 卷，朝鲜译者择取部分内容，压缩成 10 卷。对于该书名中的"三译"，林东锡认为是汉、满、朝鲜三语相译即为"三译"，但笔者认为应该是"三国志"的"满译"之意。1744 年，金振夏将其校正，由司译院提调金尚喆再刊《重刊三译总解》，即今日所传之本。目前流传于世的版本即是重刊本，收藏于大英图书馆、日本驹泽大学、韩国国立汉城大学奎章阁等地，1956 年被延世大学东方学研究所影印出版。韩国学者较早即展开对该书的研究，视角多集中在满朝翻译和近代朝鲜语本体研究，而中国对该书的研究极为缺乏。总体来说皆无专门的文字对译研究，本文即为该方面的补缺。

今传《三译总解》为木板本，共 2 册 10 卷，尺寸为 33.5 厘米 ×22 厘米，四周双边，半页匡郭 25 厘米 ×18.4 厘米，6 行、版心上下花纹鱼尾。行文自上而下，换行从左到右，为满文书写格式。行文每行两列，左写满文，右以朝鲜文转写其音，每句话下有双行小字以朝鲜文释其义。

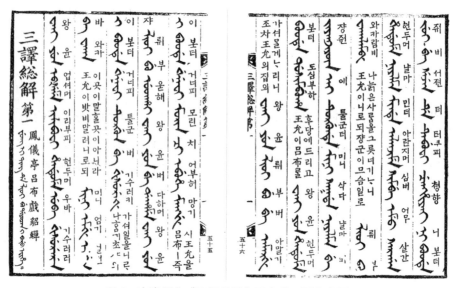

图 1　奎章阁本《三译总解》正文第一页左右面

本文将对《三译总解》满文的朝鲜文转写法进行考察，并将例字和页数列表展示。经本文整理，《三译总解》所出现的满文字母共有 44 个，其中元音 15 个，含单元音 6 个，复元音 9 个；辅音 29 个，含音节前辅音 19 个，音节末辅音 10 个。另有合成音节

表 1　《三译总解》满文基本字母的朝鲜文转写例字表

元音＼辅音	ø	kʰ+	kʰ-	k+	k-	xˣ+	xˣ-	-ŋ	n	tʰ+	tʰ-	t+	t-	l	r
a⁺	아지거 1:2b	와카 1:1a	앙가 1:3a	다하머 1:1a	앙가 1:3a	우루나쿠 2:9a	타치하 3:4b		다하머 1:1a					와카라라 1:4a	치라 1:7b
ə⁻	어부허 1:1a	테커 1:20a	거너 1:1a	어부허 1:1a	이넝기 1:2a	거너 1:1a	터부피 1:1b			운더머드거 1:5a/1:5a				웨러 1:2a	터러 1:4b
iᵒ	이누 ㅇ이 1:1a/1:1a	거너키 1:2b	엄기 1:1a	울히허 6:16a	닝구치 2:15b	미니 1:1a				딩 3:21a				아리키 1:4a	치마리 4:7b
ɔ⁺	오호 1:7	코로 2:4a	고신 1:15b	오호 1:7a	옹고피 2:4a	호노 1:12a	토롬부 1:21b			도로 1:5b				도로 1:5b	올호로 1:12b
u⁻	우바 1:1a	푸루 1:6a	구룬 1:1a	어부피 1:14a	풍루 1:6a	이누 1:5b	투와키 1:5b			두러 1:13a				아루피	바루 1:2b
ʊ⁺		살루 1:2a	구닌 1:15b	한후 1:10b	탕궁거리 6:10b										

元音＼辅音	p	pʰ	m	f	w	s	ʃ	tʃʰ	tʃ	j
a⁺	우바 1:1a	잠반 4:11b	냘마 1:1b	파양가 1:7a	와카 1:1a	사린 1:2a	아샤 2:18b	아챠부더 1:3b	쟈카더 1:2b	야문 1:2b
ə⁻	밈버 1:14b		업서머 1:1a	퍼지러 2:25a	워	서천스라 1:12a/1:2b	업서머 1:1a	이처 1:5a	져쿠 4:12b	버여 1:3a
iᵒ	비허 1:2b	펌피리피 2:11b	미니 1:1a	지피 1:2b		시니 4:11a		비치버 1:15b	아지거 1:2b	
ɔ⁺	죠보로 1:7b		모린 2:14a	포로피 1:19b		통소머 1:21b	보쇼머 1:10a	죠호머 1:3a	죠리머 1:9a	요힌다라루 2:3b
u⁻	이리부피 1:1a		무키 1:6a	타푸쿠 1:13b		기수러러 1:1a	슈 1:16b	거츄허리 2:13b	쥬러시 1:7a	어윤완 3:26a/4:25a
ʊ⁺										

3 种。全文例字共计 111 种。在例字表（表 1）中，首行为辅音，首列为元音，每格为辅音与元音相拼的音节例字。每格左侧为满文例词，右侧为朝鲜文译字，涂黑色部分是需要举例体现的音节，每词下方标有页码及页面（a 为右页面，b 为左页面）。表 2、3 首行分别为满文复元音与音节末辅音字母及其西文转写，下一行起为例字，格式同前。满文常用的拉丁文转写有"Wylie、Möllendorff、BabelPad、新满汉、太清等几种"，但无满语基础知识的人识读会有困难，因此本文以满文字母代表音的国际音标作为转写。满文的音值根据成百仁《满洲语音韵论研究》（1981：3）标注；朝鲜文音值（17世纪至 18 世纪中叶的古音）则根据许雄《国语音韵学》（1985：5）和洪允杓《近代国语研究》（1994：6）标注。

满文所记之音，未必均为满语之音，也有拼写汉语的满文之音。满文作为清朝的国字，不仅担负着拼写满语的功能，在满汉民族交融的当时也担负着记录汉语的作用。由于满汉两语的语音体系不尽相同，拼写不同语音的文字体系也有所出入。因此在进行满文、朝鲜文对译研究时，通常要分成拼写满语的"满语－满文"和拼写汉语的"汉语－满文"两类。而本文则侧重关注满语－满文的朝鲜文转写。

这些转写满文的朝鲜文中，有许多朝鲜文不但与现代朝鲜语中所使用的固有朝鲜文大相径庭，甚至连造字方法也与传统造字法截然不同。通过考察司译院清学书可以发现，满文的字形、字音、词源以及译书性质等对朝鲜文转写皆有影响。因此本文将从这些方面，挖掘满文对朝鲜文转写的影响，进而挖掘朝鲜文各种转写字形的规律与缘由。

二、满文辅音字母的朝鲜文转写

满文 j、w 的音值为 /j/、/w/。《三译总解》中的满文 j，其朝鲜文转写为 j（ㅣ）－，系复合元音转写；w 记为 w（ㅗ / ㅜ）－，亦系复合元音拼写，辅音零声母则以ㅇ转写。

满文 k、kʰ、x，分为阳性的［q］、［qʰ］、［χ］与阴性的［k］、［kʰ］、［x］两种因变异音而产生的字母变体。《三译总解》正文中均以朝鲜文ㄱ /k/、ㅋ /kʰ/、ㅎ /h/ 转写，遇相似发音未有添加区分符号的现象。

满文 p、pʰ、m、f 的音值为 /p/、/pʰ/、/m/、/f/。《三译总解》朝鲜文以ㅂ /p/、ㅍ /pʰ/、ㅁ /m/、ㅍ /pʰ/ 转写。因近代朝鲜语语音体系中已无 /f/ 音，故朝鲜读本类译书常以ㅍ近似转写 f。《三译总解》满文中仅出现辅音 pʰ 一例，因此朝鲜文用ㅍ转记满文 f 基本不会造成混淆。

满文 ø 为零声母，朝鲜文以零声母ㅇ转写。

满文 t、tʰ、n 的音值为 /t/、/tʰ/、/n/。朝鲜文以ㄷ /t/、ㅌ /tʰ/、ㄴ /n/ 转写。

满文 l、r 的音值为 /l/、/r/，朝鲜文不区分两者，皆以 ㄹ /ɾ/ 转记。满语的流音有边音 l 和颤音 r 两种，但朝鲜语仅有闪音 ㄹ /ɾ/ 一种，而朝鲜语轻弹一下的 ㄹ 音刚好位于不弹的 l 与弹多下的 r 之间，因此两者皆以 ㄹ 来转记。

满文 s 的音值为 /s/，朝鲜文以 ㅅ /s/ 转写。

满文 tʃ、tʃʰ、ʃ 的音值为 /tʃ/、/tʃʰ/、/ʃ/，朝鲜文以 지 /tsi/、치 /tsʰi/、시 /si/ 转写。近代朝鲜语音系中没有类似汉语的卷舌音或满语的颚音，仅有类似汉语平舌音的 ㅈ /ts/、ㅊ /tsʰ/、ㅅ /s/，[①] 因此只能以 ㅅ /s/、ㅊ /tsʰ/、ㅈ /ts/ 结合 j 系二重复合元音字母的方式转写。如此就会出现满语 si– 与 ʃ– 的朝鲜文转写重叠的现象。

三、满文元音字母的朝鲜文转写

满文单元音 a 音值为 /a/，《三译总解》中皆以朝鲜文 ㅏ /a/ 转记。

满文单元音 ɔ 音值为 /ɔ/，朝鲜文以 ㅗ /o/ 转记。

满文单元音 ʊ 音值为 /ʊ/，朝鲜文以 ㅜ /u/ 转写。因朝鲜语中无 /ʊ/ 音，故朝鲜译书以 ㅜ 近似转写 ʊ。

满文单元音 ə 音值为 /ə/，朝鲜文有 ㅓ /ə/ 和 ㅡ /ɯ/ 两种转写。其中，ㅓ 为主要译字；ㅡ 为特殊转写，用以区分同音异义词等，《三译总解》中仅有 드（←tə）、스（←sə）两例。

满文单元音 u 音值为 /u/，朝鲜文以 ㅜ /u/ 转写。在《三译总解》中，kʰ⁻u、k⁻u、x⁻u 与 kʰ⁺ʊ、k⁺ʊ、x⁺ʊ 的转字皆为 ㅋ、구、후，该书未对两组进行添加符号式的区分。

满文单元音 i 音值为 /i/，朝鲜文以 ㅣ /i/ 转写。满文属格助词 ˈj 为无零声母的独字，音值为 /i/，朝鲜文以添加零声母的 이（ᵒi/i/）转写。

表 2 《三译总解》满文复元音的朝鲜文转写例字表

j 系复元音						ɔ 系复元音					
aj	əj	ij	jɔ	uj	ɔj	aɔ	əɔ	ɔɔ	iɔ	ɔu	ʊɔ
배다배	빈혜쉬	오되	봑	쉬라하		와좌	됴태호	볻더	환더죠

5:13a 3:2a 1:5b 8:1a 2:13a 5:25a 2:9b 1:1a 2:20a
1:6b 2:18b 10:19b 3:25a

[①] 对近代朝鲜语"ㅈ、ㅊ、ㅅ"三字的音值，学术界有争议，或为 /ts/、/tsʰ/、/s/，或为 /tʃ/、/tʃʰ/、/ʃ/。为与满语区别，此处采取前者观点。关于朝鲜语齿音的翔实论述，参见邵磊（2020）。

满文复元音 ɔɔ 音值为 /ɔ:/，朝鲜文以 ㅗ（oo）转写。ㅗ并非朝鲜文固有字母，系根据满文 ᠣ 上下罗列的拼字方法，仿造"ɔ+ɔ"的字形而创造的字母。

满文复元音 aɔ 音值为 /aw/，朝鲜文以 ㅘ（ao）转写。ㅘ并非朝鲜文固有字母，系根据满文 ᠣ 上下罗列的拼字方法，仿造"a+ɔ"的字形而创造的字母。

满文复元音 aj 音值为 /aj/，朝鲜文以 ㅐ /aj/ 转写。ㅐ在现代朝鲜文中虽为单元音 /ɛ/，但在近代朝鲜语时期则为二重元音 /aj/。

满文复元音 əj 音值为 /əj/，朝鲜文以 ㅔ /əj/ 转写。ㅔ在现代朝鲜文中虽为单元音 /e/，但在近代朝鲜语时期则为二重元音 /əj/。在《三译总解》中，同样出现了个别以 ㅢ /ɯj/ 转记的例字，是为人称代词的属格词形或汉语借词。

满文复元音 ɔj 音值为 /ɔj/，朝鲜文以 ㅚ /oj/ 转写。ㅚ在现代朝鲜文中虽为单元音 /ø/，但在近代朝鲜语时期则为二重元音 /oj/。

满文复元音 ɔɔj 音值为 /ɔ:j/，朝鲜文以 ㆉ（ooi）转写。ㆉ并非朝鲜文固有字母，系根据满文上下罗列的拼字方法，仿造"ɔ+ɔ+i"的字形而创造的字母。

满文复元音 uj 音值为 /uj/，朝鲜文以 ㅟ /uj/ 转写。ㅟ在现代朝鲜文中虽为单元音 /y/，但在近代朝鲜语时期则为二重元音 /uj/。

满文复元音 iɔ 音值为 /iw/，并有多种变异音，朝鲜文以 ㅛ /jo/ 转写变异音［jɔ］，以 ㅛ（io）转写变异音［iw］和［iəu］。ㅛ与 i'jɔ 的转写相同，两者未作区别；而ㅛ并非朝鲜文固有字母，系根据满文 ᠣ 上下罗列的拼字方法，仿造"i+ɔ"的字形而创造的字母。

满文复元音 əɔ 音值为 /əw/，朝鲜文以 ㅛ（oe）转写。ㅛ并非朝鲜文固有字母，系根据满文 ᠣ 上下罗列的拼字方法，仿造"ə+ɔ"的字形而创造的字母。在《三译总解》中，同样出现了以 ㅛ（ɯo）转记的例字，经整理发现，ㅛ用来转记满文本土词，而 ㅛ 则被用来转记满文中的汉语借词。

满文复元音 uɔ/u:/、ʊɔ/ʊ:/、ʊj/ʊj/ 在《三译总解》中未出现例字。

四、满文合成字节的朝鲜文转写

满文合成音节 –i'j– 的音值为半元音 /j/，朝鲜文以 j– 系二重元音转写。此时满文虽为两个字节，但朝鲜文转写时则对应一个朝鲜文字符。如 ni'jal'ma（三 1：1b）的转写 냘마（njal'ma）中前两个字节被转写成一个字符。

满文合成音节 i'jɔ 的音值为 /jo/，朝鲜文以 ㅛ /jo/ 转写。此时满文虽为两个字节，但朝鲜文转写时则对应一个朝鲜文字符。如 ti'jo'tʃhan(三 1：2a）的转写 됴챤（tjo'tshjan）中前两个字节被转写成一个字符。该转写与 iɔ 变异音为［jɔ］时的转写相同。

满文合成音节 –iɔ'w– 的音值为半元音 /ɥ/，朝鲜文以 jo– 系二重元音转写。此时满文虽为两个字节，但朝鲜文转写时则对应一个朝鲜文字符。如 x⁻iɔ'wan'tə（三 2：20a）的转写 훤더（hjoan'tə）中前两个字节被转写成一个字符。在满语口语中，该结构发音类似汉语撮口音，朝鲜文初创之时曾为标记汉字音专门设计过以 ㅛ–、ㅠ– 为半元音的 ɥ– 系二重元音字母，ힲ（joa → iɔ'wa → ɥa）即依此而制。

满文合成音节 –u'w– 或 –ʊ'w– 的音值为半元音 /w/，朝鲜文主要以 w– 系二重元音一字转写，个别由两字一一对应转写。如 tʰu'wa'kʰ⁻i'ja'əm（三 3：13a）的转写 퇄캬머（tʰwa'kʰja'mə）中前两个字节被转写成一个字符，k⁺ʊ'wa'li'ja'kʰ⁺a（三 1：11a）的转写 과랴캬（kua'lja'kʰa）中前两个字节被转写成一个字符。又如 tʰu'wa（三 4：24b）的转写为一一对应的 투와（tʰuᵚoa），满文两个字节被转写成两个朝鲜文字符。根据金启孮（1984）所收录的女真文汉字注音词条可知，–u'w–/–ʊ'w– 结构的 12 个词例中，一半以一个汉字（即一个音节）还原女真文发音，一半以两字或三字还原女真文发音，而朝鲜文转写刚好与其对应，说明朝鲜文是以一字或两字对应满文 –u'w–/–ʊ'w–，是根据满语约定俗成的实际发音而选定。

五、满文词尾辅音字母的朝鲜文转写

满文词尾辅音 –n 的音值为 /–n/，《三译总解》中以朝鲜文收音 ㄴ ［–n］[①] 来转写。

满文词尾辅音 –ŋ 的音值为 /–ŋ/，朝鲜文以收音 ㅇ ［–ŋ］ 转写。满文词节中，若出现 –ŋk– 的结构，则产生鼻音化现象，读作 ［ŋŋ］。（梁六十三 2007：9）如 ⁅aŋ'ka（三 1：3a）一词的发音应为 ［aŋŋa］，但朝鲜文不以满语发音转写为 앙아（aŋ'a），而是以满文字形转写成 앙가（øaŋ'ka）。

满文词尾辅音 –m 的音值为 /–m/，朝鲜文以收音 ㅁ ［–m］ 转写。

满文词尾辅音 –r 的音值为 /–r/，朝鲜文以收音 ㄹ ［–l］ 转写。

满文词尾辅音 –l 的音值为 /–l/，朝鲜文以收音 ㄹ ［–l］ 转写，与 –r 的转记相同且未作区别。

满文词尾辅音 –t 的音值为 /–t/，朝鲜文以收音 ㄷ ［–t˺］[②] 转写。

满文词尾辅音 –p 的音值为 /–p/，朝鲜文以收音 ㅂ ［–p˺］ 转写。

---

① 朝鲜语中，认为辅音作收音时发出的不破音，属于该辅音变异之一种，为次要变体，故此处以标音符号"［ ］"标注。

② 朝鲜语的爆破音作收音，均为不破音，即不完全爆破，类似汉语中的入声，国际音标中添加"˺"符号作标记。

表 3 《三译总解》满文音节末辅音的朝鲜文转写例字表

音节末辅音	𡨴	𡨵	𡨶	𡨷	𡨸	𡨹	𡨺	𡨻	𡨼	𡨽	𡨾
西文转写	-n	-ŋ	-m	-l	-r	-s	-kʰ⁺	-kʰ⁻	-tʰ	-p	-ʃʃ-
朝鲜文转写例字	𡨴 살 간	𡨵 앙 가	𡨶 엄 기	𡨷 울 호 로	𡨸 툴 군	𡨹 이 젓 훈	𡨺 삭 다	𡨻 억 셔 머	𡨼 욷 해	𡨽 압 캐	𡨾 파 샤 샤 머
例字出处	1:1b	1:3a	1:1a	1:12b	1:1a	1:7a	1:1b	10:24a	1:3b	1:11a	3:24b

满文词尾辅音 –k 的音值为 /-k/。朝鲜文以收音 ㄱ［ -kᵊ ］转写。前文提到，满文的 k 系辅音有阴阳性两种写法，发音也略有差异，不过可以看作同一个发音的不同变体。满文词尾辅音 k 的阳性字形为 ↄ（ -kʰ⁺ ），阴性字形为 ↄ（ -kʰ⁻ ），朝鲜文转写不作区分。

满文词尾辅音 –s 的音值为 /-s/。朝鲜文以收音 ㅅ［ –sᵊ ］转写。现代朝鲜语中，收音［ –sᵊ ］已消失，而以ㅅ记录的收音则归入［ –tᵊ ］。

满文两音节之中的辅音 –ʃʃ–，第一个音节末的 –ʃ 以第二个 ʃ– 开头的字节对音为转字，如 faʃʃa'mə 转记为파샤샤머（三 3：24b），又如 aʃʃam'ra 转记为아샴샤라（三 3：24a）。以샤为译字或为表达将第一音节末的 –ʃ 快读进入第二音节的急促音，以此可以推测第一音节末 –ʃ 的发音应为轻读的［ ʃ ］。

六、结论

经整理，本文共挑选《三译总解》例字 111 种，其中固有字符 104.5 种，特殊字符 6.5 种。固有字符中包括相同发音对应字符 77.5 种，近似发音对应字符 27 种，即以 ㅜ（ u→ʊ ）、ㄹ（ r→l ）、ㅍ（ pʰ→f ）、ㅅ（ ɕj→ʃ ）、ㅊ（ tɕʰj→tʃʰ ）、ㅈ（ tɕj→tʃ ）、ㄹ（ –r→–l ）、ㅅ（ ɕi→ʃ ）拼写的字符。特殊字符仅有改造拼写对应字符 6.5 种，即 ㅛ（ oo→ɔɔ ）、ㅗ（ ao→aɔ ）、ㅒ（ iɔɔ→ɔɔj ）、ㅗ（ io→jo ）、ㅛ（ əo→ɔɔ ）、ㅘ（ ua→uwa ）等字；复古符号对应字符 1 种，即合成音节 –wˀi– 的转写 ㅘ（ joa→iɔwa［ ɥa ］）；无添加符号对应字符。

表4　《三译总解》满文的朝鲜文转写类型

111 字例	译字种类	种数（占比）	字例
固有字符 104.5（94.1%）	相同发音对应字符	77.5（69.8%）	
	近似发音对应字符	27（24.3%）	ㅜ（ʊ）、ㄹ（l）、ㅍ（f）、 시（ʃ）、ㄹ（-l-）、시（-ʃ）
特殊字符 6.5（5.9%）	添加符号对应字符	0（0%）	
	改造拼写对应字符	5.5（5.0%）	ㅛ（iʊ）、ㅛ（ɔa）、ㅛ（ɔɔi）、 ㅛ（ɔi）、ㅛ（ɔɔ）、ㅛ（uwa）
	复古符号对应字符	1（0.9%）	ㅛ（iɔwɔi）

《三译总解》满文之朝鲜文转写特征有如下：

第一，使用朝鲜文基础字母进行转写的字符有：

1. 中声："ㅏ、ㅐ、ㅗ、ㅓ、ㅡ、ㅜ、ㅟ、ㅣ"等；

2. 初声："ㅂ、ㅁ、ㅍ、ㅇ、ㄷ、ㄴ、ㄹ、ㄱ、ㅋ、ㅎ、ㅈ、ㅊ、ㅅ"等；

3. 终声："ㄴ、ㅇ、ㅁ、ㄹ、ㄷ、ㅂ、ㄱ、ㅅ"等。

第二，使用违背朝鲜文拼写法而制字符的转写有"ㅛ、ㅛ、ㅛ、ㅕ"：

1. 违背了横写元音不能在复合元音之下的原则，如"ㅛ、ㅛ、ㅛ"皆是；

2. 违背了相同元音字母不得相拼的原则，如"ㅛ"属于两个"ㅗ"上下罗列拼写；

3. 违背了三个元音字母不得相拼的原则，如"ㅕ"即是"ㅗ＋ㅗ＋ㅣ"的拼写组合；

4. 违背了两个横写元音字母不得相拼的原则①，如"ㅛ"即是"ㅗ＋ㅗ"的拼写组合；

5. 违背了阴阳元音不得相拼的原则②，如"ㅛ"即是"阴＋阳"相拼。

第三，使用相同朝鲜文字母转写不同满文发音的字符有"ㅍ、ㄹ、ㄱ、ㅋ、ㅎ、ㅈ、ㅊ、ㅅ"：

1. 中声：朝鲜文 j– 系复合元音同时转写满文 j– 系复合元音以及与颚音、卷舌音相拼的元音；

2. 初声："ㅍ"同时转写满文 p 与 f，但满文 p 无用字例，"ㄹ"同时转写满文 r 与 l，"ㄱ、ㅋ、ㅎ"同时转写满文"k^+、kh^+、x^+""k^-、kh^-、x^-"，"ㅈ、ㅊ、ㅅ"同时转

---

① 朝鲜语元音字母由所谓"三才"，即"天、地、人"三要素组成，分别代表点、横、竖三种笔画。所谓竖写元音，即含有"人（竖）"笔画的字母，"ㅏㅑㅐㅖㅣ"等如是；横写元音，即含有"地（横）"笔画的字母，"ㅗㅜㅡ"等如是。

② 朝鲜文字造字时，根据"元音和谐"的语音特征纳入了"阴阳"的概念。基本元音字母中"天（点）"在"人（竖）"右或"地（横）"上为阳，即"ㅏㅑㅗㅛ"；在"人（竖）"左或"地（横）"下为阴，即"ㅓㅕㅜㅠ"；无"天（点）"为中性，即"ㅡㅣ"。复合元音造字的方法以"同性相合，阴阳不相合"为原则，即"阳＋阳（如ㅘ）"、"阳＋中（如ㅚ）"、"阴＋阴（如ㅝ）"、"阴＋中（如ㅟ）"、"中＋中（如ㅢ）"五种组合模式，而不得出现"阳＋阴（如ㆊ）"或"阴＋阳（如ㆋ）"之类的异字。

写满文"tʃ、tʃʰ、ʃ""ts、tsʰ、s"。

　　第四，从是否转写满语语音变化来看，《三译总解》的朝鲜文转写基本按照满文字形而非满语实际口语来转写（如把 –ŋk–［ŋŋ］转写为ㅇㄱ而非ㅇㅇ）。但若与其他韩满对照文献比较来看，《三译总解》的朝鲜文转写又不如其他文献较多使用添加符号作为字形区分，且常出现同字对多音的情况（如满文 u 与 ʊ 皆以ㅜ转写，l 与 r 皆以ㄹ转写，p 与 f 皆以ㅍ转写等），可以看出《三译总解》的朝鲜文转写属于较粗略的文本转写法。

表5　《三译总解》满文的朝鲜文转写汇总

辅音	ø	k^{h+}	k^{h-}	k^+	k^-	x^+	x^-	n	t^{h+}	t^{h-}	t^+	t^-
	ㅇ	ㅋ	ㅋ	ㄱ	ㄱ	ㆆ	ㆆ	ㄴ	ㅌ	ㅌ	ㄷ	ㄷ
	l	r	p	p^h	m	f	w	s	ʃ	$tʃ^h$	tʃ	j
	ㄹ	ㄹ	ㅂ	ㅍ	ㅁ	ㅍ	우/오	ㅅ	시	치	지	이

元音	a	ə	i	ɔ	u	ʊ						
	ㅏ	ㅓ/ㅡ	ㅣ	ㅗ	ㅜ	ㅠ						
	aj	əj	ij	jɔc	uj	ʊj	aɔ	əɔ	ɔɔ	iɔ	cu	ʊɔ
	ㅐ	ㅔ/ㅓ	ㅚ	ㅕ	ㅟ		ㅗ	ㅕ/ㅛ	ㅚ	ㅛ/ㅗ		

音节末辅音	-n	-ŋ	-m	-l	-r	-s	$-k^{h+}$	$-k^{h-}$	$-t^h$	-p	-ʃ-
	ㄴ	ㆁ	ㅁ	ㄹ	ㄹ	ㅅ	ㄱ	ㄱ	ㅌ	ㅂ	샤시

参考文献

［1］金启孮. 女真文辞典. 北京：文物出版社，1984.

［2］梁六十三. 简明满语教程. 沈阳：辽宁民族出版社，2007.

［3］邵磊. 从汉语再看中世朝鲜语的齿音. 外语教学与研究，2020（6）.

［4］［韩］成百仁. 滿洲語音韻論研究. 漢城：明志大學校出版部，1981.

［5］［韩］洪允杓. 近代國語研究. 漢城：太學社，1994.

［6］［韩］許雄. 國語音韻學. 漢城：샘文化社，1985.